Schriftenreihe der Stiftung Sächsische Gedenkstätten zur Erinnerung an die Opfer politischer Gewaltherrschaft

Band 4

Herausgegeben von der Stiftung Sächsische Gedenkstätten
zur Erinnerung an die Opfer politischer Gewaltherrschaft

Norbert Haase/
Stefi Jersch-Wenzel/
Hermann Simon (Hg.)

Die Erinnerung hat ein Gesicht

**Fotografien und Dokumente zur nationalsozialistischen
Judenverfolgung in Dresden 1933–1945**

Bearbeitet von Marcus Gryglewski

Gustav Kiepenheuer Verlag

Diese Publikation wurde gefördert durch
den Freistaat Sachsen

Mit 88 Abbildungen

Stiftung Sächsische Gedenkstätten zur Erinnerung
an die Opfer politischer Gewaltherrschaft
Altenzeller Straße 19
01069 Dresden
Telefon 0351/4695540
Telefax 0351/4695541
E-mail info@stsg.de
http://www.stsg.de

ISBN 3-378-01026-6

1. Auflage 1998
© Stiftung Sächsische Gedenkstätten und
Gustav Kiepenheuer Verlag GmbH, Leipzig 1998
Reproduktionen PPP PrePrint Professional GmbH, Leipzig
Druck und Binden Kösel GmbH, Kempten
Printed in Germany

Inhalt _____

Geleitwort ——————————

„Daß alles so offen vor sich gehe", hat Victor Klemperer seinem Tagebuch in großer Fassungslosigkeit anvertraut, als er die zwangsweise Räumung der sogenannten Judenhäuser Dresdens und die Verschleppung „der letzten" in der Stadt verbliebenen dreihundert jüdischen Männer, Frauen und Kinder in ein Barackenlager am Hellerberg im November 1942 beschrieb.

Mitte der neunziger Jahre, mehr als fünfzig Jahre später, wird erstmals bekannt, daß dieses Geschehen am 23. und 24. November 1942 von einem Kameramann gefilmt wurde. Das bearbeitete Filmmaterial „Zusammenlegung der letzten Juden in Dresden in das Lager am Hellerberg am 23./24. Nov. 1942" zeigt einen Ausschnitt der systematischen Entrechtung der Dresdner Juden, die in der Deportation der dreihundert Menschen in das Vernichtungslager Auschwitz im März 1943 einen Endpunkt hat, und vermittelt einen Eindruck von der entwürdigenden Schaulust der damals beteiligten Täter und Tatgehilfen.

Daß dieser Film über die „Zusammenlegung der letzten Dresdner Juden" erhalten geblieben ist, ist außerordentlich bemerkenswert. Die kundige Betrachtung dieser Aufnahmen kann einen Eindruck davon vermitteln, was es bedeutete, daß die Nationalsozialisten Dresden 1942 „judenfrei" machten. Keine anonyme Zahl von Opfern steht beziehungslos im Raum, sondern es sind die Gesichter von Menschen, die das Mitgefühl des Betrachters der Fotografien hervorrufen, Gesichter, denen sich Namen, Biographien und Leidensgeschichten zuordnen lassen. Der Umgang mit dem antisemitisch motivierten Filmstreifen verlangt viel Sensibilität. Hier nun, durch die ausgewählten kommentierten Filmbilder, erhält die Erinnerung ein Gesicht. Wir haben durch die vorliegende Dokumentation die Möglichkeit, die aus der Elbestadt Vertriebenen, zumeist Ermordeten, in die kollektive Erinnerung aufzunehmen und uns ihre Verfolgung zu vergegenwärtigen.

Auf die Unfaßbarkeit des Erlittenen können kalendarische Anlässe wie der 27. Januar oder der 9. November, können starre Gedenkrituale allein für die Nachgeborenen keine befriedigende Antwort geben. Daß es auch in der Heimatstadt einen lokalen Anknüpfungspunkt zu dem Menschheitsverbrechen der Schoa gab, deren Inbegriff Auschwitz geworden ist, ist eine wichtige Erkenntnis, die sich jedem über die Betrachtung der nur scheinbar alltäglichen Bilder aus dem November 1942 vermittelt. Hier gewinnt die vorliegende Veröffentlichung aber zugleich ihre Bedeutung über Dresden hinaus: Die in der Erinnerung der Deutschen an den Zweiten Weltkrieg fest verankerte Zerstörung der Stadt durch Bombenangriffe – ich selbst erinnere mich noch an den Brandgeruch über der zerstörten Stadt, als ich im Herbst 1945, wenige Monate nach meiner Befreiung aus einem Zwangsarbeitslager in Polen, nach Dresden kam – hatte eine Vorgeschichte, die als solche in unserer Erinnerung insgesamt keinen sichtbaren Ausdruck gefunden hat.

Nicht jeder Ort, der mit der nationalsozialistischen Judenverfolgung in Deutschland in Zusammenhang steht, ist heute als solcher auch kenntlich gemacht. Dies ist auch wegen der Vielzahl solcher Orte kaum zu leisten; die Beschränkung auf herausgehobene symbolische Stätten als Lernorte befördert das Erinnern und die Wissensaneignung über den Holocaust nachhaltiger und besser. Gleichwohl sollen sich heutige und künftige Generationen mit der Geschichte an Ort und Stelle auseinandersetzen können, um zu verstehen. Gerade weil Dresden in wenigen Jahren wieder eine Synagoge haben wird, ist dies wichtig. Dort, wo im Winter 1942/1943 das „Judenlager Hellerberg", Zwischenstation auf dem Weg nach Auschwitz, existierte, sind heute keine Spuren der Geschichte mehr sichtbar. Das Geschehen selbst, unterstützt durch die erforschte visuelle Überlieferung, läßt sich indes für Gegenwart und Zukunft festhalten.

Aus intellektueller Einsicht und emotionalem Begreifen, wie es sich mit der vorliegenden Darstellung anbietet, können die Grundlagen für eine Haltung gelegt werden, die Unverletztlichkeit der Person des Anderen immer und überall zu respektieren – auch dann, wenn dieser Andere zuweilen fremd erscheinen mag, und auch dann, wenn das vielleicht einmal Anstrengung, Zivilcourage, ja sogar Mut kosten kann. Nur wenn es gelingt, diese Haltung bei Jugendlichen zu verankern, haben neue Verführer, selbst wenn sie in noch so modernem Gewand daherkommen, keine Chance.

Nach jahrzehntelangem Verbergen dieser nicht nur für Dresden wichtigen historischen Hinterlassenschaft deutscher Geschichte ist uns heute ein genaues Hinsehen ermöglicht. Dies ist auch die Voraussetzung von Erinnern und Gedenken, wenn das Lernen aus der Geschichte einen Sinn gewinnen soll: noch sichtbare Spuren der Vergangenheit festzuhalten und zu dokumentieren, was an Entsetzlichem geschah, um die Menschen urteilsfähig zu machen und eine Wiederholungsgefahr einzudämmen.

Ignatz Bubis
Präsident des Zentralrates der Juden in Deutschland
Mitglied des Stiftungsrates der Stiftung Sächsische Gedenkstätten

Einleitung ────────────────────

Die Erinnerung hat ein Gesicht
Anmerkungen zu einem Filmdokument

Bis heute sind vergleichsweise wenige Bildquellen alltäglicher Diskriminie-
rung, systematischer Entrechtung und Verfolgung der jüdischen Bevölkerung in Deutschland in den Jahren 1933 bis 1945 bekannt. Bei dem seit 1995
in Dresden vorliegenden Filmmaterial „Zusammenlegung der letzten
Juden in Dresden in das Lager am Hellerberg am 23./24. Nov. 1942" handelt
es sich deshalb um eine herausragende Überlieferung, die in anderen
deutschen Städten wohl keine Entsprechung hat.
Vor diesem Hintergrund beteiligte sich die Stiftung Sächsische Gedenkstätten an den Kosten für die Sicherung des kurz vor dem Zerfall stehenden
historischen Filmmaterials durch den Dresdner Kameramann Ernst Hirsch
und initiierte 1996 ein Forschungsprojekt, das in Kooperation mit dem
Simon-Dubnow-Institut für jüdische Geschichte und Kultur an der Universität Leipzig und der Stiftung „Neue Synagoge Berlin – Centrum Judaicum"
durchgeführt wurde und dessen Ergebnisse in diesem Band vorgestellt
werden. Das Projekt wurde durch Zuschüsse des Freistaates Sachsen reali-
siert. Von Anfang an bestand eine enge Abstimmung mit der Jüdischen
Gemeinde zu Dresden und dem Zentralrat der Juden in Deutschland. In ein-
jähriger Projektlaufzeit konnte der Politikwissenschaftler Marcus Gryglewski
eine umfangreiche Materialsammlung zur Geschichte der nationalsozialistischen Judenverfolgung in Dresden anlegen, die in dem Film doku-
mentierten Vorgänge erhellen und in ihren historischen Zusammenhang
stellen.
Der siebenundzwanzigminütige Filmstreifen beginnt mit der Einblendung
des Filmtitels.[1] Vor Beginn der Bildfolge erscheint ein Zwischentitel
„Abholen des Gepäcks". Schilder machen deutlich, wo wir uns befinden:
in der „Sporer-Gasse.", Hausnummer 2, in der sich eines der „Judenhäuser"
befand. Überquellende Mülltonnen vermitteln den ersten Eindruck der

---

1 Ein detailliertes Einstellungsprotokoll wurde aus Platzgründen nicht in diese Dokumentation
aufgenommen. Es kann im Archiv der Stiftung Sächsische Gedenkstätten eingesehen werden.

Wohnverhältnisse. Junge Männer mit „Judenstern" auf der Kleidung schaffen Einrichtungsgegenstände aus dem Haus auf einen bereitstehenden Möbelwagen, während unbeteiligte Passanten eilig auf dem Bürgersteig vorbeihasten. Dasselbe spielt sich vor einem anderen Haus ab, dem als jüdisches Altersheim genutzten Henriettenstift in der Güntzstraße 24. Immer wieder geraten einzelne Gepäckstücke ins Bild, auf denen deutlich sichtbar die Namen ihrer jüdischen Eigentümer zu lesen sind.

Die nächste Bildsequenz wird durch das Schild „Städtische Entseuchungs-Anstalt" eingeführt. Es sind ankommende Menschen in Winterkleidung zu sehen, auf der deutlich der „Judenstern" erkennbar ist. Auf einem von Torhallen umgebenen Hof wird der Betrachter Zeuge der Entseuchungsprozedur, der Abgabe der Kleidung und großer Wäschebündel. Immer wieder sind Frauen mit Kindern zu sehen, die sich zum Teil dagegen sträuben, entkleidet zu werden. Unter den Augen von Männern in SS-Uniform und in Zivil und den Bediensteten der Anstalt müssen die Frauen ihr herkömmliches Schuhwerk gegen grobe Holzlatschen eintauschen. Das Gehen über das Pflaster des Hofes fällt ihnen schwer. Eine sehr angestrengt und konzentriert schauende Frau untersucht die Haare der jüdischen Frauen auf Läuse. In einem Raum wartet eine Gruppe völlig entkleideter Männer, die nacheinander von einem jüdischen Arzt, dem Dresdner Dr. Willy Katz, untersucht werden. Ein Anstaltsbediensteter mit Gasmaske verriegelt eine Stahltür mit der Aufschrift „Vorsicht! Giftige Gase. Lebensgefahr!". In der folgenden Einstellung verlassen Frauen und Männer wieder angekleidet mit ihrem Handgepäck das Anstaltsgelände.

Als nächster Zwischentitel erscheint „Ankunft am Hellerberg". Menschen in Winterkleidung nähern sich dem an einem Waldrand befindlichen Lagergelände. Voll bepackt mit Handgepäck laufen sie über das Areal. Von einem jüdischen Ordner werden die Ankommenden in das Lager eingewiesen. Neben den Lagerbaracken erblickt man in einem angrenzenden Waldstück Gartenlauben. Auch hier beobachten Gestapo-Angehörige und ein Mitarbeiter des Zeiss-Ikon-Konzerns das Geschehen. Zahllose Koffer und Gepäckstücke stehen und liegen wahllos vor den Baracken auf der morastigen Erde herum. Unter den Ankommenden ist auch ein kleines Mädchen mit Puppenwagen, das fragend in die Kamera schaut. Bei der Ankunft in der Baracke durchlaufen die Menschen eine Reihe von Formalitäten, müssen ihre Lebensmittelkarten und Wohnungsschlüssel abgeben.

Dem Zwischentitel „Einige Beispiele jüdischer Ordnung" folgt eine Sequenz von Einstellungen, die zusammengeworfene Besen, Teppichklopfer und andere Gegenstände, Säcke, ein Bettgestell, Kartons, eine Schneiderpuppe und übereinandergestapelte Stühle abbildet. Daran anschließend erfährt der Zuschauer die räumliche Enge der mit Doppelstockbetten bestückten Barackenunterkunft. Frauen versuchen, inmitten der vielen Alltagsutensilien Ordnung zu schaffen. Sie falten Wäsche und legen sie sorgfältig in die Schrankfächer. Drei vierzehn- bis sechzehnjährige Jungen waschen sich über Emailschüsseln die Hände. Das Auge der Kamera folgt einem SS-Mann in Uniform, dem Untersturmführer Henry Schmidt, und seinen zivilen Begleitern durch die Küche des Lagers, wo sie das Kartoffelschälen und große dampfende Kochtöpfe inspizieren. Die Kamera wendet sich danach draußen den Kindern zu, zwei Kohlen schaufelnden Jungen. Ein kleines, etwa fünfjähriges Mädchen schaut vertrauensselig in die Kamera, ihre Hände halten den Lenker eines Holzrollers. Nach wenigen Innenaufnahmen in den Baracken, in denen Formalitäten geregelt werden, endet der Film unvermittelt.

Bezüglich der Fotografie des Holocaust ist in der wissenschaftlichen Literatur wiederholt darauf hingewiesen worden, daß mit historischen Aufnahmen oft oberflächlich umgegangen wurde, indem selten auf eine präzise Identifizierung, exakte Datierung und eine adäquate Interpretation Wert gelegt wurde. Das Dresdner Material wurde bisher entgegen dem historischen Gegenstand z. B. zur Illustration des Abtransportes aus einem Sammellager anläßlich einer Deportation in die Lager und Ghettos im Osten oder sogar zur Bebilderung der forcierten Auswanderung der Jahre 1938–1939 verwendet.[2] Im vorliegenden Fall war die bildhafte Überlieferung eines bis dahin historisch kaum erschlossenen Vorgangs Ausgangspunkt aller Fragen.[3] Um diese Bilder angemessen in ihren historischen Kontext einordnen zu können, war die Identität des Fotografen bzw. Kameramannes zu belegen, mußten Datum, Ort und Umstände der Aufnahmen und ihre Einordnung in die serielle Abfolge des gesamten Filmes ebenso geklärt werden wie dessen Funktion, die Intentionen des Autors und das Verhältnis zwischen Kamera und Abgebildeten.[4]

Die Kamera führte am 23. und 24. November 1942 an den verschiedenen Standorten in Dresden und dem Lagergelände außerhalb des Stadtgebietes Erich Höhne. Höhne, Jahrgang 1912, arbeitete 1942 bei Zeiss Ikon in Dresden und verwaltete seinerzeit unter dem Chef des Laboratoriums,

2 Vgl. zuletzt Hitlers Helfer. Dokumentarreihe von Guido Knopp, Jörg Müllner und Stefan Simons, 2. Staffel, Teil 1: Eichmann – der Vernichter, Deutschland 1997. Erstausstrahlung am 11. 2. 1998 auf arte.

3 Vgl. allgemein Dieter Reifarth/Viktoria Schmidt-Linsenhoff, Die Kamera der Täter, in: Fotogeschichte. Beiträge zur Geschichte und Ästhetik der Fotografie, 3 (1983), neu veröffentlicht in: Hannes Heer/Klaus Naumann (Hrsg.), Vernichtungskrieg. Verbrechen der Wehrmacht 1941–1944, Hamburg 1995, S. 475–503. Vgl. auch Bernd Hüppauf, Der entleerte Blick hinter der Kamera, in: Ebenda, S. 504–527, der ebenfalls auf die Notwendigkeit der Versprachlichung der Bilder verweist (S. 521).

4 Vgl. Sybil Milton, The Camera as Weapon: Documentary Photography and the Holocaust, in: Simon Wiesenthal Center Annual 1 (1984), S. 45–68.

Walter Riedel, das Filmlager. Er drehte die zweimal 120 Meter Film auf einer 16-mm-MOVICON-Kamera der Zeiss Ikon mit 16 Bildern pro Sekunde. Nach 1945 war Erich Höhne einer der bekanntesten Fotografen nicht nur des kriegszerstörten Dresden und langjähriger Mitarbeiter der „Sächsischen Zeitung". In der Nachkriegszeit hatte er das Filmmaterial nach eigenen Aussagen verschiedenen, heute nicht mehr im einzelnen erinnerlichen Stellen in der Stadt angeboten, konnte den Film „aber nicht loswerden".[5] 1995 kamen mit der altersbedingten Übergabe von Höhnes persönlichem Archiv an den Dresdner Kameramann Ernst Hirsch die zwei Filmrollen in dessen Besitz. Hirsch folgte der Maßgabe, diesen Film für die Nachwelt zu erhalten und öffentlich zugänglich zu machen.

Es handelt sich um eine 16-mm-Positivkopie aus dem Filmlager von Zeiss Ikon. Die Urheberschaft der Zwischentitel und des Schnitts lassen sich heute nicht mehr zweifelsfrei klären. Die Filmrollen tragen die Aufschrift „ZEISS IKON A.G. DRESDEN A 21, Laboratorien. Titel: *Überführung der Dresdner Juden in das Lager am Hellerberg*. Länge: *120 m.* Material: Kopie/Original *Kopie*. Bemerkungen: *Teil I* (bzw.) *Teil II*".[6]

Folglich ist auch die Funktion des möglicherweise nicht vollständig erhaltenen Filmes und seine Rezeption noch nicht geklärt. Der Auftraggeber beabsichtigte offenbar die Dokumentation der Überstellung der Dresdner Juden in ein Lager außerhalb der Stadt. Motivwahl und Schnitt, insbesondere die Zwischentitel, lassen die antisemitische Zielrichtung der Initiatoren erkennen. Marcus Gryglewski zeichnet in seinem Aufsatz eine Entwicklung nach, die den historischen Entstehungszusammenhang rekonstruiert.[7] Ob der Film jemals zur Aufführung gelangte, ist zweifelhaft.

Neben der Erforschung der Entstehungsgeschichte und der ihr zugrunde liegenden Motivation erfordert die Interpretation der konkreten Bildinhalte des Films, die im Fotodokumentationsteil im einzelnen ausschnittweise betrachtet werden können, unsere Aufmerksamkeit. In bezug auf das Verhältnis von Tätern, Tatbeteiligten, Opfern und Zuschauern lassen sich folgende Beobachtungen festhalten:

Immer wieder nimmt die Kamera Gepäckstücke in Augenschein, die wegen ihrer Beschriftungen mit jüdischen Zwangsnamen möglicherweise eine besondere Anziehungskraft auf den Kameramann ausgeübt haben. Für den zeitgenössischen Zuschauer wurden hiermit bereits antisemitische Ressentiments bedient, die durch Aufnahmen von Mülltonnen, verhangenen Fenstern oder durcheinandergeworfenen Utensilien mit dem Kommentar zu „Beipielen jüdischer Ordnung" verstärkt wurden.

5 Interview mit Erich Höhne, Jacqueline Vogel, Dresden – MDR Kultur vom 7.8.1997.

6 Handschriftliche Eintragungen wurden kursiv gesetzt.

7 Siehe den Aufsatz von Marcus Gryglewski, S. 87–150.

Die Begegnung der Kamera mit den Opfern reflektiert die antisemitischen Ambitionen jedoch nur zu einem Teil. Es irritiert ein beinahe empathischer Blick, besonders bei den Einstellungen von Kindern. Die Bilder des Films spiegeln zum Teil auch ein „normales" Verhältnis zwischen Kamera und Subjekt, was durch spontanes Lächeln der Gefilmten zum Ausdruck kommt. Derartige Beobachtungen können indes nicht darüber hinwegtäuschen, daß die Gesichter der Männer, Frauen und Kinder, bedingt durch die Zeitumstände des November 1942, stark durch Angst, Unsicherheit und Depression gezeichnet sind. Angst spricht aus einzelnen Kindergesten und etwa der Reaktion eines Mannes, der offenbar durch einen scharfen Befehl in Richtung Kamera gerufen wird. Vereinzelt erblickt man ein demonstratives Abwenden von der Kamera. Die Kamera wird gleichsam dort zur „Waffe", wo mit dem Schauzwang auf die Frauen, die ihre Haare inspizieren lassen müssen, wie es auch Victor Klemperer in seinem Tagebuch festhält,[8] eine besondere Entwürdigung verbunden ist. Der Akt des Fotografierens bzw. Filmens entwickelt sich hier zu einer zusätzlichen, in der Form verfeinerten, gleichsam voyeuristischen Verhöhnung der Opfer.[9]

Die Täter, soweit sie ins Bild geraten, die Gestapo-Leute Henry Schmidt, Martin Petri, Rudolf Müller, Herbert Klemm sowie Dr. Johannes Hasdenteufel vom Zeiss-Ikon-Konzern, demonstrieren bis auf wenige Ausnahmen Gelassenheit, unterhalten sich angeregt, einer raucht Zigarre. SS-Untersturmführer Schmidt nimmt die für militärische Befehlsgeber gemeinhin typische Körperhaltung der auf dem Rücken verschränkten Arme ein. Schließlich leitet er die Aktion. Die Tatbeteiligten, soweit Mitarbeiter des Umzugsunternehmens oder der Entseuchungsanstalt in diese Kategorie fallen, zeichnen sich durch eine auffallend emsige, pflichtbewußte Geschäftigkeit in der Durchführung ihrer Aufgaben aus.

Geradezu frappierend ist die nur in dem bewegten Film zu beobachtende beunruhigende Hast der Passanten, allesamt Zuschauer, die dem Geschehen vor den „Judenhäusern" scheinbar auszuweichen versuchen. Die Bilder zeigen beispielhaft, daß sich die Ausgrenzung, Verfolgung und Verschleppung der Juden nicht als „Geheime Reichssache" abgeschirmt vor den deutschen „Volksgenossen" vollzog. Die Selbstverständlichkeit derartiger Maßnahmen, die Möglichkeit, davon Kenntnis zu haben, sich dafür zu interessieren, etwas wissen zu wollen, tritt hier deutlich zu Tage.

Die Kamera dokumentiert im wesentlichen das Geschehen, ohne besondere propagandistische, NS-spezifische Stereotypen zu verwenden. Nur wenige Szenen sind gestellt, erkennbar an offensichtlich von hinter der

---

8 Vgl. Victor Klemperer, Ich will Zeugnis ablegen bis zum letzten. Tagebücher 1933–1945, hrsg. von Walter Nowojski unter Mitarbeit von Hadwig Klemperer, Bd. 2: Tagebücher 1942–1945, Berlin 1995, S. 286.

9 Vgl. Reifarth/Schmidt-Linsenhoff, Kamera, S. 483.

Kamera ausgehenden Instruktionen. Bei aller antisemitischen Grundintention und Regie des Films ist diese in der Kameraführung Höhnes nicht unmittelbar auszumachen. Weder die vorherrschende Perspektive noch bestimmte besonders diffamierende Aufnahmen legten eine solche Interpretation nahe. Dennoch ist die Kamera nicht neutral, sie nimmt die Perspektive der Auftraggeber ein, sie ist nicht oder nur manchmal ungewollt auf seiten der Opfer. Bisweilen verursachten selbst Nazi-Propagandafilme über das Warschauer Ghetto oder Theresienstadt eine Konterkarierung ihrer diffamierenden Intention. Auch die Dresdner Bilder hätten wohl bei einem breiteren Publikum eher Mitgefühl denn antisemitische Ressentiments provoziert.

Der Weg von einem schadhaften Schmalfilm zu Fotodokumentation und Erinnerungsbuch erwies sich als kompliziert. Das Filmmaterial war in den zurückliegenden 50 Jahren stark geschrumpft und in einem chemischen Zersetzungsprozeß begriffen, worauf kristalline Ausblühungen und eine den Film bedeckende Salzschicht schließen ließen und wovon die Risse und Schlieren auf dem Zelluloid Zeugnis ablegen. Auf der Suche nach einem geeigneten Verfahren entschloß sich Hirsch, dem das Verdienst gebührt, den Film vor dem endgültigen Verfall bewahrt zu haben, das Material auf 35-mm-Negativfilm nach geringfügiger mechanischer Reinigung ohne chemische Manipulation Einzelbild für Einzelbild auf einer Oxberry-Kopiermaschine umzukopieren. Der neu gewonnene Schwarzweiß-Negativfilm war das Ausgangsmaterial für alle weiteren Verarbeitungen dieser bildlichen Hinterlassenschaft.[10]

Für die vorliegende Veröffentlichung der Stiftung fertigte Hirsch vom Negativfilm Schwarzweiß-Abzüge im Format 18 mal 24 cm an. Diese neu gewonnenen Fotografien wurden von der Firma PPP, PrePrint Professional, digital weiterbearbeitet.[11] Am Ende wurden Fehler beseitigt, die bereits auf der Vorlage waren und nicht mit dem Bildinhalt in Zusammenhang stehen, wie etwa Fusseln und Kratzer. Eine derartige Korrektur bezog sich nur auf Bildstellen, die die unmittelbare Aussage des Bildes betreffen.

Dieser Weg war notwendig, um das beabsichtigte technisch bestmögliche Ergebnis für die Dokumentation zu erzielen, ohne die Quelle zu verfälschen. Um einer etwaigen ästhetisierenden Wirkung vorzubeugen, wurden bewußt die für die 16-mm-Filmaufnahmen typischen Rahmen als Fond beibehalten. Die Möglichkeiten heutiger digitaler Bildbearbeitung sind derart

10 Ein 35-mm-Schwarzweiß-Positivfilm wurde umkopiert auf Video im Format BETACAM SP und in dem Dokumentarfilm „,Die Juden sind weg.' Das Lager Dresden Hellerberg. Eine Dokumentation", Heller-Film Dresden/Berlin 1997 von Ernst Hirsch und Ulrich Teschner verwendet.

11 Die Vorlagen, sogenannte frames, wurden einzeln mit einer Auflösung von 300 bis 330 dpi (= dots per inch) eingescannt, abhängig von dem gewählten Druckraster. Danach erfolgte eine Grundkorrektur bei Bildschärfe, Ausrichtung und Graduation, d.h. die Abbildungen wurden

perfektioniert, daß man leicht in einen Zielkonflikt gerät, wie weit solche Bearbeitung gehen darf und wo Manipulation beginnt.[12]

Die dem fotografischen Bildzeugnis attestierte Überzeugungskraft und Beweisstärke sowie Authentizität, insbesondere aber die Möglichkeit der wiederholbaren Betrachtung der einzelnen Fotografie gegenüber dem flüchtigen Eindruck des Films haben die Herausgeber dazu bewogen, die Bilder in der vorliegenden Form der Öffentlichkeit zugänglich zu machen.[13] Einzelne Filmaufnahmen, die in der Sequenz des Films eher eine untergeordnete Rolle einnehmen, werden in den Rang einer Fotografie erhoben. Die anders kaum erreichbare Unmittelbarkeit zwischen heutigem Betrachter und den seinerzeit gefilmten Menschen öffnet neben dem historischen Verständnis auch eine Perspektive des Mitgefühls. Wer sich auf die Fotografien einläßt, den läßt die visuelle Erinnerung an die Gesichter nicht mehr los. Die durch Bildunterschriften kontextualisierten Fotografien wurden nach dem Gesichtspunkt ausgewählt, daß sie jeweils einen bestimmten Sachverhalt besonders anschaulich, gleichsam metaphorisch, dokumentieren, einen entscheidenden Augenblick einfangen, der den Betrachter besonders anspricht, etwa weil eine Person in die Kamera schaut oder weil ein Mensch oder ein bestimmtes Objekt im Mittelpunkt steht.[14]

Es ist in diesem Zusammenhang bemerkenswert, was Erich Höhne selbst in seine Überlegungen zur Bildbetrachtung zwei Jahrzehnte später hat einfließen lassen. In einer populären Handreichung für Museumsbesucher maß er der Fotografie im Vergleich zur Malerei ein Höchstmaß an Objektivität bei der Abbildung weiter zurückliegender Wirklichkeit bei. Er schränkte zugleich ein, die Fotografie könne zwar das wahre Wesen eines Menschen treffen, „tut es aber selten, weil fast alle Menschen im Augenblick der Aufnahme von ihrer Grundhaltung abweichen."[15] Als Voraussetzung einer Bildbetrachtung in der Kunst – im Gegensatz zu einem flüchtigen Ansehen der Bilder – forderte Höhne ein möglichst großes fachliches und allgemeines Wissen, „denn jede neugewonnene Erkenntnis wirkt sich sofort bei der

digital nachgeschärft. Mittels einer sogenannten Pixelübertragung konnten Staub- und Schmutzpartikel, die beim Scan-Vorgang auf die Vorlagen geraten waren, eliminiert werden.

12 Eine fotohistorische Einordnung der Aufnahmen erscheint 1998 parallel in der Zeitschrift Fotogeschichte: Norbert Haase, „… daß alles so offen vor sich gehe". Das Filmmaterial „Zusammenlegung der letzten Juden in Dresden in das Lager am Hellerberg am 23./24. Nov. 1942".

13 Vgl. Detlef Hoffmann, Auschwitz im visuellen Gedächtnis. Das Chaos des Verbrechens und die symbolische Ordnung der Bilder, in: Auschwitz. Geschichte, Rezeption und Wirkung, hrsg. vom Fritz Bauer Institut (Jahrbuch zur Geschichte und Wirkung des Holocaust 1996), Frankfurt a. M./New York 1996, S. 223–257.

14 Vgl. Ute Wrocklage, Architektur zur „Vernichtung durch Arbeit". Das Album der „Bauleitung d. Waffen-SS u. Polizei K. L. Auschwitz", in: Fotogeschichte. Beiträge zur Geschichte und Ästhetik der Fotografie 14 (1994), S. 42. Dies., Fotografie und Holocaust, Frankfurt a. M. 1998.

15 Vgl. Erich Höhne, Einführung in die Bildbetrachtung, Leipzig ²1966, S. 16.

Bildbetrachtung aus, und der Kunstfreund wird bald feststellen, daß seine Freude am künstlerischen Bild in demselben Maße wächst, wie er seine fachlichen Kenntnisse erweitert und sein Wissen um geschichtliche, gesellschaftliche und weltanschauliche Zusammenhänge vertieft."[16]

In bezug auf die visuelle Überlieferung der nationalsozialistischen Judenverfolgung liegt die herausgehobene Bedeutung der Bilder nicht nur in ihrer Einzigartigkeit. Bemerkenswert ist besonders ihre Einordnung in die Geschichte der kollektiven visuellen Erinnerung Dresdens an den Nationalsozialismus.

Tatsächlich hat sich in der Erinnerung der Deutschen allgemein – weit über Dresden hinaus – die Aufnahme „Blick vom Rathausturm nach Süden" in das visuelle Gedächtnis eingeprägt, die der Dresdner Fotograf Richard Peter sen. nach seiner Rückkehr aus der Kriegsgefangenschaft im September 1945 von der zerstörten Stadt gemacht hatte. Mit der allegorischen Figur der Bonitas, der Güte, und der alle Erinnerung tilgenden, fast jungfräulich erscheinenden Ruinenlandschaft verband sich die Versinnbildlichung der Opferrolle der Deutschen am Ende des Zweiten Weltkriegs, das zugleich ein Ende der NS-Herrschaft in Europa bedeutete. Die Mahnung des 1949 in einer Auflage von 50 000 Exemplaren aufgelegten Bildbandes „Dresden – eine Kamera klagt an!"[17] galt dem Westen und sollte gleichzeitig nach innen die Traditionslinie des DDR-Antifaschismus behaupten.[18]

Peter vermittelte der Nachwelt sehr viel später, weshalb seine historischen Bilder gebraucht würden: „Als Dokumentation einer Zeit, in der das absolute Böse seine infernalischen Triumphe feierte, als Beweismittel für die letztwilligen Verfügungen eines größenwahnsinnigen Herostraten und der von ihm infizierten Jüngerschar, die ihren Lehrmeister auch dann heilig sprach, als sein Wahnsinn längst offenkundig war."[19]

Die seit 1949 geprägte, lange Zeit vorherrschende Bildtradition wurde 1985 zum 40. Jahrestag der Zerstörung Dresdens erstmals durch die Ausstellung „… oder Dresden" in der Kreuzkirche durchbrochen, die die Brücke von der Erinnerung an die Opferrolle der Stadt und ihrer Bürger zu ihrer eigenen Schuld und Verantwortung zu schlagen versuchte. Nicht von ungefähr kam dieser Impuls aus dem Kreis junger evangelischer und katholischer Christen, die der unabhängigen Friedensbewegung der DDR nahestanden.

16 Ebenda, S. 7f.

17 Dresden – eine Kamera klagt an!, Dresden 1949; erweiterte Neuauflage, Berlin (Ost) 1980.

18 Michael Neumann, Bilder – Dokumente – Ikonen? Notizen zu drei Fotografien der Nachkriegszeit, in: Memory. Zeitung zur Ausstellung „Deutschlandbilder. Kunst aus einem geteilten Land", hrsg. vom Museumspädagogischen Dienst Berlin und der Berliner Festspiele GmbH, Berlin 1997, S. 4–5.

19 Zit. nach Richard Peter sen., Erinnerungen und Bilder eines Dresdner Fotografen, hrsg. von Werner Wurst, Leipzig 1987, S. 58.

Superintendent Christof Ziemer, der in den Ereignissen der „friedlichen Revolution" in Dresden später eine wichtige Rolle spielen sollte, beschrieb die Intention der Ausstellung damals: „... wer von unserem Leid erzählt, darf von unserer Schuld nicht schweigen."[20] Um Erinnern und Durcharbeiten der Vergangenheit ging es den Initiatoren – Ansätze einer Erinnerungskultur, wie sie nicht in die offizielle Antifaschismusdoktrin der DDR paßten. Die Dokumentation, die auf einer Reihe von aus Privatbeständen zusammengetragenen Fotografien basierte, beanspruchte eine unvoreingenommene Sicht auf die Geschichte der Stadt und fragte nach den Mechanismen totalitärer Gewalt. Das pazifistische Anliegen bestand darin, den Gedanken von Frieden und Versöhnung wachzuhalten. Dies gelang, indem neben die Kapitel eines „Vorher", der „Zerstörung" und des „Danach" unter anderem auch der Alltag in der NS-Zeit – „total-normal" – in den Blick geriet: Hakenkreuzfahnen in der Elbestadt nach 1933 und immer wieder Familienfotos, die die Anpassung an den totalen Staat widerspiegelten.

Als man anläßlich des 13./14. Februar 1995 in Dresden an die Bombardierung vor fünfzig Jahren erinnerte, griff die Gesellschaft für Christlich-Jüdische Zusammenarbeit diesen Ansatz wieder auf. Im Deutschen Hygiene-Museum zeigte sie die Ausstellung „Auschwitz Birkenau", Fotografien des Fotografikers Volkmar Sebb von Spuren des Vernichtungslagers aus den Jahren 1969 bis 1984. Die Dresdner Öffentlichkeit sollte daran erinnert werden, daß die zerstörerische Gewalt des Bombenkrieges nicht über Nacht und zufällig über ihre Stadt gekommen war, sondern dieses Ereignis in den Kontext des vom nationalsozialistischen Deutschland begonnenen Krieges gestellt werden muß.

Erinnern und Gedenken bedürfen der Vergewisserung darüber, wessen gedacht wird. Sonst droht eine Entkonkretisierung und Enthistorisierung der Verbrechen. Es bedarf deshalb der Beantwortung der Frage nach dem Was? und dem Warum? Dieses Buch ist ein Buch der Erinnerung an die jüdischen Opfer des Nationalsozialismus in Dresden. Es ist zugleich eine wissenschaftliche Dokumentation zur nationalsozialistischen Judenverfolgung in Sachsens „Gauhauptstadt". Den vierundsechzig ausgewählten

---

20 ... oder Dresden. Fotos, Dokumente und Texte einer Ausstellung 40 Jahre nach der Zerstörung der Stadt, Dresden ²1991. Siehe auch Tilman Fichter, Ungemalte Deutschlandbilder, in: Deutschlandbilder. Kunst aus einem geteilten Land. Katalog, hrsg. von Eckhart Gillen, Berlin 1997, S. 38–48.
Wie grausig die Verschränkung historischer Zusammenhänge bisweilen ist, zeigt die Tatsache, daß man sich nach den Luftangriffen 1945 bei der Leichenverbrennung auf dem Altmarkt derselben Methode bediente, wie sie zuvor zur Beseitigung der Spuren des Massenmordes im Osten entwickelt worden war. Die hierbei eingesetzten „Trawnikis", Überreste ukrainischer Hiwis des Bataillons Streibl aus Trawniki, die im Zuge des Rückzuges nach Dresden verlegt worden waren, brachten ihr Wissen nun bei den „Aufräumarbeiten" ein. Vgl. Wolfgang Scheffler, in: Im Kreuzfeuer: Der Fernsehfilm ‚Holocaust'. Eine Nation ist betroffen, hrsg. von Peter Märtesheimer und Ivo Frenzel, Frankfurt a. M. 1979, S. 271.

kommentierten Fotografien in der Chronologie des Films[21] schließt sich ein Aufsatz von Marcus Gryglewski zu deren historischer Einordnung an. Eine im Anhang befindliche Chronologie der Maßnahmen des NS-Staates auf lokaler Ebene mit Dokumenten und die durch Angaben über ihr weiteres Schicksal und ihre letzten Wohnadressen ergänzte Aufstellung der 293 Dresdner Juden, die im März 1943 vom Lager Hellerberg nach Auschwitz deportiert wurden, vermitteln ein ergänzendes und erweiterndes Bild.

Die Herausgeber danken Ernst Hirsch (Dresden) für die Bereitstellung des Bildmaterials. Mit Rat standen dem Projekt hilfreich zur Seite: Knut Dethlefsen, Christian Gerlach, Elke Gryglewski, Jochen Muhs, Prof. Dr. Wolfgang Scheffler, Ingrid Silverman, Ulrich Teschner und Martina Voigt (alle Berlin), Konrad Adolph, Heinz-Joachim Aris stellvertretend für den Vorstand der Jüdischen Gemeinde zu Dresden, Dr. Heinz Böhm, Staatsanwältin Clementi, Dr. Nora Goldenbogen, Hildegard Stellmacher, Lilli Ulbrich, Jacqueline Vogel (alle Dresden), Steffen Held (Leipzig), der Vorstand der israelitischen Religionsgemeinde zu Leipzig, Volker Rieß (Ludwigsburg) sowie Elisabeth Brachmann-Teubner (Potsdam). Ihnen allen sei für die Unterstützung gedankt. Darüber hinaus ist den Mitarbeiterinnen und Mitarbeitern der Archive, Gedenkstätten und Bibliotheken zu danken. Der besondere Dank der Herausgeber gilt Yvonne Hahn (Dresden) und Peter Klein (Berlin) für ihre redaktionelle Mitarbeit.

In dem Projekt ist den Spuren der in dem Filmdokument des Jahres 1942 abgebildeten Menschen nachgegangen worden.

Es konnten hier erstmals auch wichtige Entwicklungslinien der nationalsozialistischen Judenpolitik in Dresden nachgezeichnet werden. Eine Gesamtgeschichte der NS-Judenverfolgung im Dresdner Raum, besonders aber eine sozialgeschichtlich ausgerichtete Darstellung des Lebens der Dresdner Juden zwischen 1933 und 1945 aber können nur der weiteren Forschung vorbehalten bleiben. Konzeptionelle und inhaltliche Vorarbeiten für ein Gedenkbuch, das in mehrjähriger Arbeit die Spuren jüdischen Lebens in Dresden sichern und auf diese Weise die Erinnerung an die einstigen Dresdner Juden wachhalten soll, liegen bereits vor. Diese für die Stadt und ihre Bürger notwendige Erinnerungsarbeit mag auch durch das vorliegende Buch Auftrieb erhalten.

Die Herausgeber   Dresden, Leipzig, Berlin im April 1998

---

[21] Die Fotografien werden durch den in eckigen Klammern stehenden Time-Code [Minute: Sekunde: Bild] nach dem im Archiv der Stiftung Sächsische Gedenkstätten vorliegenden VHS-Video belegt. Die Originale befinden sich ebenfalls dort.

Momentaufnahmen aus einem Film
Fotodokumentation ▬▬▬▬▬

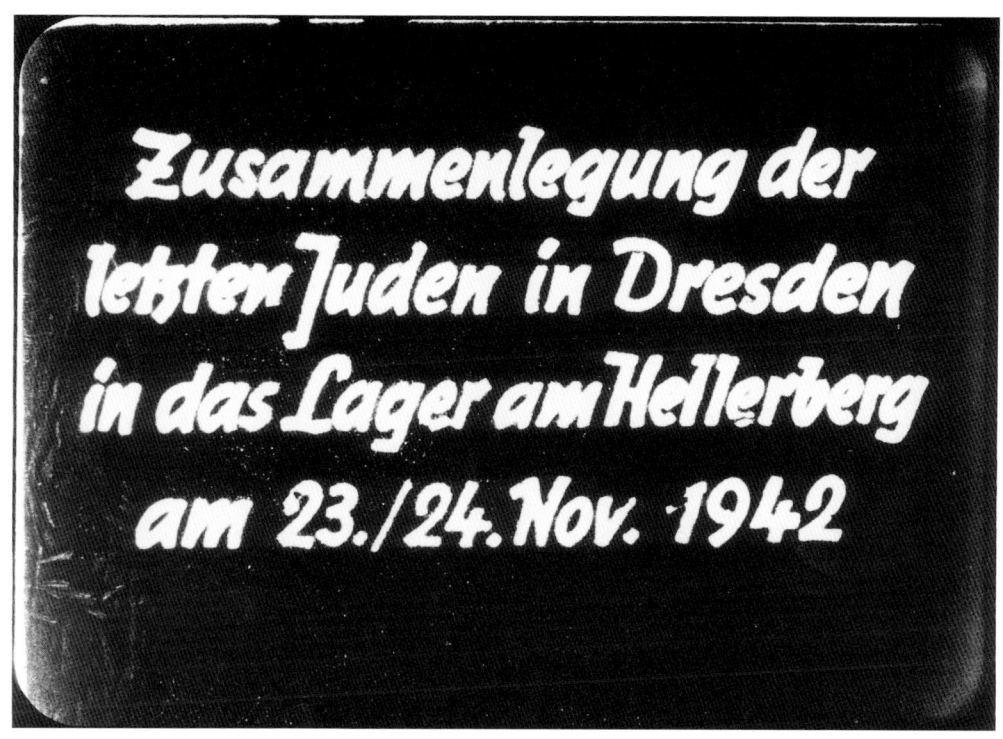

„Dieses Jahr 42 war von den zehn NS-Jahren bisher das schlimmste:
Wir haben immer neue Demütigung, Verfolgung, Mißhandlung, Schändung erlitten,
Mord hat uns ständig umspritzt, und jeden Tag fühlten wir uns in Todesgefahr."

Victor Klemperer, 31. Dezember 1942

Titel des siebenundzwanzigminütigen Filmmaterials:
„Zusammenlegung der letzten Juden in Dresden in das Lager
am Hellerberg am 23./24. Nov. 1942" 1[00:07:23]

„Seit dom Auszug der Lagerleute ist es hier ganz still geworden."

Victor Klemperer, 26. November 1942

Dresden, Montag, 23. November 1942. Das Straßenschild „Sporer-Gasse."
ist die erste Einstellung des Filmes. Es folgt das Bild der Hausnummer 2,
in der sich in unmittelbarer Nähe zur Dresdner Frauenkirche ein „Judenhaus" befand. Das Haus war im Besitz des jüdisch-orthodoxen Hilfsvereins
Tomche Nizrochim (Stützer der Bedürftigen) e.V. Dresden. 3[00:13:11]

Aus erhöhter Perspektive auf den Hauseingang, der von einem Herrn in Zivil überwacht wird, erblickt man zwangsverpflichtete junge jüdische Männer, die Habseligkeiten und Einrichtungsgegenstände der Hausbewohner der Sporergasse 2 auf die Ladefläche eines Möbelwagens laden, darunter Gepäckstücke, Mobiliar, Schemel und Bänkchen. 4[00:46:16]

Während die Einrichtungsgegenstände aus dem „Judenhaus" Sporergasse 2 auf den Möbelwagen verladen werden, gehen am oberen Bildrand Passanten eilig auf dem Bürgersteig vorbei. 5[00:56:12]

Zwei junge jüdische Männer packen Kleinteile, ein Nähkästchen, Eimer, Kisten und Mobiliar auf den Möbelwagen. Rechts vom Hauseingang ist ein quadratisches Emailschild zu sehen, das mit einem Mohrenkopf für „Greiling Zigaretten" wirbt. Während zwei Jungen erst ein Regal und dann eine Nähmaschine auf den Wagen heben, laufen ständig Passanten eilig vorbei. 6[01:24:13]

Die Kamera zeigt einige auf dem Bürgersteig stehende Koffer, die von einem kräftigen Arm auf die Ladefläche des LKW geschafft werden. Die Aufschrift weist als Eigentümerin dieses Koffers Martha Dawid aus. Sie beinhaltet den von den Nationalsozialisten verordneten Zwangsnamen „Sara". Die Hausangestellte Martha Dawid, die 1923 in Dresden geboren wurde, wohnte in der Ziegelstraße 54. Sie besuchte in den dreißiger Jahren die Mädchen-Berufsschule in der Ammonstraße. Nach ihrer Ankunft wurde sie höchstwahrscheinlich bereits am 3. März 1943 in Auschwitz-Birkenau ermordet. 7[01:35:16]

Weitere Koffer werden aus dem Haus herangetragen, die ein jüdischer
Junge auf den Möbelwagen hievt. Sein Blick streift die Kamera. Ein
weiteres Gepäckstück mit der Aufschrift „Leo Israel Redlich und Johanne
Sara Saslawski" wird aus dem Bild getragen. Der Buchhalter Leo Redlich,
geboren 1882 im oberschlesischen Kreuzburg, lebte bis 1939 in der Haydn-
straße 41. Johanna Saslawski, geboren 1912 in Dresden und vermutlich
die Schwester seiner Schwiegertochter, wohnte in der Schreibergasse 9.
Beide wurden sie aller Wahrscheinlichkeit nach bereits unmittelbar nach
ihrer Ankunft am 3. März 1943 in Auschwitz-Birkenau ermordet. 8[01:46:17]

Es folgt ein Koffer mit der Aufschrift „Albert Israel Hirsch". Nun wird ein
Gestell auf die Ladefläche des LKW geschafft, auf der ein anderes Utensil
die Aufschrift „Kinderbett" trägt. Der Verkäufer und Dekorateur Albert
Hirsch, geboren 1900 in Borghorst, wurde mit seiner Ehefrau Fanny und
Sohn Manfred in das Lager Hellerberg verbracht. Die Familie wohnte in
den 30er Jahren in der Röhrhofsgasse 16. Im Konzentrationslager
Auschwitz erhielt Hirsch die Häftlingsnummer 104 950 und wurde in Buna-
Monowitz (Auschwitz III) zur Zwangsarbeit eingesetzt. Frau und Kind
wurden bereits unmittelbar nach ihrer Ankunft am 3. März 1943 ermordet.
Albert Hirsch überlebte. Er war nach 1945 im Vorstand der Dresdner Jüdi-
schen Gemeinde, im Juni 1950 Referent für jüdische Angelegenheiten
beim Kirchenamt der DDR. Im Zusammenhang mit den Auswirkungen des
Prager Slansky-Prozesses und der antisemitischen Repression in der DDR
flüchtete er im Januar 1953 in die Bundesrepublik. 9[01:55:15]

Die Kamera nimmt eine andere Perspektive ein. Sie schaut nun aus dem
Hauseingang Sporergasse 2 auf die Straße. Junge jüdische Männer
tragen unter Aufsicht Umzugsgut aus dem Haus. Passanten gehen vorüber, darunter mit hellem Mantel und Hut ein Herr, der wegen des Regen-
wetters einen aufgespannten Schirm trägt. Der Möbelwagen wird weiter
mit Koffern beladen. **10[02:05:23]**

Die Kamera ist nun vor einem weiteren „Judenhaus" in der Güntz-
straße 24 postiert. Der Möbelwagen wird mit Koffern beladen. Die Träger
mit Judenstern gehen danach stets wieder durch den Vorgarten des
Henriettenstifts, eines vormaligen jüdischen Altersheims, zurück zum
Haus. Die Insassen des Altersheims waren bereits am 14. Juli 1942 nach
Theresienstadt deportiert worden. 11[02:20:15]

Jüdische Arbeiter bringen unter Aufsicht weiterhin das Hab und Gut auf
den vorm Haus stehenden Möbelwagen. Eine Passantin mit einem Kind
auf dem Arm kommt den Bürgersteig entlang und beobachtet die Szenerie.

12[02:46:01]

Der Möbelwagen einer dem „Sächsischen Kraftwagen-Betriebsverband"
angeschlossenen privaten Spedition ist inzwischen fast bis an den Rand
gefüllt. Immer noch packen junge jüdische Männer letzte Koffer und
Gepäckstücke auf den LKW, auf dessen Ladefläche jemand die Dinge ent-
gegennimmt. Ein Auto fährt durchs Bild, Passanten laufen eiligen Schrittes
auf dem Bürgersteig vorüber, so als wollten sie jede Berührung mit dem
Geschehen vermeiden. Die Türen des Möbelwagens werden von den
Packern geschlossen und verriegelt. 13[03:28:09]

„Das Schlimmste an der Lageraffäre soll bisher nach mehrfachen Berichten die Entlausung der Frauen gewesen sein. Während sie in der Anstalt nackt zwischen den Passionsstationen herumliefen, wurden sie von der Gestapo photographiert, sie mußten lange mit nassen Haaren bei kaltem Regenwetter im Hof stehen, auch ihr offenes und durchwühltes Gepäck war dem Regen schutzlos ausgesetzt."

Victor Klemperer, 3. Dezember 1942

Die Kamera zeigt das Schild der Dresdner „Städtischen Entseuchungs-Anstalt" in der Fabrikstraße 6, in der sich alle später in das Lager Hellerberg verbrachten jüdischen Männer, Frauen und Kinder einer Untersuchung und „Entseuchung" unterziehen mußten. 14[03:40:06]

Der Blick richtet sich über den Hof auf ein großes Tor, das als „Wagen-
Halle 2" gekennzeichnet ist. Dort warten Kinder. Zwei ältere Frauen, die
einander stützen, gehen schleppend in klobigen Holzlatschen auf das Tor
zu. Im Hintergrund ist ein Mann in SS-Uniform mit auf dem Rücken verschränkten Armen zu sehen. Es ist der Leiter der Aktion, SS-Untersturmführer Henry Schmidt von der Dresdner Gestapo. **15[04:38:22]**

In der „Städtischen Entseuchungs-Anstalt": Ein Bediensteter in weißem Kittel schafft die Oberbekleidung zur Entwesung. Drei jüdische Frauen folgen mit zwei kleinen Kindern. Es sind Eva Weiß (links) und Ingeborg Teufel mit ihren kleinen Geschwistern Hans-Joachim und Rita. Die Frau in der Mitte ist unbekannt. Im Hintergrund beobachten Gestapobeamte das Geschehen. 16[04:47:20]

Als die kleinen Kinder von den Frauen in einem beengten Raum die Schuhe
ausgezogen bekommen, sträuben sie sich, eines fällt auf den Fußboden.
Zwei Frauen, Eva Weiß (rechts) und Ingeborg Teufel, verlassen mit je einem
der Kinder wieder den Raum. Im Hintergrund steht ein Mann mit Uniform-
mütze, links ein Anstaltsbediensteter, Gestapo-Kommissar Schmidt dreht
der Kamera den Rücken zu. 17[05:15:04]

Die beiden Frauen, Eva Weiß (rechts) und Ingeborg Teufel, laufen, ins Gespräch vertieft, über den Hof der Entseuchungsanstalt. Die Kamera begleitet ihren Gang zurück zum großen Tor der „Wagen-Halle 2". Über ihre Gesichter huscht ein Lächeln. Die Kamera schaut den beiden Kindern auf den Armen der Erwachsenen nach.

Die beiden Frauen wurden am 3. März 1943 nach Auschwitz deportiert. Eva Weiß verstarb dort nach kurzer Zeit. Ingeborg Teufel und ihre Geschwister wurden aller Wahrscheinlichkeit nach bereits unmittelbar nach ihrer Ankunft am 3. März 1943 in Auschwitz-Birkenau ermordet.

18[05:20:20]

Ein Bediensteter der Entseuchungsanstalt packt ein großes Wäschepaket auf einen Haufen von Matratzen und Federbetten. „Sali Goldberg" ist auf dem aufgenähten Schild an einem der Gepäckstücke zu lesen. Arbeitskräfte der Entseuchungsanstalt stapeln weiterhin Betten, Pakete und Säcke aufeinander. Sali Goldberg wurde 1925 in Dresden geboren. Ihr Vater war Inhaber eines Textilgeschäftes in der Ammonstraße. Die Schülerin wurde höchstwahrscheinlich bereits unmittelbar nach ihrer Ankunft am 3. März 1943 in Auschwitz-Birkenau ermordet. **19[06:01:19]**

Eine junge Frau trägt einen Rucksack auf dem Rücken. Wie bereits auf
einem vor der Sporergasse 2 aufgenommenen Koffer ist die Aufschrift
„M. Sara Dawid" zu lesen. 20[06:45:07]

Eine junge Frau, eines der Zwillingsgeschwister Gisela und Ursula Gellert –
höchstwahrscheinlich erstere –, die völlig in Gedanken versunken scheint,
wartet in der hinteren Reihe einer Gruppe Frauen, die ihre Oberbekleidung
auf Bügel hängen, um sie zur Entwesung abzugeben. Einem großen
Weidenkorb entnehmen sie grobe Holzlatschen, die sie gegen ihr herkömmliches Schuhwerk eintauschen. Die Zwillinge Gellert wurden höchstwahrscheinlich bereits unmittelbar nach ihrer Ankunft am 3. März 1943 in
Auschwitz-Birkenau ermordet. **21[06:47:18]**

Eine junge Frau schaut in die Kamera. Es ist wahrscheinlich Magarete Schleimer, geborene Gerson. Mit ihrem vierjährigen Jungen James auf dem Arm setzt sie sich offensichtlich auf Zuruf in Bewegung. Eine zweite Frau tritt vor, verdeckt durch die beiden Kinder, die sie trägt. Dahinter geht eine Frau mit einem Jungen auf dem Arm, die freundlich in die Kamera schaut. 22[07:35:24]

Die Geschwister Rita und Hans-Joachim Teufel, geboren 1939 und 1940 in Dresden, wurden zusammen mit ihrer älteren Schwester Ingeborg nach Auschwitz deportiert und höchstwahrscheinlich bereits unmittelbar nach ihrer Ankunft am 3. März 1943 in Auschwitz-Birkenau ermordet. 23[07:43:15]

Weitere vier Frauen laufen – durch die Holzlatschen nur beschränkt
bewegungsfähig – durch das Bild. 24[07:47:08]

Eine sehr angestrengt, konzentriert, teils verbissen schauende nichtjüdische Frau mittleren Alters, die ein weißes Kopftuch trägt und nicht
identifiziert werden konnte, untersucht die Haare der jüdischen Frauen auf
Läuse. Sie zieht ihre Frisuren mit den Händen auseinander und betrachtet
sie prüfend. Die jüdischen Frauen empfinden die Filmaufnahmen ganz
offensichtlich als demütigend. Eine senkt rasch den Blick, nachdem sie in
die Kamera geschaut hat. Eine andere verzerrt ihr Gesicht vor Schmerz.

25[08:13:16]

Während der Untersuchungen gerät am linken Rand Margot Natowitz, geborene Höxter, ins Bild. Sie und ihr Mann Leonhard können beide überleben und kehren 1945 nach Dresden zurück. Leonhard Natowitz bildet nach 1945 mit Leon Löwenkopf und Rolf Pionkowski den ersten Vorstand der neu erstehenden jüdischen Gemeinde Dresdens. Das Ehepaar Natowitz lebt heute in New York. 26[08:27:14]

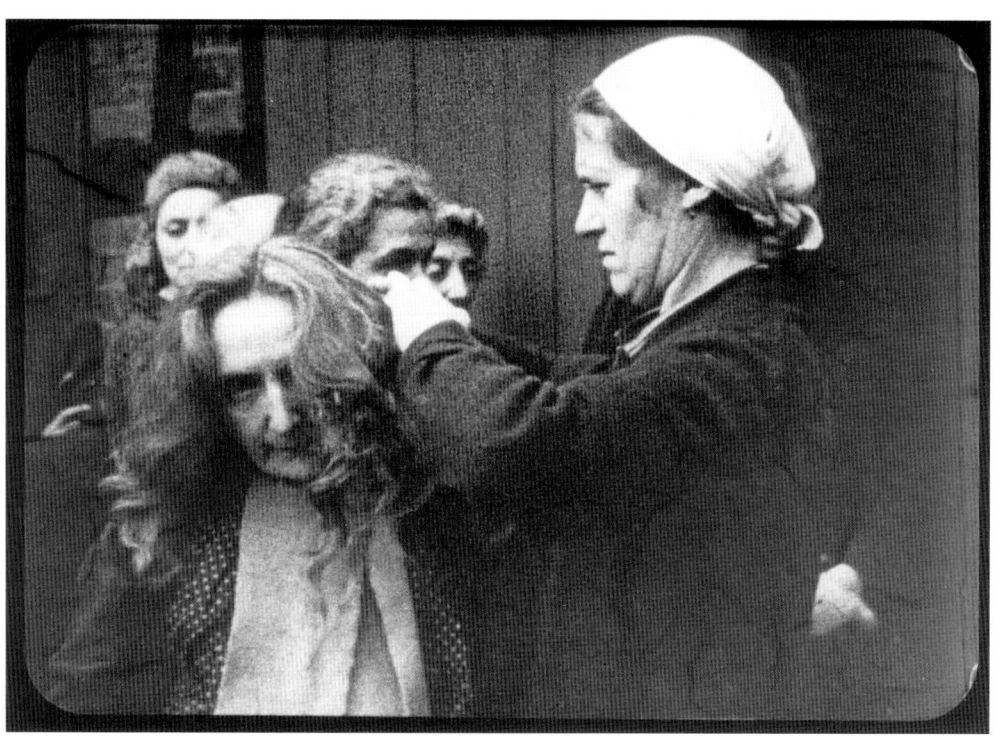

Siehe vorherige Aufnahmen. 27[08:43:08]

Die Gruppe der vier Männer auf dem Hof der „Städtischen Entseuchungs-Anstalt" in Dresden zeigt die Hauptverantwortlichen der Aktion: von links nach rechts die Gestapo-Angehörigen SS-Scharführer Martin Petri, SS-Untersturmführer Henry Schmidt und Kriminalobersekretär Rudolf Müller. Dazwischen als zweiter von rechts Dr. Johannes Hasdenteufel von der Zeiss Ikon AG. Sie unterhalten sich heiter und angeregt, Hasdenteufel raucht Zigarre. 28[10:01:20]

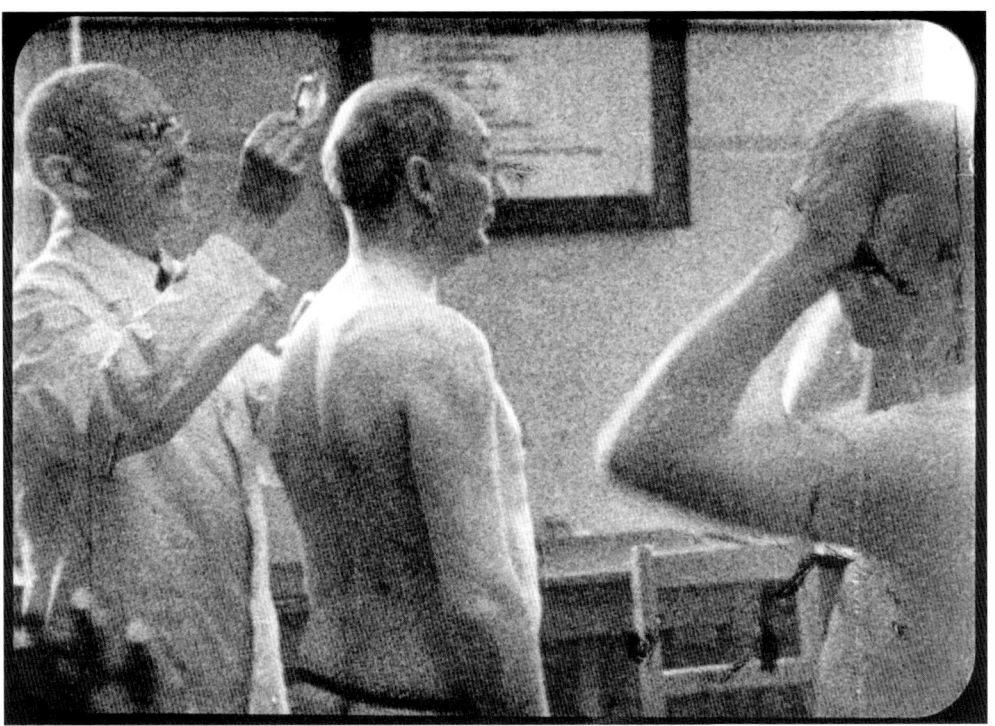

In einem Saal wartet eine Gruppe völlig entkleideter Männer. Der jüdische
Arzt Dr. Willy Katz muß die Männer und Knaben peinlich genau unter-
suchen. Auf seinem weißem Kittel ist der Judenstern deutlich zu sehen.
Katz, geboren am 17. Dezember 1878 in Brieg/Niederschlesien, war Stabs-
arzt und Träger des EK I im Ersten Weltkrieg und unterhielt bis zu seinem
Tode 1947 eine Praxis für Allgemeinmedizin in der Borsbergstraße 14 in
Dresden. Ab 1939 ist er als „Leiter der jüdischen Gesundheitsstelle Dresden" der einzige noch für die Dresdner Juden zugelassene sogenannte
Krankenbehandler. Katz wird nicht in das Lager Hellerberg verbracht, da
er mit einer Nichtjüdin verheiratet ist. Victor Klemperer sagte in seiner
Trauerrede am 13. Januar 1947: „Es war eine fürchterliche Arbeit, denn
hinter ihm stand immer wieder die teuflische Gestapo und ihr mußte er
die Opfer wahrlich aus den Händen, aus den Krallen reißen." 29[11:13:02]

Ein Anstaltsbediensteter in weißem Kittel mit Gasmaske verriegelt die gasdichte Stahltür der „Blausäurekammer", auf der ein Schild zu sehen ist: „Vorsicht! Giftige Gase. Lebensgefahr!" Ein anderer Mitarbeiter, der seine Gasmaske um den Hals gehängt hat, tritt hinzu und schließt die Tür zusätzlich mit einem Schlüssel ab. 30[12:21:13]

51

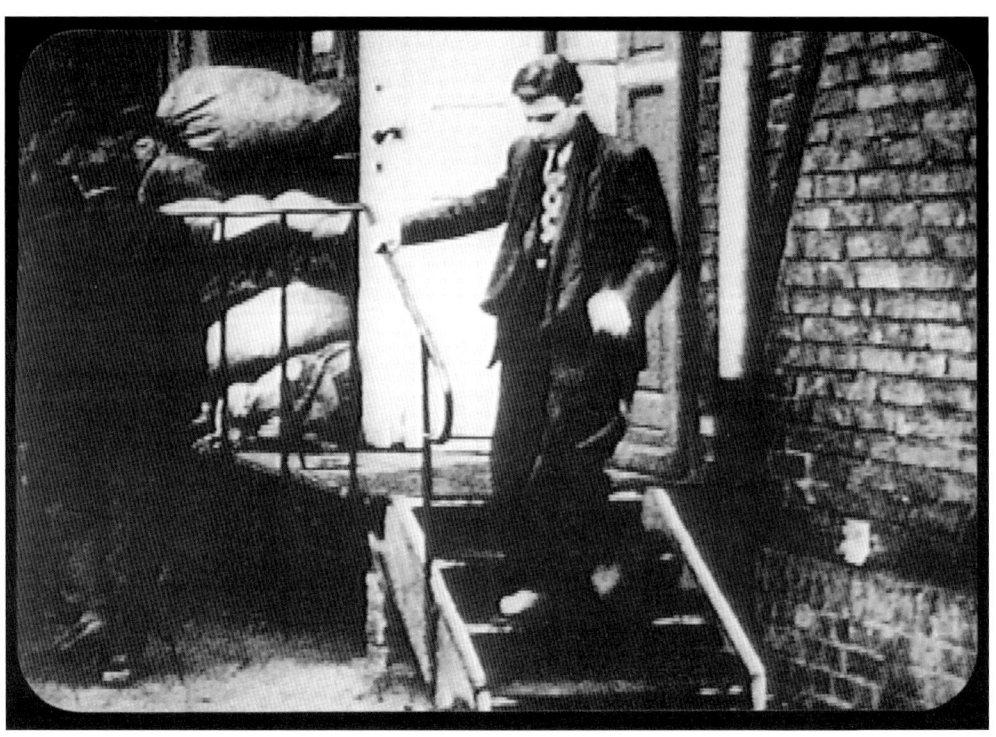

Die jüdischen Männer verlassen wieder angekleidet nacheinander ein
Anstaltsgebäude, das sonst als Unterrichtsraum der sächsischen Landes-
desinfektorenschule genutzt wird. Sie steigen mit Holzschuhen ein Trepp-
chen herab über das nasse Pflaster. Das Bild zeigt den damals 19jährigen
Violinisten Heinz Meyer, der Auschwitz und verschiedene andere Lager
überlebte und heute als Henry Meyer in den USA lebt. Der Blick der Kamera
folgt schließlich einem alten Mann, der sich unbeholfen in den klobigen
Holzlatschen in Richtung der Wagen-Halle 2 fortbewegt. 31[12:46:15]

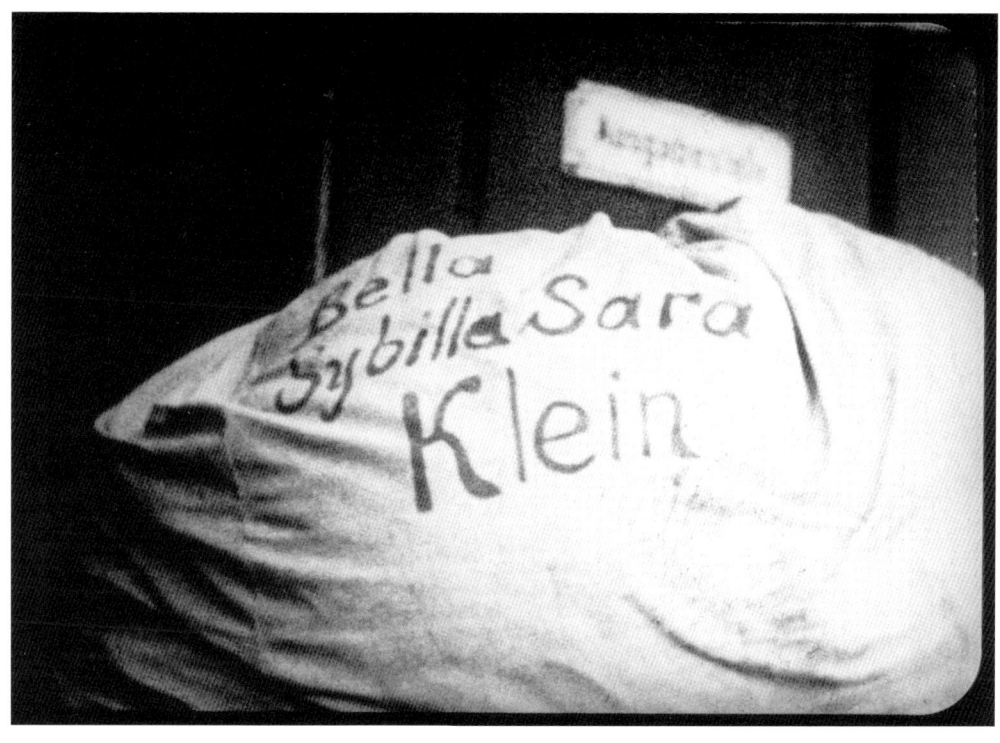

Die Kamera fährt abermals über die aufgetürmten Wäschesäcke. Ein Sack
mit der Aufschrift „Bella Sybilla Sara Klein" kommt ins Bild, dahinter ein
Schild an der Wand: „Ausgabestelle". Die Korrespondentin Bella Klein,
geboren 1892 in Heilbronn, wohnte in Dresden in der Laubestraße 10.
Ihr Vater Gustav besaß ein Geschäft zur Pfeifenfabrikation. Während ihr
Bruder Max 1939 noch nach England emigrieren konnte, wurde Bella Klein
höchstwahrscheinlich bereits unmittelbar nach ihrer Ankunft am 3. März
1943 in Auschwitz-Birkenau ermordet. **32[13:12:20]**

Eine lang andauernde Einstellung zeigt, wie zunächst ältere Frauen von
der Untersuchung in einem Gebäude der Entseuchungsanstalt kommen.
Das Laufen in klobigen Holzpantinen fällt ihnen unter dem unerbittlichen
Blick der Kamera sichtlich schwer. Im Bild als zweite von oben: Clara Weiß.
Frau Weiß wohnte bis Anfang 1942 zusammen mit ihrer Tochter Eva in der
Schlüterstraße 22 b in Striesen. Als SS-Untersturmführer Henry Schmidt
als Leiter des Judenreferats der Dresdner Gestapo in die Elbestadt versetzt
wurde, bemächtigte er sich dieser Wohnung. Mutter und Tochter Weiß
fanden Unterkunft auf dem neuen jüdischen Friedhof in der Fiedlerstraße.
Nach ihrer Einweisung ins Lager erlagen sie kurze Zeit später den katastro-
phalen Bedingungen in Auschwitz. 33[14:03:14]

Über den Hof der Anstalt ist eine Leine gespannt, an der viele zumeist leere Bügel hängen. Die Frauen nehmen dort nach der Untersuchung ihre Mäntel ab. 34[15:01:02]

Eine ältere Frau mit Kopftuch blickt mit einem sorgenvollen Gesichts-
ausdruck lange in die Kamera, dann wendet sie ihren Blick ab und schlägt
die Augenlider nieder. Ihren Namen wissen wir nicht. Auch sie wurde
höchstwahrscheinlich bereits unmittelbar nach ihrer Ankunft am 3. März
1943 in Auschwitz-Birkenau ermordet. Im Hintergrund die Häuser der
Hohenzollernstraße in Dresden. 35[15:14:07]

Mehrere jüngere Frauen schauen lächelnd herüber. Mitten im Bild steht
im Kapuzenmantel Riwki Urbach, rechts daneben Henny Sabatowski. Die
Schwestern Sabatowski waren 1926 und 1927 als Kinder polnischer Ein-
wanderer in Dresden geboren. Der Vater war Schneider, die Familie wohnte
in der Pirnaischen Straße 32. Höchstwahrscheinlich wurden sie alle unmittelbar nach ihrer Ankunft am 3. März 1943 in Auschwitz-Birkenau ermordet.
Von den drei Schwestern Urbach, die in Dresden in der Berliner Straße 56
wohnten, überlebte nur eine. 36[15:22:08]

Der Kriminalkommissar Henry Schmidt läuft durchs Bild. Der Leiter des
Judenreferates der Dresdner Gestapo ist während der gesamten Aktion
der Verschleppung in das Lager Hellerberg anwesend, so auch hier in der
Entseuchungsanstalt. Schmidt, Jahrgang 1912, kann in den Wirren des
Kriegsendes untertauchen. Unter seinem richtigen Namen lebt er bis in
die achtziger Jahre in Altenburg/Thüringen, unbehelligt durch die Straf-
verfolgungsbehörden der DDR. 1987 wird Schmidt vom Bezirksgericht
Dresden in einer Art Schauprozeß zu lebenslangem Freiheitsentzug ver-
urteilt. Er stirbt 1992 nach der krankheitsbedingten Haftentlassung aus
der Justizvollzugsanstalt Brandenburg. 37[15:25:02]

SS-Untersturmführer Schmidt im Gespräch mit Dr. Hasdenteufel,
dem Verantwortlichen der Zeiss Ikon AG auf dem Gelände der
Dresdner Entseuchungsanstalt. Im Hintergrund ein Angehöriger der
Schutzpolizei. 38[15:34:12]

Die Frauen warten nun wieder angekleidet mit ihrem Handgepäck unter Beobachtung der Kamera an einer Hauswand. Dritte von links: Ruth Meder, 1922 in Dresden geboren. Die gelernte Schneiderin lebt mit ihrer Familie in Dresden, 1937 in der Anton-Graff-Straße 10 b, 1939 in der Müller-Berset-Straße 36, später dann im „Judenhaus" in der Franz-Liszt-Straße 6. Ruth Meder wurde mit ihrer Schwester und ihren Eltern vom Lager Hellerberg nach Auschwitz-Birkenau deportiert und höchstwahrscheinlich bereits unmittelbar nach ihrer Ankunft am 3. März 1943 dort ermordet. Nur der Vater wurde ins Lager eingewiesen, verstarb aber bereits nach wenigen

Wochen. 39[15:46:08]

Einige aufgereihte Handgepäckstücke auf dem Pflaster geraten ins Bild.
Ein Herr zieht sich seine Stiefel wieder an. Vor dem Hintergrund der aufge-
hängten leeren Bügel setzt sich eine Gruppe Dresdner Juden in Bewegung
und läuft durchs Bild. 40[16:08:10]

Nachdem die Prozedur der Entseuchung und Untersuchung abgeschlossen ist, machen sich die Menschen bei Regenwetter fertig für den Fußmarsch in das Lager Hellerberg, das etwa fünf Kilometer von der Anstalt entfernt liegt. Die Außentemperaturen liegen nur wenig über dem Gefrierpunkt. 41[16:17:24]

„Alles in allem also Gefangenschaft und qualvolles Vegetieren.
Jeden Tag kann es auch uns blühen."

Victor Klemperer, 26. November 1942

Die Einstellung zeigt die regennasse Dr.-Todt-Straße, die heutige Radeburger Straße in Dresden, an der das „Judenlager Hellerberg" gelegen
war. Eine Menschengruppe nähert sich der Kamera. 43[16:36:06]

Mit Handgepäck ausgestattet, kommen die Dresdner in kleinen Gruppen im „Judenlager Hellerberg" an. Sie bleiben auf ein offensichtliches Kommando hin für die Filmaufnahmen kurz stehen. Sie tragen Schirme und Regencapes. Im Hintergrund ist eine Villa zu sehen, das Haus Weinbergstraße 1. 44[17:57:18]

Ankunft im „Judenlager Hellerberg". Von einem jüdischen Ordner werden
die Ankommenden in das Lager eingewiesen. An einer der Lagerbaracken
sammeln sich die Frauen und Männer in einer Menschentraube. Die Schirme werden zusammengefaltet. 45[18:11:13]

Ankunft im „Judenlager Hellerberg". Von einer Anhöhe aus sind weitere
Ankommende zu sehen, im Waldstück dahinter erblickt man Gartenlauben
einer Kolonie. Die Kamera zeigt Menschen, die sich über das kahle Lagergelände bewegen. Der Boden ist vom Regen völlig aufgeweicht. Im Vorder-
grund liegen Barackenbauteile am Wegrand. 46[18:19:09]

Dresden, „24. November 1942, Dienstag Vormittag
(Erster Frosttag, fester Schnee auf Dächern und Straßen)
‚Judenlager Hellerberg' …" Victor Klemperer

Die Baracken kommen ins Bild. Zahllose Koffer, eine alte Sackkarre stehen
wahllos auf der morastigen Erde herum. Eine Frau sucht darin offenbar
nach ihren Sachen. Weiteres Gepäck lagert vor den Baracken. 47[19:03:10]

Auf einem Koffer ist „Käte Sara Voss." zu lesen, darunter die Initialen
„E. L.". Die Witwe des ehemaligen „arischen" Direktors der „Öffentlichen
Versicherungsanstalt der sächsischen Sparkassen" wurde 1882 in Dresden
geboren. Sie lebte in der Reichenbachstraße 72, bevor sie im Mai 1940 in
das „Judenhaus" in der Caspar-David-Friedrich-Straße 15b umziehen
mußte. Dort freundet sie sich schnell mit dem Ehepaar Klemperer an.
Victor Klemperer beschreibt sie wohlwollend als „sehr anschlußbedürftig"
und „ungeheuer gesprächig". Käte Voss wurde höchstwahrscheinlich
bereits unmittelbar nach ihrer Ankunft am 3. März 1943 in Auschwitz-
Birkenau ermordet. **48[19:43:17]**   **69**

Aufnäher auf einem Gepäcksack „Käthe Sara Aronade aus Dresden".
Katharina Aronade, geborene Sachs, 1883 in Hirschberg geboren, wohnte
in der Mozartstraße 3, zuletzt im „Judenhaus" Altenzeller Straße 41. Am
8. August 1942 notiert Klemperer in seinem Tagebuch: Frau Aronade „geht
vorgestern nachmittag zur erlaubten Einkaufszeit in einen Laden, um ein
Uhrarmband, ein billiges Band für 1 M. zu kaufen. Da tauchen hinter ihr
zwei von den bekannten Gestapomännern auf, … duzen sie, beschimpfen
sie. ‚In fünfundzwanzig Minuten bist du auf der Gestapo.' Am Bismarck-
platz wird sie unflätig behandelt und geprügelt; sie dürfte nichts kaufen
außer dem auf Marken Abgegebenen. ‚Für deine Uhr ist ein Strick gut
genug – uns etwas wegzukaufen!' Und Prügel. Die Frau war zwei Tage
krank." **49[19:45:22]**

Eine Frau spricht zwischen den auf dem Lagergelände herumliegenden
Gepäckstücken mit zwei kleinen Mädchen. Neben ihr steht der Gestapo-
mann Herbert Klemm. Sehr wahrscheinlich handelt es sich um Johanna
Saslawski mit ihrer vierjährigen Tochter Rita.
Das Mädchen schiebt einen Puppenwagen, ihre Freundin Ingeborg Liebe
hält eine Puppe im Arm. Frau Saslawski geht mit einem emaillierten
Henkeltopf in der Hand durchs Bild, die Kinder folgen ihr. Die kleine Rita
schaut fragend in die Kamera. Koffer mit den Aufschriften „Käte Sara
Voss" und „Greub" sind zu sehen. Jenny Greub ist im Lager Hellerberg
als Köchin tätig. Die Familien Saslawski, Liebe und Greub wurden alle
höchstwahrscheinlich bereits unmittelbar nach ihrer Ankunft am 3. März
1943 in Auschwitz-Birkenau ermordet. 50[20:00:13]

Eine Vierergruppe bewegt sich von einer Limousine, die vor einer Baracke
steht, auf die Kamera zu. Von rechts nach links: Müller, Schmidt und
Dr. Hasdenteufel, im Hintergrund mit gebührendem Abstand der Kriminal-
sekretär Herbert Klemm, Sachbearbeiter im Judenreferat der Dresdner
Gestapo. 51[20:10:02]

Bei der Ankunft im Lager müssen die Menschen einige Formalitäten über
sich ergehen lassen, ihre Lebensmittelkarten und Wohnungsschlüssel
abgeben. Die Kamera zeigt dies in einer längeren Sequenz. Dann schwenkt
sie auf die Baracken des „Judenlagers Hellerberg". Mehrere Menschen
gehen an einer Baracke entlang. 52[21:27:00]   **73**

Siehe vorherige Aufnahme. 53[21:30:04]

Einige Beispiele
jüdischer Ordnung

„… das Gros der Lagerinsassen ist doch streng gefangen, erhält spär-
lichsten Stadturlaub, hockt immer aufs engste beisammen usw. usw.
Es ist gar zu jämmerlich, daß diese Gefangenschaft schon als ein halbes
Glück gilt. Es ist nicht Polen, es ist nicht das KZ! Man wird nicht ganz
satt, aber man verhungert nicht. Man ist noch nicht geprügelt worden.
Usw. usw."

Victor Klemperer, 1. Dezember 1942

Zwischentitel des Filmmaterials:
„Einige Beispiele jüdischer Ordnung" 54[21:44:17]

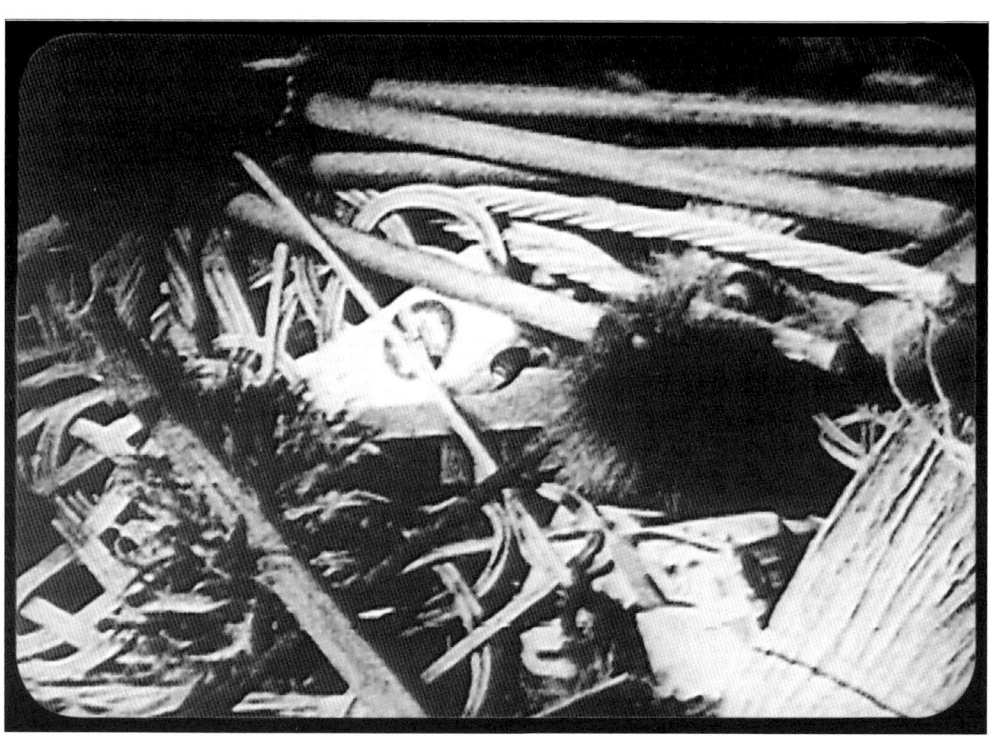

Die folgenden Einstellungen im Film zeigen nacheinander zusammengeworfene Besen, Teppichklopfer und andere Gegenstände, Säcke, einen
Lattenrost bzw. ein Bettgestell, Kartons, eine Schneiderpuppe, übereinandergestapelte Stühle. Sie sollten die unterstellte „jüdische Ordnung"
illustrieren. 55[21:49:20]

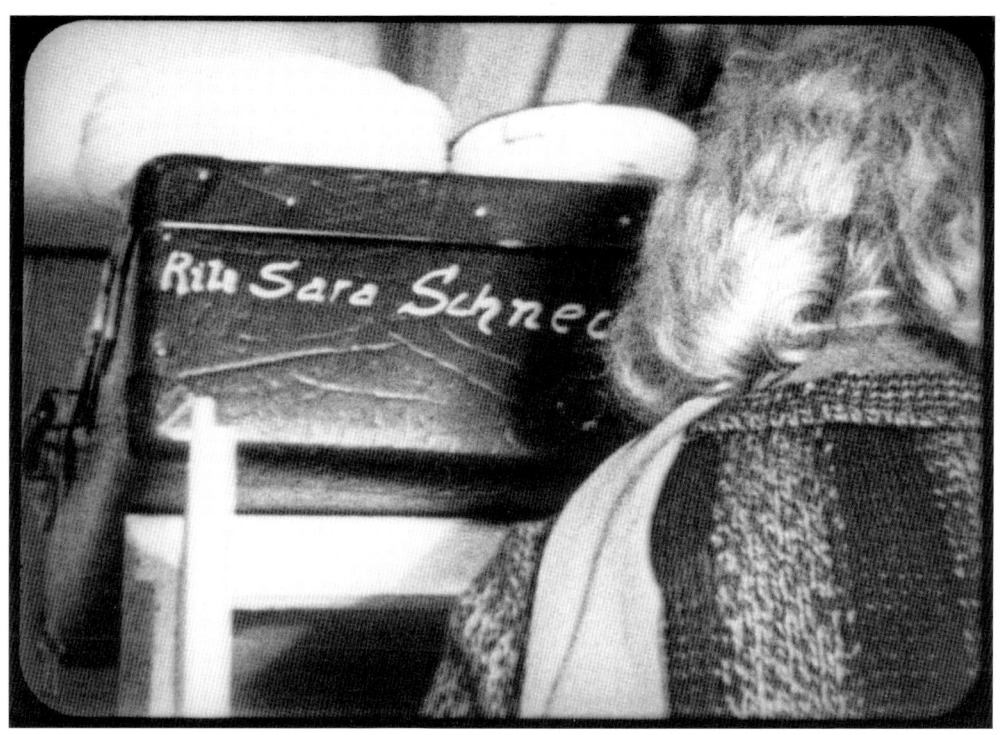

Die Kamera fährt, nachdem die eng vollgestellten Baracken von innen gezeigt worden sind, den Körper einer in Pullover und Schal gehüllten Frau hoch, die nur von hinten zu sehen ist. Auf dem Schrank vor ihr liegt ein Koffer mit der Aufschrift „Rita Sara Schneck". Unter den Frauen des Lagers Hellerberg gibt es eine Rosa Schneck, geboren 1905 in Dresden, die mit zwei Schwestern, Betty Schneck und Fanny Hirsch, der Ehefrau Albert Hirschs, am 3. März 1943 nach Auschwitz deportiert wird. 56[23:53:01]

Eine Frau sortiert sorgfältig Wäsche in einen Schrank und klappt hinterher
die Schrankfächer zu. 57[24:02:03]

Ein Junge wäscht sich, die Ärmel hochgezogen, unter fließendem Wasser über einer Emailschüssel die Hände. Ein anderer, Leo Chaba, der hier verschmitzt in die Kamera blickt, tut es ihm gleich. Ein dritter Junge, diesmal aus der Froschperspektive beobachtet, wäscht sich ebenfalls die Hände. Die Jungen sind etwa im Alter von vierzehn bis fünfzehn Jahren. Leo Chaba, geboren 1927 in Dresden, wurde mit seinen Eltern Chaim und Slava, geborene Eltermann, höchstwahrscheinlich bereits unmittelbar nach Ankunft am 3. März 1943 in Auschwitz-Birkenau ermordet. Die Namen der anderen Jungen sind nicht bekannt. 58[24:46:16]

Frauenhände legen ein Bündel Wäsche sorgfältig zusammen. Die Frau holt
Wäsche aus einem geöffneten Koffer, auf dessen Seitenaufschrift man nur
„Israel Reichenbach" lesen kann. Sie legt weiter zusammen, die Kamera
zeigt die Frau von oben in ganzer Gestalt. Lotte Reichenbach, Jahrgang
1887, und ihr Mann, der Rechtsanwalt und Notar Martin Reichenbach, Jahrgang 1879, der danach kurz gezeigt wird, wohnten in der Schnorrstraße 35,
später in der Werderstraße 42, zuletzt im „Judenhaus" in der Zeughausstraße 3 in Dresden. Sie wurden beide in Auschwitz-Birkenau ermordet.
Ihren Sohn Peter hatten sie 1939 nach England in Sicherheit bringen können.

Nachdem Küche und Essensausgabe inspiziert sind, filmt die Kamera
auf dem Lagergelände zwei Jungen, die kleine Kohlebriketts in Eimer
schaufeln. Sie laufen, einander anlächelnd, jeder mit zwei Kohleeimern
in den Händen, auf die Kamera zu, die sie im Brustbild festhält. Rechts
im Bild der fünfzehnjährige Leo Chaba. 60[26:59:16]   **81**

Das Lagergelände auf dem Hellerberg. Das Areal ist von dichtem Fichten-
und Kiefernwald umgeben. Zwei jüngere Frauen mit weißen Handtüchern
gehen über den verschneiten Platz des Lagers zur Waschbaracke. Im Hintergrund ist die Abbruchkante der Sandgrube zu sehen. 61[27:00:22]

Dieses kleine, etwa fünfjährige Mädchen, dessen Namen wir nicht kennen, nähert sich der Kamera und schaut vertrauensselig in das Objektiv. Ihre Hände halten den Lenker eines kleinen Holzrollers. Sie dreht danach den Roller um und wendet sich ab. 62[27:10:10]

83

Vor einer Baracke steht ein Auto; zwei Frauen, eine davon im weißen
Kittel, sprechen miteinander. Diejenige im weißen Kittel löst sich und
rennt über den Platz, wobei ihr die Kamera folgt. Es handelt sich um
Stephanie Magen, geboren 1925 in Chemnitz, die mit ihrer Mutter in der
Fürstenstraße 18, zuletzt in der Altenzeller Straße 26 wohnte. Beide wurden höchstwahrscheinlich bereits unmittelbar nach ihrer Ankunft am
3. März 1943 in Auschwitz-Birkenau ermordet. 63[27:26:01]

Nach Ankunft im Lager und dem Einzug in die Baracken müssen die Juden
ihre letzten Wertgegenstände abgeben und werden zudem registriert. Hier
im Bild zu sehen sind der Lagerälteste Siegmund Lehner und Dr. Willy Katz.
Der Film reißt nach dieser Einstellung ab. Am 3. März 1943 werden alle
293 jüdischen Männer, Frauen und Kinder aus dem Lager Hellerberg vom
Güterbahnhof Dresden-Neustadt aus in Güterwaggons nach Auschwitz
deportiert. Lehner wurde höchstwahrscheinlich bereits unmittelbar nach
seiner Ankunft am 3. März 1943 in Auschwitz-Birkenau ermordet.

64[27:42:09]

Zur Geschichte der nationalsozialistischen Judenverfolgung in Dresden 1933–1945 von Marcus Gryglewski ———————

„In einiger Entfernung von dem sich lawinenartig vergrößernden Birke-nauer Lager standen durch ein Wäldchen voneinander getrennt inmitten einer lieblichen Landschaft zwei hübsch und sauber aussehende Bauern-häuser. Sie waren blendend weiß getüncht, mit gemütlichen Strohdächern bedeckt und heimischen Obstbäumen umgeben. So war der erste flüchtige Eindruck! Daß in diesen unscheinbaren Häuschen so viele Menschen ermordet wurden, wie es der Bevölkerungsziffer einer Großstadt ent-spricht, würde niemand für möglich halten. Dem aufmerksamen Betrachter der Häuser würden erst einmal Schilder in verschiedenen Sprachen auffal-len, auf denen stand ‚Zur Desinfektion'. Dann würde er bemerken, daß die Häuser keine Fenster und unverhältnismäßig viele und merkwürdig starke Türen mit Gummidichtungen und Schraubverschlüssen besaßen, neben denen kleine Holzklappen angebracht waren, daß in ihrer Nähe und kaum zu ihnen passend mehrere große Pferdestallbaracken errichtet waren, wie sie auch im Birkenauer Lager als Haftlingsunterkünfte dienten, und daß die Zufahrtswege offenbar von schwer beladenen Lastautos ausgefahren wor-den waren. Wenn der Besucher dann noch die Entdeckung machte, daß von den Türen zu irgendwelchen durch Reisigzäune abgedeckten Gruben im Hintergrund eine Lorenbahn führte, dann vermutete er wohl eine beson-dere Bedeutung dieser Stätte.

[…]

Auf einem Nebengleis des Rangierbahnhofes steht ein langer Zug geschlossener Güterwagen. Die Schiebetüren sind mit Draht plombiert. Scheinwerfer überfluten den Zug und die Rampe mit grellem Licht. Aus kleinen, mit Stacheldraht vergitteren Luken sehen ängstliche Gesichter aus den Wagen. […] Der Führer des Begleitkommandos, das den Zug während der Fahrt zu bewachen hatte, fast immer ein Polizeioffizier, übergibt dem SS-Mann der Aufnahmeabteilung die Transportliste. Auf dieser Liste steht, woher der Transport kommt, die Zugnummer und die Namen, Vornamen und Geburtsdaten aller Juden, die mit ihm nach Auschwitz gebracht wur-den. Die SS-Männer der Schutzhaftlagerführung sorgen in der Zwischen-zeit dafür, daß die Gefangenen aussteigen. […] Als erstes werden Männer und Frauen voneinander getrennt. Herzzerreißende Abschiedsszenen spielen sich dabei ab. Ehegatten trennen sich, Mütter winken ihren Söhnen zum letzten Male zu. Die beiden Kolonnen stehen in Fünferreihen mehrere Meter voneinander entfernt auf der Rampe. […] Nun beginnt der SS-Arzt, die Arbeitsfähigen von den seiner Meinung nach Arbeitsunfähigen zu trennen. Mütter mit kleinen Kindern sind prinzipiell auch arbeitsunfähig, ebenso alle Menschen, die einen schwächlichen oder kränklichen Eindruck auf ihn machen. […]

Die Lastwagenkolonne ist mehrmals hin und her gefahren, um die zum Sterben verurteilten Menschen alle zu den Bunkern zu fahren. In den Pferdestallbaracken müssen sie sich ausziehen. Dann werden sie in die Gaskammern gepreßt. Oftmals haben die auf eine Desinfektion hindeutenden Beschriftungen, die Redereien der SS-Leute und vor allem das vertraueneinflössende Aussehen der Häuschen bei den Todeskandidaten die Hoffnung und den Glauben erstarken lassen, daß sie tatsächlich auch zur Arbeit, nur eben ihrer körperlichen Verfassung entsprechend leichter, verwendet werden sollten. Oftmals wußten aber auch ganze Transporte genau, was man mit ihnen vorhatte. […] Mit dem Moment, wenn alle in den Gaskammern eingesperrt und die Riegel hinter ihnen vorgeschoben sind, ist für die meisten SS-Leute ihr Dienst beendet. Genau wie bei den Vergasungen, die früher im alten Krematorium in Auschwitz vorgenommen wurden, waltet dann der ‚Desinfektor‘ seines Amtes. Nur die ratternden Lastwagen glaubt man hier draußen nicht nötig zu haben. Wahrscheinlich wußten die maßgeblichen SS-Dienststellen nicht, daß die Bewohner des kleinen nicht weit abliegenden Dörfchens Wohlau, das jenseits der Weichsel liegt, oftmals nachts Zeugen dieser Schreckensszenen waren. Beim hellen Schein der in den Gruben brennenden Leichen vermochten sie den Zug nackter Gestalten zu erkennen, der aus den Auskleidebaracken in die Gaskammern schritt. Sie hörten die Schreie der bestialisch Geschlagenen, die nicht in diese Todesräume hineingehen wollten, hörten die Schüsse, mit denen alles niedergemacht wurde, was aus Platzgründen nicht hineingedrückt werden konnte. Tagsüber sahen polnische Zivilarbeiter, die im Lagerbereich in einigen hundert Metern Entfernung von den als Gaskammern verwendeten Bauernhäusern neue große Krematorien bauten, wie Häftlinge irgend etwas aus den Türen zerrten, auf platte Lorenwagen luden und damit zu den Gruben fuhren, aus denen immer und ewig Rauchwolken emporstiegen."[1]

Was Pery Broad, ein ehemaliger Angehöriger der politischen Abteilung des Konzentrationslagers Auschwitz, nach dem Krieg in einem Bericht festhielt,

 1 KL Auschwitz in den Augen der SS. Höss, Broad, Kremer, Katowice 1981, S. 173–178.

widerfuhr im Frühjahr 1943 auch Juden aus Dresden. Die übergroße Mehrheit der vor ihrer Deportierung im „Judenlager Hellerberg" in Dresden „zusammengelegten" Menschen wurde am 3./4. März 1943 in den sogenannten Bunkern auf dem Gelände des Lagers Auschwitz-Birkenau ermordet.[2] Die Monstrosität des oben nur in einem kleinen Ausschnitt beschriebenen Menschheitsverbrechens, die planmäßige Ermordung von Millionen von Menschen, die „Endlösung der Judenfrage", hat die Erinnerung der Generationen an den Holocaust bestimmt. So erstaunt es nicht, daß auch die Perspektive der historischen Forschung über lange Jahre von der Vorstellung dominiert wurde, Auschwitz sei der Endpunkt einer Politik, die von den nationalsozialistischen Machthabern mit der Machtübernahme 1933 konsequent und geradlinig daraufhin betrieben worden sei. Die Vorkriegszeit und die Ereignisse bis zum Beginn der Deportationen der deutschen Juden im Oktober 1941 erschienen aus dieser Perspektive mehr oder weniger nur als Vorgeschichte des planmäßigen Massenmordes. Diese „intentionalistische" Betrachtungsweise mußte zwangsläufig selbst kommunalpolitische Entscheidungen in den einzelnen Gauen und Städten des deutschen Reiches nach dem Herbst 1941 ausschließlich mit der Umsetzung zentraler Deportationsvorhaben gleichsetzen. Die dieser Interpretation der nationalsozialistischen Judenverfolgung entgegenstehende „funktionalistische" Forschungsrichtung erklärt den Holocaust aus einer Reihe sich gegenseitig radikalisierender Entwicklungen auf lokaler Ebene, der keine zentrale Entscheidung zum Massenmord vorausgegangen ist. Vielmehr reagierte das Machtzentrum auf Anregungen der Peripherie. Beiden Forschungsrichtungen ist dabei gemein, daß sie sich hauptsächlich auf die Jahre 1939 bis 1942 beziehen. Dementsprechend liegen bis heute nur wenige Arbeiten zu einzelnen Aspekten der nationalsozialistischen Judenverfolgung zwischen 1933 und 1939 bzw. zur Geschichte der deutschen Juden bis 1941 vor. Eine vor kurzem erschienene Überblicksdarstellung repräsentiert den neueren Stand der Forschung.[3] Entgegen den wissenschaftlichen Diskussionen entstand seit den achtziger Jahren, von engagierten Einzelpersonen oder an der Aufarbeitung der deutschen Geschichte interessierten Vereinen und Institutionen initiiert, eine mittlerweile kaum mehr zu überschauende Fülle von Regionalstudien. Obwohl für die politische Öffentlichkeit sehr wichtig, beschreiben diese Arbeiten häufig Geschehnisse, ohne sie in den Zusammenhang der reichsweiten Entwicklung zu stellen bzw. sie als spezifisch ortsbezogene Ereignisse einzuordnen.

---

2 Zum Schicksal der 293 vom Hellerberg nach Auschwitz Deportierten siehe die bearbeitete und ergänzte Dokumentation der Deportationsliste „Ostabwanderung am 3. März 1943" der „Jüdischen Kultusvereinigung: Israelitische Religionsgemeinde zu Dresden e.V.", S. 187 ff.

3 Saul Friedländer, Das Dritte Reich und die Juden, Bd. 1: Die Jahre der Verfolgung 1933–1939, München 1998 (künftig: Friedländer, Verfolgung 1933–1939).

Diese allgemeine Entwicklung trifft auch auf die Beschäftigung mit der Verfolgungsgeschichte der Dresdner Juden zu. Eine geschlossene Darstellung dazu existiert bis heute nicht. Sowohl in der alten Bundesrepublik als auch in der DDR sind, wenngleich aus unterschiedlichen Gründen, dazu kaum Arbeiten entstanden oder Erinnerungsberichte[4] veröffentlicht worden. Adolf Diamant hat mit seiner bereits 1973 in Darmstadt erschienenen „Chronik der Juden in Dresden", einer kommentierten Quellensammlung auf der Basis der damals zugänglichen Materialien, wichtige Ansätze zur weiteren Forschung geliefert,[5] Ansätze, die im Westen in der Folgezeit weder durch die institutionalisierte Forschung noch, angesichts eines fehlenden regionalen Bezuges, von an der Geschichte ihrer Stadt Interessierten aufgegriffen wurden.[6] Auch die DDR-Geschichtsschreibung lieferte aufgrund ideologischer Einengungen keinen über allgemeine Kategorisierungen hinausgehenden Beitrag zur Geschichte der Juden in Dresden. So verzeichnet die 1981 von der Historischen Kommission der Sächsischen Akademie der Wissenschaften in Zusammenarbeit mit der Sächsischen Landesbibliothek herausgegebene vierbändige „Bibliographie zur Geschichte der Stadt Dresden" für den Zeitraum bis einschließlich 1960 insgesamt 28 330 Titel. Unter den sich explizit auf die Geschichte der Juden der Stadt beziehenden Stichworten sind 78 Titel verzeichnet. Zwei davon, Zeitungsmeldungen, erschienen nach 1945. Die Mehrheit der Einträge jedoch wurde vor 1933 publiziert.[7] Auch zur Geschichte der Stadt Dresden

4 Im weiteren Sinne ist darunter auch Victor Klemperers – auf seinen Tagebuchaufzeichnungen basierende – Studie zur Sprache des Dritten Reichs „LTI. Notizbuch eines Philologen", Leipzig 1947, zu zählen, die in der Folgezeit immer wieder aufgelegt wurde. Weiter nur noch „Heinz Meyer, Am Beispiel Dresdens", in: Gerhard Schoenberner (Hrsg.), Wir haben es gesehen. Augenzeugenberichte über Terror und Judenverfolgung im Dritten Reich, Hamburg 1962, S. 413–417. Ein umfangreicher Bericht von Henny Wolf (heute Brenner), die als „Geltungsjüdin" bis 1945 in Dresden wohnte, ist in Teilen abgedruckt bei Michael Brenner, Am Beispiel Weiden. Jüdischer Alltag im Nationalsozialismus, Würzburg 1983, S. 96–115. In den neunziger Jahren erschienen zwei Beiträge von Henry Meyer: „Anscheinend ging nichts ohne Musik", in: Eike Geisel/Henryk M. Broder, Premiere und Pogrom. Der Jüdische Kulturbund 1933–1941. Texte und Bilder, Berlin 1992, S. 136–145, und „Mußte da auch Musik sein? Der Weg eines Geigers von Dresden über Auschwitz nach Amerika", in: Juan Allende-Blin (Hrsg.), Musiktradition im Exil. Zurück aus dem Vergessen, Köln 1993, S. 29–44.

5 Adolf Diamant, Chronik der Juden in Dresden. Von den ersten Juden bis zur Blüte der Gemeinde und deren Ausrottung, Darmstadt 1973. Diamant hat bis heute noch mehrere Arbeiten zur Geschichte anderer jüdischer Gemeinden Sachens (Chemnitz, Zwickau, Leipzig und Annaberg im Erzgebirge) vorgelegt, vgl. im Literaturverzeichnis S. 216.

6 Vgl. die die im Westen erschienene Literatur wohl am umfangreichsten dokumentierende Bibliographie „Post-War Publications on German Jewry" im Anhang der jeweiligen „Year Books" des Leo Baeck Institute, fortlaufend erschienen seit dem Jahr 1956.

7 1984 folgte ein Registerband mit einem Nachtrag von 373 Veröffentlichungen. Auch die „Sächsische Bibliographie" seit 1961 zeigt bezüglich Dresden kein anderes Bild. Dem Benutzer der Bibliographien ist ein erheblicher Teil des NS-Schrifttums – mit wertvollen Hinweisen zu antijüdischen Verordnungen und städtischen Regelungen – bewußt vorenthalten worden, wie ein Abgleich mit Thomas Klein (Hrsg.), Grundriß zur deutschen Verwaltungsgeschichte 1815–1945, Reihe B, Bd. 14: Sachsen, Marburg/Lahn 1982 zeigt.

oder weiter gefaßt Sachsens bzw. zur „örtlichen Arbeiterbewegung"[8] unter nationalsozialistischer Herrschaft liegen kaum Arbeiten vor. So wurde beispielsweise in Vorbereitung einer umfassenden Chronik zur Geschichte der Stadt Dresden 1971 vom Institut und Museum für Geschichte der Stadt Dresden die „Kleine Dresden-Chronik 1945–1949" herausgegeben; 1987 erschien als Teil 4 der gleichen Reihe eine Chronik für die Jahre 1949 bis 1961.[9] Der dritte Teil der Reihe, für die Jahre bis 1945, liegt dagegen bis heute nicht vor. In der 1956 vom Rat der Stadt herausgegebenen „Festschrift Dresden. Zur 750-Jahr-Feier der Stadt" kommt die Zeit des Nationalsozialismus nur episodenhaft vor. Reduziert auf den „antifaschistischen Widerstandskampf" der KPD, dient sie ausschließlich der Demonstration einer Kontinuität des jahrhundertealten Kampfes der Arbeiter(bewegung), der schließlich in dem sozialistischen Modell der DDR seine Vollendung fand. An dieser offiziellen Lesart sollte sich praktisch bis zum Ende der DDR nur wenig ändern.[10] Erst gegen Mitte/Ende der achtziger Jahre und besonders im Zusammenhang mit dem 1988 staatlicherseits mit großem Propagandaaufwand inszenierten 50. Jahrestag des Novemberpogroms ist auch für Dresden, ebenso wie für die gesamte DDR, eine gewisse „Konjunktur" für dieses Thema zu verzeichnen. Die bereits seit Anfang der achtziger Jahre bestehenden regionalen Initiativen zur Aufarbeitung der Geschichte der Juden auf dem Territorium der DDR „von unten" sollten dieser Kampagne einverleibt werden.[11] Private Initiativen, genannt seien hier besonders Helmut Eschwege und der 1982 entstandene christlich-jüdische Arbeitskreis „Begegnung mit dem Judentum", wurden nicht nur argwöhnisch beobachtet, sondern in vielen Fällen auch massiv behindert.[12] Nicht hoch genug sind daher die unter solchen Bedingungen entstandenen Arbeiten – wie Eschweges „Kennzeichen J. Bilder, Dokumente,

8 Vgl. z. B. Hans Maur, Bibliographie der Dissertations- und Habilitationsschriften zur regionalen Geschichte der Arbeiterbewegung der Bezirke Dresden, Karl-Marx-Stadt und Leipzig (1945–1968), in: Sächsische Heimatblätter 15 (1969), H. 5, S. 243–245, bzw. für die späteren Jahre die Angaben in der „Sächsischen Bibliographie".

9 Dresden – Eine Chronik in Daten, Teil 4: von 1949 bis 1961, hrsg. vom Institut und Museum für Geschichte der Stadt Dresden, Dresden 1987.

10 Vgl. z. B. den 319 Seiten starken, beim VEB Deutscher Verlag der Wissenschaften 1984 in Berlin unter der Regie des Instituts und Museums für Geschichte der Stadt Dresden herausgegebenen Band „Dresden. Geschichte der Stadt in Wort und Bild" – von den 23 auf die Zeit „der faschistischen Diktatur" verwendeten Seiten bemühen sich allein acht um die Darstellung der Zerstörung Dresdens im Februar 1945 „als ein[en] barbarische[n] Vorbote[n] der imperialistischen Politik der Konfrontation und des ‚kalten Krieges'". Vgl. ebenda, S. 173–181, Zitat S. 174.

11 Vgl. Uwe Hecker, Das historische Gedenken in der DDR zum 50. Jahrestag des Pogroms – kommentierte Bibliographie Berlin 1991 (Diplomarbeit).

12 Vgl. Helmut Eschwege, Fremd unter meinesgleichen. Erinnerungen eines Dresdner Juden, Berlin 1991. Zum Dresdner Arbeitskreis, aus dem nach 1989 die „Gesellschaft für Christlich-Jüdische Zusammenarbeit, Dresden e.V." hervorging, vgl. z. B. Nach Antworten suchen. Pfarrer Sieg-

Berichte zur Geschichte der Verbrechen des Hitlerfaschismus an den deutschen Juden 1933–1945" bzw. seine „Geschichte der Juden auf dem Territorium der ehemaligen DDR" – sowie die im Oktober 1988 von dem oben
erwähnten Arbeitskreis und der Aktion Sühnezeichen in der Dresdner
Kreuzkirche eröffnete Ausstellung „Juden in Sachsen – Ihr Leben und ihr
Leiden" zu bewerten.

Eine 1989 infolge des Prozesses gegen den ehemaligen Leiter des Judenreferates der Dresdner Staatspolizeileitstelle, Henry Schmidt, publizierte
Dokumentation[13] diente, ebenso wie der Prozeß an sich, weniger der
Aufklärung der von Schmidt begangenen bzw. mitzuverantwortenden
Verbrechen gegen die Menschlichkeit, sondern vielmehr der Demonstration des im Gegensatz zur restaurativen Bundesrepublik unabänderlich
antifaschistischen Charakters des anderen Deutschlands. Das Verfahren
wird hier in die lange Reihe der schon im September 1945 (Prozeß vor dem
ersten deutschen „Volksgericht" wegen Verbrechen im „Arbeitserziehungs-
lager Radeberg" der Sachsenwerk AG) in Dresden begründeten und bis
dato unverändert konsequent fortgesetzten „Tradition der antifaschistischen deutschen Justiz" gestellt, im „Unterschied zu der zögerlichen, mehr
auf endlose Verschleppung der Verfahren und ‚natürliche Lösungen' als auf
Gerechtigkeit und wirkliche Vergangenheitsbewältigung bedachten Justiz-
praxis im anderen deutschen Staat".[14] Entschlossen sollte auch kritischen
Fragen nach dem lange Zeit unbehelligten „Untertauchen" des SS-Ober-

fried Reimann zum Anliegen und Vorhaben des Dresdner Arbeitskreises „Begegnung mit dem
Judentum" anläßlich des Gedenkens an die Pogromnacht, in: Die Union, Ausgabe Dresden vom
25. 10. 1988, S. 3. Zur Entwicklung der beiden größten sächsischen Gemeinden nach 1945, vgl.
Kay Hempel, Zur Geschichte der Jüdischen Gemeinden in der DDR. Unter besonderer Bezug-
nahme auf die Jüdische Gemeinde zu Dresden, Jena 1995 (Staatsexamensarbeit) sowie Steffen
Held, Zwischen Tradition und Vermächtnis. Die Israelitische Religionsgemeinde zu Leipzig nach
1945, Hamburg 1995; zur Situation der Juden in der DDR insgesamt vgl. z. B. Lothar Mertens,
Davidstern unter Hammer und Zirkel. Die Jüdischen Gemeinden in der SBZ/DDR und ihre
Behandlung durch Partei und Staat 1945–1990, Hildesheim/Zürich/New York 1997.

13 Horst Busse/Udo Krause, Lebenslänglich für NS-Verbrecher. Der Fall Schmidt, Berlin (Ost)
1989. Busse war in dem Verfahren anklagender Staatsanwalt der Generalstaatsanwaltschaft der
DDR, Krause Berichterstatter für den DDR-Rundfunk.

14 Ebenda, S. 13–19, Zitate S. 13 und 14. Zur juristischen Aufarbeitung in der Bundesrepublik
siehe Adalbert Rückerl, NS-Verbrechen vor Gericht. Versuch einer Vergangenheitsbewältigung,
Heidelberg 1982. Bei aller berechtigten Kritik an der bundesdeutschen Strafrechtspraxis bleibt
anzumerken, daß sich die Bundesrepublik im Gegensatz zur DDR gegen die Übernahme der von
den Alliierten im Zuge der großen Nachkriegsprozesse geschaffenen rückwirkenden Sonderge-
setze in nationales Recht entschied. Die bundesdeutsche Strafrechtspraxis konnte also Anklagen
und Verurteilungen nur auf der Grundlage des Strafgesetzbuches aus dem Jahre 1871 vornehmen. Es liegt auf der Hand, daß diese strafrechtliche Basis staatliche Menschheitsverbrechen
ebensowenig berücksichtigt wie Massenmord in vielen tausend Fällen. Diese juristische Hypo-
thek und die gesellschaftspolitischen Realitäten waren ein idealer Nährboden für entsprechende
Skandale, die nicht per se der Justiz angelastet werden können. Beispielhaft für die Instrumenta-
lisierung der Verfolgung von NS-Verbrechern in der DDR vgl. Die Haltung der beiden deutschen

sturmführers Henry Schmidt in der DDR entgegengetreten werden, der bis zu seiner Verhaftung im April 1986 über 40 Jahre in seinem Heimatort, dem thüringischen Altenburg, unter seinem richtigen Namen gelebt hatte.[15] Dabei bediente man sich auch des Präsidenten des Verbandes der Jüdischen Gemeinden in der DDR, Siegmund Rotstein, der aufgrund falscher Informationen zur Stützung der Legende der Staatssicherheit mißbraucht wurde. Schmidt habe erst nach langen Jahren des intensiven Suchens aufgespürt werden können, wurde erklärt; er lebte in der DDR aber jahrzehntelang ohne konkreten Fahndungsdruck. Erst durch einen Zufall wurde die Staatssicherheit 1984 wieder auf den Gestapokommissar aus Dresden aufmerksam.

Nach 1989 erlebte die Erforschung sächsischer Regionalgeschichte eine neue Blüte, nicht zuletzt demonstriert durch die Wiederaufnahme der traditionsreichen Zeitschrift „Neues Archiv für sächsische Geschichte", die von 1943 bis 1993 nicht erschienen war.[16] Die Beschäftigung mit der nationalsozialistischen Judenverfolgung blieb davon allerdings weitestgehend unberührt. Es scheint, als würden die Jahre 1933–1945 fast gänzlich übersprungen.[17] Auch auf dem 1996, in Vorbereitung des im Jahr 2006 zu begehenden 800. Stadtjubiläums, veranstalteten Kolloquium „790 Jahre Dresden – Stadtjubiläen und Stadtgeschichte", einem Forum für den „Erfahrungsaustausch über Stand und Anliegen der Dresdner Stadtgeschichtsforschung", wurde dem Thema bzw. dem Fehlen grundlegender Arbeiten offensichtlich keine größere Bedeutung zugeschrieben.[18] Durch die institutionalisierte Forschung bislang kaum abgedeckt, bleibt das Thema nur für wenige Privatpersonen von Interesse. Daran ändert auch der jüngst erschienene Sammelband „Dresden unterm Hakenkreuz" nur

Staaten zu den Nazi- und Kriegsverbrechen. Eine Dokumentation, hrsg. von der Generalstaatsanwaltschaft und dem Ministerium der Justiz der DDR, Berlin 1965; zur Bilanzierung auch Günther Wieland, Ahndung von NS-Verbrechen in Ostdeutschland 1945 bis 1990, in: Neue Justiz 45 (1991), H. 2, S. 49–88.

15 Nach neueren Erkenntnissen lebten nach 1945 etwa 5000 potentiell abzuurteilende nationalsozialistische Funktionsträger mit Wissen der Staatssicherheit in der DDR, ohne für ihre Taten angeklagt worden zu sein; nicht selten wurden sie von den Sicherheitsorganen zu einer Mitarbeit erpreßt (Für diese Informationen dankt der Verfasser Henry Leide, Mitarbeiter der Abteilung Bildung und Forschung der Behörde des Bundesbeauftragten für die Unterlagen des Staatssicherheitsdienstes der ehemaligen Deutschen Demokratischen Republik, Berlin, der an einem entsprechenden Forschungsprojekt arbeitet.).

16 Herausgegeben von Prof. Dr. Karlheinz Blaschke, vgl. auch dessen Aufsatz „Die sächsische Landesgeschichte zwischen Tradition und neuem Anfang", in dem 1994 erschienenen Band 64, dem ersten nach der Neuaufnahme, S. 7–28.

17 Diesen Eindruck bestätigt auch die Durchsicht der jüngsten Bände der Zeitschrift „Neues Archiv für sächsische Geschichte".

18 Vgl. Peter Russig, Dresden – Stadtjubiläen und Stadtgeschichte. Ein Kolloquium 790 Jahre Dresden, in: ZfG 45 (1997), H. 6, S. 532–535.

wenig.[19] Zu nennen sind die als Stadtführer angelegte Veröffentlichung „Spurensuche. Juden in Dresden"[20] und die überblicksartigen Arbeiten von Nora Goldenbogen und Wolfgang Marschner,[21] denen allerdings gemein bleibt, daß sie sich im wesentlichen auf die in Dresden vorhandenen Quellenbestände beschränken und das in der Zwischenzeit zugänglich gewordene wesentlich erweiterte Material kaum widerspiegeln. Hugo Jensch brachte im letzten Jahr seine Darstellung „Juden in Pirna" mit zahlreichen Bezügen zu Dresden heraus.[22] Daneben sind unveröffentlichte Arbeiten zu einzelnen Aspekten, z. B. der Jüdischen Schule in Dresden[23] und dem zuletzt als jüdisches Altersheim genutzten „Henriettenstift" in der Güntzstr. 24 (bis 1939 Eliasstraße)[24], zu nennen sowie die in der Tradition der Dresdner Medizingeschichte stehenden, zumeist stark biographisch bzw. gruppenbiographisch angelegten medizinhistorischen Arbeiten[25].

Die Quellenlage zur Geschichte der Juden in Dresden für die Jahre 1933 bis 1945 ist insgesamt schwierig. Zusammenhängende oder gar geschlossene

19 Reiner Pommerin (Hrsg.), Dresden unterm Hakenkreuz, Köln/Weimar/Wien 1998.

20 Spurensuche. Juden in Dresden. Ein Begleiter durch die Stadt, hrsg. von der Bildungs- und Begegnungsstätte für jüdische Geschichte und Kultur Sachsen HATiKVA e.V., Hamburg 1995.

21 Vgl. Nora Goldenbogen, Nationalsozialistische Judenverfolgung in Dresden seit 1938 – ein Überblick, in: Dresdner Hefte. Beiträge zur Kulturgeschichte 14 (1996), H. 1 (= Bd. 45): Zwischen Integration und Vernichtung. Jüdisches Leben in Dresden im 19. und 20. Jahrhundert, S. 76–84, und dieselbe, „Man wird keinen von ihnen wiedersehen". Die Vernichtung der Dresdener Juden 1938–1945, in: Hannes Heer (Hrsg.), Im Herzen der Finsternis. Victor Klemperer als Chronist der NS-Zeit, Berlin ²1997, S. 92–109, bzw. Wolfgang Marschner, Verfolgt, verschleppt, verbrannt. Vom Schicksal der Juden in Dresden 1933 bis 1945, Dresden 1995. Daneben erschienen 1994 im 4. Band der vom „Verein für regionale Politik und Geschichte Dresdens e.V." herausgegebenen „Historischen Blätter. Aus Politik und Geschichte" zwei Aufsätze zu einzelnen Aspekten: Günter Kirsch, Die gesetzliche und außergesetzliche Judenverfolgung in Dresden und Sachsen in den ersten Monaten der nationalsozialistischen Herrschaft, ebenda S. 5–29, und von Erhard Hartstock, Zum Umgang mit dem jüdischen Vermögen in Sachsen 1933–1952 (Teil I), ebenda, S. 30–46 (ein zweiter Teil ist bisher nicht erschienen).

22 Hugo Jensch, Juden in Pirna, hrsg. vom Kuratorium Gedenkstätte Sonnenstein e.V., Pirna 1997, mit Berichten von Max Tabaschnik, Ilse Fischer, geb. Engler, und Esra Jurmann.

23 Heike Pfeiffer, Der Alltag der jüdischen Schulkinder in Deutschland in der Zeit von 1933 bis 1942 mit besonderer Betrachtung Dresdens, Dresden 1996 (Staatsexamensarbeit).

24 Vgl. Gerd Große, Aspekte jüdischer Sozialarbeit in Dresden. Das Henriettenstift vom Asylhaus für verarmte jüdische Familien zum Altersheim der jüdischen Gemeinde in Dresden 1832–1939, Dresden 1995 (Diplomarbeit).

25 Vgl. Jacqueline Hippe, Der Hygieniker und Bakteriologe Heinrich Wilhelm Conradi (1876 bis 1943). Leben und Wirken unter besonderer Berücksichtigung des Schicksals in der Zeit des Faschismus, Dresden 1993 (Diss.), und Mario Herrlich, Jüdische Ärzte in den Kreishauptmannschaften Dresden-Bautzen, Chemnitz und Zwickau vor und nach 1933 in Deutschland, Leipzig 1996 (Diss.); Antje Koch/Matthias Koch, Das Schicksal der jüdischen Ärzte und Dentisten in Dresden nach 1933, in: Nora Goldenbogen/Susanne Hahn/Caris-Petra Heidel/Albrecht Scholz (Hrsg.), Medizin und Judentum. Vorträge auf der Gedächtnisveranstaltung in Dresden aus Anlaß des Novemberpogroms 1938, Dresden 1994, S. 34–41.

Bestände an Primärquellen liegen kaum vor.[26] Weder die Akten der Geheimen Staatspolizei Dresden noch die der Parteiorganisationen auf Gau-, Kreis- bzw. Ortsgruppenebene sind überliefert. Ebenso liegen nur Splitter von Verwaltungsunterlagen der Dresdner jüdischen Gemeinde vor. Der weitestgehende Verlust derartiger Aufzeichnungen ist wohl nicht zuletzt Resultat entsprechender Befehle zur Vernichtung dieser Materialien für das gesamte damalige Reichsgebiet. Die Quellenlage für Dresden unterscheidet sich in diesem Punkt nicht wesentlich von der anderer deutscher Städte.[27] Für die „sächsische Gauhauptstadt" kommt allerdings erschwerend hinzu, daß auch von der städtischen Verwaltung bzw. der Ebene der Kreishauptmannschaft bzw. des Regierungspräsidiums sowie des Reichsstatthalters bisher kaum Unterlagen bekannt geworden sind. Im Gegensatz zu vielen anderen Städten und Kreisen lassen sich daher für Dresden nur vereinzelt administrative Entscheidungsvorgänge in ihrer Entwicklung aus den Akten rekonstruieren bzw. Parallelüberlieferungen für verlorengegangene Unterlagen heranziehen. Eine Ursache für diese Aktenverluste sind sicherlich die Bombenangriffe des Februar und März 1945. Ein so schwerwiegender Verlust, wie er aus heutiger Sicht für Dresden zu konstatieren ist, läßt sich ausschließlich dadurch aber nicht begründen. Die meisten der im Bereich der Bombenangriffe liegenden Verwaltungsgebäude wurden zwar zerstört, die dort befindlichen Aktenbestände müssen dadurch aber nicht notwendigerweise verlorengegangen sein. Bei näherer Betrachtung zeigt sich auch, daß z. B. viele der seit 1943 angelegten Aktenausweichstellen durch die Bombenangriffe oder andere Kriegseinwirkungen kaum in Mitleidenschaft gezogen worden sind. Die bei Kriegsende 1945 noch vorhandenen Bestände sind vielmehr zu einem späteren Zeitpunkt teilweise als Beutegut in die Sowjetunion verbracht worden, zum anderen sind sie aber auch durch die Behörden der SBZ bzw. der späteren DDR, namentlich der Staatssicherheit, durchgesehen und „geräumt" worden. Dementsprechend befinden sich Unterlagen sächsischer Provenienz heute, in weit größerem Umfang als erwartet, sowohl in Archiven der ehemaligen Sowjetunion, hier besonders im sogenannten Sonderarchiv in Moskau und den Archiven der heutigen russischen Geheimdienste, als auch im Bundesarchiv, Zwischenarchiv Dahlwitz-Hoppegarten. Soweit sie von der DDR-Staatssicherheit

26 Vgl. Stefi Jersch-Wenzel/Reinhard Rürup (Hrsg.), Quellen zur Geschichte der Juden in den Archiven der neuen Bundesländer, Bd. 1: Eine Bestandsübersicht, München/New Providence/London/Paris 1996. In Vorbereitung: Erhard Hartstock, Quellen zur Geschichte der Juden im Sächsischen Hauptstaatsarchiv, Dresden und seiner Außenstellen.

27 Vgl. z. B. Inventar archivalischer Quellen des NS-Staates. Die Überlieferung von Behörden und Einrichtungen des Reiches, der Länder und der NSDAP, Teil 1: Reichszentralbehörden, regionale Behörden und wissenschaftliche Hochschulen für die zehn westdeutschen Länder sowie Berlin, im Auftrag des Instituts für Zeitgeschichte, München, bearbeitet von Heinz Boberach, München/London/New York/Paris 1991, S. 143–144, 149–150 und 152–153.

„operativ" verwandt wurden, sind sie heute Teil der beim Bundesbeauftragten für die Unterlagen des Staatssicherheitsdienstes der ehemaligen
DDR verwahrten Materialien.

Die Überlieferung zu Dresden weist aber auch in positiver Hinsicht Beson-
derheiten auf. So sind große Teile der Unterlagen des letzten in Dresden
praktizierenden jüdischen Arztes und „Leiters der jüdischen Gesundheitsstelle in Dresden", Dr. Willy Katz, überliefert.[28] Daneben ist, bis heute
praktisch unbeachtet, eine große Anzahl der Akten der für Dresden zuständigen „Bezirksstelle Mitteldeutschland" der „Reichsvereinigung der Juden
in Deutschland" mit Sitz in Leipzig erhalten geblieben.[29] Nicht zuletzt die
1995 erstmals in Buchform erschienenen Tagebücher von Victor Klemperer
riefen großes öffentliches Interesse hervor, wenn auch weniger für die
Geschichte der jüdischen Gemeinde Dresdens selbst. Die seit Anfang der
sechziger Jahre in der Sächsischen Landesbibliothek verwahrten Aufzeichnungen Klemperers stellen in ihrer Geschlossenheit für Dresden und
darüber hinausgehend eine einzigartige Quelle zur Geschichte der nationalsozialistischen Judenverfolgung dar. Schildern sie doch aus der unmittelbaren Erfahrung heraus den Alltag der Ausgrenzung, einen sich erst
schleichend vollziehenden Prozeß der gesellschaftlichen Isolierung bis hin
zum „bürgerlichen Tod". Die sich zunehmend verschärfende Verfolgung im
ehemals vertrauten Umfeld wurde in diesen Tagebüchern in bisher nicht
überlieferter Intensität und Kontinuität festgehalten. Die begeisterte, oftmals wenig differenzierte öffentliche Aufnahme der Aufzeichnungen Klemperers scheint allerdings manchmal darin begründet, daß hier über die
Beschreibung von einzelnen Schicksalen eine emotionale Identifikation mit
den Opfern ermöglicht wird, ohne sich mit den Motiven und Antrieben der
Täter näher auseinandersetzen zu müssen.[30] Eine solche emotionale Be-
troffenheit als isolierte Geste erklärt aber nichts und wird letztlich als Vehi-
kel einer Distanzierung zum bloßen Ritual. Die Tagebücher Klemperers sind
zunächst einmal eine Quelle und müssen in ihrer Gesamtheit auch als eine
solche kritisch interpretiert werden. Eine erst noch zu schreibende (Sozial-)
Geschichte der Dresdner Juden können sie sicherlich nicht ersetzen.

28 Collection Dr. Willy Katz, Dresden, im United States Holocaust Memorial Museum, Washington, D. C. (künftig: USHMM, Collection Dr. Katz). Der Bestand ist zur Zeit noch nicht endgültig
gruppiert, so daß keine genaueren Quellenangaben möglich sind. Ein kleiner Teil der Originale
wurde nicht an das USHMM abgegeben und befindet sich noch heute im Privatbesitz von
Dr. Heinz Böhm, Dresden.

29 Diese Materialien befinden sich noch heute im Archiv der Israelitischen Religionsgemeinde
zu Leipzig.

30 Zur Rezeption der Tagebücher in Deutschland siehe Paola Traverso, Victor Klemperers
Deutschlandbild – Ein jüdisches Tagebuch, in: Tel Aviver Jahrbuch für deutsche Geschichte XXVI
(1997), S. 307–344.

Im Zuge des Strafprozesses gegen Henry Schmidt wurden Mitte der achtziger Jahre umfangreiche Vernehmungs- und Zeugenakten angelegt, die bei einer Studie zur Geschichte der Dresdner Juden nicht unberücksichtigt bleiben durften. Dies gilt ebenso für das bei der Staatsanwaltschaft Dortmund Anfang der siebziger Jahre anhängig gewesene Ermittlungsverfahren gegen ehemalige Dresdner Gestapobeamte.[31] Justizakten verlangen in jedem Falle eine differenzierte Quellenkritik, da sie unter strafrechtlichen Umständen zustande kamen. Einzelne Aussagen und Ermittlungsergebnisse können dabei nur vor dem Hintergrund der Kenntnis aller vorliegenden Straf- und Ermittlungsakten bewertet werden, da mitunter Aussagen einer bestimmten Prozeßtaktik des Beschuldigten unterliegen. Außerdem befinden sich historisch relevante Materialien in den Vorgängen, auch wenn diese in strafprozessualer Hinsicht uninteressant waren.

Bei der Beschäftigung mit den west- und ostdeutschen Verfahrensunterlagen fiel auf, daß die Staatsanwaltschaft Dortmund akribisch die Befehlswege und die personelle Besetzung der Gestapoleitstelle Dresden zu rekonstruieren versuchte. Für eine Anklage reichten das vorliegende Material und die Aussagen der Angeschuldigten aber nicht aus. Keines der in der Bundesrepublik gegen ehemalige Gestapoangehörige angestrengten Verfahren wegen Beteiligung an Tötungsverbrechen im Zusammenhang mit den sogenannten Judendeportationen führte zu einer Verurteilung. Die allermeisten dieser Ermittlungsverfahren kamen nicht einmal zur Anklage, da der notwendige Nachweis, daß die Beschuldigten damals um die Massentötungen wußten, juristisch zweifelsfrei nicht zu führen war. In Dresden hingegen war der Beschuldigte und spätere Angeklagte Henry Schmidt aussagewillig. Er bemühte sich um Aufklärung der Befehlswege innerhalb der Sicherheitspolizei, gab Auskunft zur Arbeitsteilung zwischen Partei und Gestapo bei den Deportationen und gab letztlich eine genaue Schilderung seines eigenen Tatbeitrages, der zu seiner Verurteilung führte. Bereits nach den ersten Vernehmungen, einen Tag nach der Verhaftung Schmidts, stellte der das Verfahren führende Staatsanwalt fest, daß der Beschuldigte „geständnisfreudig" sei. Nicht zuletzt diese Aussagewilligkeit führte zu einer erheblichen Ausweitung der ursprünglichen Anklage.[32] Dies war ein Verhalten, das bei Historikern, die Erfahrung mit Strafprozeßakten in der Bundesrepublik haben, Erstaunen auslösen muß.

---

31 Der Leiter der Zentralstelle im Lande Nordrhein-Westfalen für die Bearbeitung von nationalsozialistischen Massenverbrechen bei der Staatsanwaltschaft Dortmund, Ermittlungsverfahren 45 Js 24/70 gegen Hinrich Ahrens u. a. Angehörige der Gestapo Dresden (künftig: StA Dortmund, Ahrens-Verfahren).

32 Vgl. Staatsanwaltschaft Dresden, Handakten, 131–25/90 des Strafverfahrens 211–9/87 gegen Henry Schmidt vor dem Bezirksgericht Dresden (künftig: StA Dresden, Schmidt-Verfahren), Bd. I, Bl. 7, Aktennotiz vom 10.4.1986. Der Zentrale Untersuchungsvorgang des Ministeriums für Staatssicherheit der DDR Nr. 74, Henry Schmidt, liegt in Teilen als Kopie in: Yad Vashem. The

Die Verhältnisse in Sachsen seit 1933

Um die Situation der Juden in Dresden zum Ende der Weimarer Republik aus historischer Sicht erfassen zu können, ist es erforderlich, die sächsische Entwicklung seit dem 19. Jahrhundert in den Blick zu nehmen. Sachsen hatte zu denjenigen deutschen Territorien gehört, in denen sich Juden erst spät dauerhaft niederlassen durften. Am frühesten war das in der kurfürstlichen, später königlichen Residenz Dresden geschehen, wo sie den wirtschaftlichen Bedürfnissen des Hofes entgegengekommen waren, und in der Messestadt Leipzig, zu deren Besuchern sie seit Jahrhunderten gehört hatten. Die Gründung einer jüdischen Gemeinde war ihnen aber in Dresden erst ab 1837, in Leipzig 1847 möglich.

Die anderswo seit dem ausgehenden 18. Jahrhundert stattfindende Diskussion um eine Verbesserung der Rechtslage und staatsbürgerliche Gleichstellung der Juden, d. h. die Emanzipation, war in Sachsen durch die bis weit ins 19. Jahrhundert hinein fortdauernde feudal-ständische Herrschaftsstruktur nur ansatzweise geführt worden. Erst im Gefolge der Reichsgründung von 1871 waren sie in den vollen Besitz der Rechte christlicher Staatsbürger gekommen. Diese verzögernde Politik gegenüber den Juden, die im öffentlichen Leben Sachsens insgesamt in einer verspäteten Modernisierung ihre Entsprechung fand, hatten die Anziehungskraft des Landes für Juden lange gemindert.

Machten sie 1890 nur 0,3 Prozent der Bevölkerung Dresdens aus, so waren es 1910 mit rund 3800 Personen immerhin 0,7 Prozent und auf ihrem Höchststand von 1925 mit rund 5100 Personen 0,8 Prozent der städtischen Bevölkerung. Demgegenüber wuchs die anfangs sehr viel geringere jüdische Bevölkerung Leipzigs deutlich rascher an. Sie bildete 1895 bereits 1,1 Prozent der Bevölkerung, um 1900 mit rund 6200 Personen 1,4 Prozent und 1925 mit rund 12 600 Personen 1,9 Prozent.[33] Die Ursache für diese sprunghafte Zunahme der jüdischen Bevölkerung hatte in der Zuwanderung von einigen tausend osteuropäischen Juden am Ende des 19. und zu Beginn des 20. Jahrhunderts gelegen, von denen die Mehrheit nach Leipzig und ein geringerer Anteil nach Dresden gekommen war.

Holocaust Martyrs' and Heroes' Remembrance Authority, Jerusalem, File Schmidt, ZUV 74, Filme JM/ 10946–10951 (künftig: Yad Vashem, ZUV 74). Die Zitate werden aus den jeweiligen Aktenbänden und nicht auf der Grundlage der Verfilmungen angegeben. Sowohl die Originalunterlagen des ZUV 74 als auch der dem Zentralen Untersuchungsvorgang vorausgegangene „Operative Vorgang" gegen Henry Schmidt, Deckname „Sadist", sind beim Bundesbeauftragten für die Unterlagen des Staatssicherheitsdienstes der ehemaligen Deutschen Demokratischen Republik, Berlin, nicht zugänglich.

33 Zahlen nach: Jüdisches Jahrbuch für Sachsen und Adreßbuch der Gemeindebehörden, Organisationen und Vereine 1931/32, Ausgabe Dresden, Chemnitz, Plauen, Berlin/Leipzig 1931, S. 34.

Insofern entsprach die kontinuierliche Entwicklung der jüdischen Gemeinschaft in Dresden eher derjenigen in anderen mitteleuropäischen Großstädten. Zwar hatte sie es auch hier mit einem latenten gesellschaftlichen Antisemitismus zu tun gehabt, doch hinderte das nicht ihren Akkulturationsprozeß einschließlich der Säkularisierung ihres religiös geprägten Weltbildes. Das galt vor allem für das deutsch-jüdische Bügertum, während die osteuropäischen Zuwanderer bemüht waren, ihre der jüdischen Tradition verbundene Lebenswelt in der religiösen Praxis und in zahlreichen, vor allem der gegenseitigen Hilfe dienenden Vereinen beizubehalten. Vielfältige Konflikte zwischen diesen Gruppen blieben nicht aus.

Damit war eine wachsende wirtschaftliche Bedeutung der Juden in ganz Sachsen einhergegangen, wobei ihre berufliche Gliederung und ihre Betätigung in den verschiedensten Wirtschaftsbereichen durch mehrere Faktoren bedingt war: Die spät erlangte Freizügigkeit, die fast ausschließliche Konzentration in den Großstädten, der extrem hohe Anteil von Ostjuden unter ihnen und die Suche nach innovativen, noch nicht besetzten Erwerbstätigkeiten.

Die Zeit der Weimarer Republik kann zumindest bis zum Ende der zwanziger Jahre als Blüte jüdischen Lebens in Dresden bezeichnet werden. Zahlreiche Stiftungen und Vereine für soziale, kulturelle und rituelle Belange waren entstanden. Juden hatten einen bedeutenden Anteil am wirtschaftlichen Leben der Stadt, etwa in der Zigarettenindustrie[34] oder im Bankgewerbe.[35] Das Mäzenatentum hatte positiven Einfluß in sozialer und kultureller Hinsicht auf das Leben in Dresden ausgeübt.[36] An der Technischen Hochschule hatten jüdische Wissenschaftler von internationalem Rang gelehrt, schließlich auch jüdische Künstler das kulturelle Leben der Kunstmetropole beeinflußt. Zudem hatten Juden aber auch im öffentlichen Leben mitgewirkt, in den politischen Parteien, als Rechtsanwälte, Journalisten und Abgeordnete des Sächsischen Landtages.

Dem zunehmenden Antisemitismus in der Weimarer Republik hatten jüdische Bürger durch öffentlichkeitswirksame Akte zu begegnen versucht, etwa durch Wohltätigkeit für Bedürftige oder die Errichtung eines Denkmals für die jüdischen Gefallenen des Ersten Weltkrieges. Viele Juden hatten Dresden vor 1933 aber auch den Rücken gekehrt. Im Land Sachsen lebten

---

34 Josef Reinhold, Juden in der Wirtschaft Sachsens, in: Zwischen Integration und Vernichtung, S. 46–52. Einen Überblick bietet: Spurensuche, S. 11ff., sowie Juden in Sachsen. Ihr Leben und Leiden, hrsg. von der Gesellschaft für Christlich-Jüdische Zusammenarbeit Dresden e.V., Dresden 1994. Eine Vielzahl an Quellen bei Diamant, Chronik der Juden in Dresden.

35 Vgl. Simone Lässig, Nationalsozialistische Judenpolitik und jüdische Selbstbehauptung vor dem Novemberpogrom. Das Beispiel der Dresdner Bankiersfamilie Arnhold, in: Pommerin, Dresden, S. 129–192.

36 Dies., Juden und Mäzenatentum in Deutschland: Religiöses Ethos, kompensierendes Minderheitenverhalten oder genuine Bürgerlichkeit? In: ZfG 46 (1998), H. 3, S. 211–236.

nach den Ergebnissen der Volkszählung vom 16. Juni 1933 insgesamt 20 584, in der Stadt Dresden nur noch 4397 sogenannte Glaubensjuden. Für den Gemeindebezirk der jüdischen Gemeinde Dresden, zu dem die Städte Freiberg, Freital, Meißen, Pirna, Riesa, Dippoldiswalde, Radeberg, Sebnitz und Neustadt gehörten, waren es insgesamt 4675 Mitglieder.[37] Ihr Anteil an der Gesamtbevölkerung lag im Vergleich zum Reich (0,77 Prozent) weit unter dem Durchschnitt. Er betrug für das Land 0,4 und für die Stadt sogar nur 0,26 Prozent.[38]

Die Machtübernahme der Nationalsozialisten beendete diese kurze Zeit fruchtbaren deutsch-jüdischen Zusammenlebens, das auch in Sachsen in den zwanziger Jahren zu einer bemerkenswerten Blüte gelangt war.

Das Frühjahr 1933 markierte im Stadtleben Dresdens insgesamt eine bedeutende Zäsur. Die Nationalsozialisten feierten die Ernennung Hitlers zum Reichskanzler mit Fackelumzügen. Für die SPD- und Gewerkschaftsmitglieder, Kommunisten, Pazifisten und die Dresdner Juden war die Bildung der Regierung der „nationalen Konzentration" der Beginn einer bis 1945 andauernden Verfolgungszeit. Wie in vielen Teilen des Reichsgebiets, war auch im Gau Sachsen die Verfolgung der Gegner des Nationalsozialismus in der Regel zunächst unorganisiert, aber deswegen besonders brutal. Die sächsische SA errichtete am 8. März 1933, drei Tage nach der Reichstagswahl, in der ehemaligen Jugendburg Hohnstein ein Konzentrationslager, das sehr schnell traurige Berühmtheit erlangte. Die Zahl der dort Inhaftierten betrug im August 1933 ungefähr 600 Personen, die meisten von ihnen wurden in den Kellern der Burg immer wieder gefoltert. Neunzig SA-Mitglieder bewachten, verhörten und mißhandelten die Gefangenen.[39]

Am 20. Mai 1933, nach einem Treffen von NSDAP-Kreis- und Ortsgruppenleitern in Bad Schandau, fuhren diese unter Anführung von Gauleiter Martin Mutschmann nach Hohnstein. Dort ließen sie sich unter anderen Hermann Liebmann, den ehemaligen sozialdemokratischen Innenminister, vorführen. Dieser wurde gezwungen, aus seinen früheren Reden im sächsischen Landtag vorzutragen. Die Manuskripte waren extra für diesen Anlaß herausgesucht und mitgebracht worden. Zur allgemeinen „Belustigung" der sächsischen NS-Prominenz verlas Liebmann die Reden und wurde

37 Helmut Eschwege, Geschichte der Juden auf dem Territorium der ehemaligen DDR, maschinenschriftliches Manuskript, 3 Bde., Dresden 1991, S. 581ff.

38 Vgl. Die Glaubensjuden im Dritten Reich, bearb. vom Statistischen Reichsamt, Berlin 1936, S. 38 (Statistik des Deutschen Reichs, Bd. 451: Volks-, Berufs- und Betriebszählung vom 16. Juni 1933, Die Bevölkerung des Deutschen Reichs nach den Ergebnissen der Volkszählung 1933, H. 5).

39 Klaus Drobisch/Günther Wieland, System der NS-Konzentrationslager 1933–1939, Berlin 1993, S. 47.

dabei so schwer mißhandelt, daß er noch am selben Tag seinen Verletzungen erlag.[40]

Dieser Vorfall, der für die beteiligten NS-Führer ohne Folgen blieb, war symptomatisch für die Verhältnisse in Sachsen. Seit dem Frühjahr 1933, als Hitler die „nationalsozialistische Revolution" in geordnete Bahnen überführen wollte, gelang dies im Gau Sachsen nur in sehr eingeschränktem Maße. Die sogenannte revolutionäre Kraft von Partei und SA kam dabei zunehmend in Konflikt mit der sich etablierenden gleichgeschalteten sächsischen Regierung. Die Verfolgung „rassischer" und politischer Gegner sollte während dieser Phase von Hitlers Herrschaft durch Gesetze und Verordnungen, nicht mehr mit bloßer Willkür durchgeführt werden. Gauleiter Mutschmann[41] folgte dieser Strategie jedoch nur so lange, wie es seinem persönlichen Regierungsstil nicht entgegenstand. So organisierte er im gesamten Gau den Boykottag gegen jüdische Geschäfte; dieser entsprach seinem persönlichen Antisemitismus, wurde von seinem „alten" Kollegen Julius Streicher initiiert und war eine reichsweit angelegte Aktion der NSDAP.

Obwohl der Boykott auf den 1. April 1933 festgelegt war, wurden in Dresden bereits am Tag zuvor die Schaufenster großer nichtjüdischer Geschäftshäuser mit Plakaten „Anerkannt deutsch-christliches Unternehmen" beklebt. Am Boykottag marschierten „[...] Kolonnen vom Schützenplatz zum Altmarkt, wo eine SA-Kapelle spielte. Von hier aus erfolgte das Ausschwärmen der Gruppen von je drei Mann vor die Geschäfte, die Praxen der Ärzte und die Kanzleien der Rechtsanwälte. Auch an den Eingängen der Gerichtsgebäude standen SA-Trupps, die jüdischen Rechtsanwälten und anderen jüdischen Personen den Zutritt versagten. Zum Teil wurden jüdische Juristen aus laufenden Verhandlungen herausgeprügelt.[42] Die mitgeführten

40 Ebenda, S. 131, und Bundesarchiv Berlin (künftig: BA Berlin), ehemaliges „Berlin Document Center" (BDC), OPG (Oberstes Partei Gericht), Akte Martin Mutschmann, Schreiben Manfred von Killinger an das Oberste Parteigericht der NSDAP vom August/September 1936, Bl. 38.

41 Martin Mutschmann, geb. am 9.3.1879 in Hirschberg/Saale, seit 1907 Spitzenfabrikant in Plauen, trat 1922 der NSDAP bei. Im Juni 1925 wurde er zum Gauleiter von Sachsen ernannt, nach der „Machtübernahme" 1933 zum Reichsstatthalter. Ab 1935 führte er die sächsische Landesregierung als Ministerpräsident. Im Mai 1933 wurde er zum Ehrenführer der SA, 1937 zum SA-Obergruppenführer ernannt. Mutschmann wurde am 16.5.1945 in Tellerhäuser, Kreis Schwarzenberg bei Oberwiesenthal festgenommen. Vgl. die Abschrift der Vernehmung von Mutschmann durch die Schutzpolizei Annaberg vom 17.5.1945 in der Akte „Prozeß gegen Martin Mutschmann", in: Stiftung Archiv der Parteien und Massenorganisationen der DDR im BA Berlin (SAPMO), DY 55 V 278/2: Vereinigung der Verfolgten des Naziregimes (VVN), Ermittlungsdienst, Bd. 72. Die sowjetischen Besatzungsbehörden planten eine Zeitlang, ihm noch 1945 den Prozeß zu machen. Letztendlich wurde er aber nach Moskau verbracht und aufgrund eines Urteils des Militärkollegiums des Obersten Gerichts vom 30.1.1947 am 14.2.1947 in der Lubjanka erschossen. Vgl. Nikita Petrov, Deutsche Kriegsgefangene unter der Justiz Stalins. Gerichtsprozesse gegen Kriegsgefangene der deutschen Armee in der UdSSR 1943–1952, in: Stefan Karner (Hrsg.), „Gefangen in Rußland". Die Beiträge des Symposions auf der Schallaburg 1995, Graz/Wien 1995, S. 202.

42 Vgl. Friedländer, Verfolgung 1933–1939, S. 41.

Plakate verkündeten: ‚Wer sein Geld zum Juden schafft, zerstört die deutsche Wirtschaftskraft!' oder ‚Wer beim Juden kauft, unterstützt den jüdischen Boykott deutscher Waren im Auslande!'"[43]

Mutschmann ergriff aber auch eigenständig die Initiative, wenn er durch die ihm ergebenen NSDAP- und SA-Leute Kommunalbeamte handgreiflich aus den Ämtern entfernen ließ, teilweise ohne vorher den von Hitler eingesetzten Reichskommissar für Sachsen zu verständigen. In einem Aufruf des Reichskommissars für das Land Sachsen, Manfred von Killinger, vom 28. März 1933 heißt es: „In neuester Zeit werden mir wieder Fälle gemeldet, in denen eigenmächtig in den Gang der Verwaltung eingegriffen, insbesondere die Verhaftung unschuldiger Personen und die Absetzung von Beamten verfügt worden ist. Es handelt sich um Maßnahmen, die weder von mir noch von einer von mir dazu ermächtigten Stelle angeordnet worden sind und die ich nicht billigen kann, vielmehr aufzuheben gezwungen bin. Es hat den Anschein, als würden von unverantwortlichen Stellen Führern der SA und SS oder der politischen Leitung der NSDAP Befehle zugeleitet, die von diesen als ordnungsmäßig erteilt angesehen und dann auch befolgt werden. […] Wenn Sie zu einem solchen Eingriff von dritter Seite aufgefordert werden, haben Sie sofort mich oder die von mir eingesetzten zuständigen Stellen der Staatsverwaltung davon in Kenntnis zu setzen und Entschließung einzufordern."[44]

Von diesen Initiativen betroffen waren auch 63 Juden, die zum Teil vor dem „Erlaß zur Wiederherstellung des Berufsbeamtentums" aus dem Dienst entfernt worden waren.[45] Bereits am 31. März hatte die Stadtverwaltung alle städtischen Dienststellen angewiesen, „sämtliche Beschäftigten jüdischer Rasse" aus den Diensten der Stadt zu „entfernen".[46]

Die sächsischen Juden reagierten auf die fortschreitende gesellschaftliche und rechtliche Ausgrenzung mit erhöhter Selbstorganisation und Solidarität. Jede freiwillige Selbstgleichschaltung von „arischen" Vereinen und Verbänden seit 1933 hatte für die „Nicht-Arier" in der Regel den sofortigen Ausschluß bedeutet. Jüdische Verbände und kommunale Vereine übernahmen daher immer mehr Aufgaben für eine steigende Zahl von Betroffenen. Die bereits seit längerer Zeit bestehende „ORT"-Organisation kümmerte sich um eine handwerklich und landwirtschaftlich ausgerichtete Ausbildung jüdischer Jugendlicher. Eine neu gegründete „Beratungsstelle für Auswan-

---

43 Kirsch, Judenverfolgung, S. 10.

44 Sächsisches Verwaltungsblatt 27 vom 28.3.1933, S. 199.

45 Vgl. Kirsch, Judenverfolgung, S.18.

46 Stadtarchiv Dresden, Städtische Straßenbahn (künftig: StadtA Dresden, Straßenbahn), Akte 431: Personalabteilung, Rundschreiben des Personalamtes der Stadt Dresden Nr. 8.

derungswillige" bot unter anderem Sprachkurse und ergänzende Bildungs-
kurse an. Die Dresdner jüdische „Künstlerhilfe", ein Vorläufer des späteren
jüdischen Kulturbundes in Dresden, sollte kulturelle Veranstaltungen organisieren und karitative Maßnahmen für notleidende „Kunstschaffende"
durchführen.[47]

„Eine über 100 Jahre lange Epoche jüdischer Geschichte ist endgültig abgeschlossen. Man mag das noch so sehr bedauern und beklagen; in müßigem
Hoffen und jammerndem Zurückschauen auf verschwundene Zeiten können wir […] nicht verweilen. Für uns gibt es nur ein Vorwärts. Klare Erkennt-
nisse von der Schwere und Tragweite dieser Umwälzung sind nötig, um
ohne Illusionen und Vorurteile die Möglichkeit unserer Lage zu erfassen.
Nur so können wir aus unserer gegenwärtigen Not hinausfinden."[48]

Die Institutionalisierung der Judenverfolgung läßt sich auch in Sachsen
sowohl auf Staats- als auch auf Parteiebene nachvollziehen. Bereits 1933
wurde aus der Politischen Polizei das Geheime Staatspolizeiamt (Gestapa)
für Sachsen mit Sitz in der Wiener Straße 25 gegründet.[49] Im Zuge der Ver-
reichlichung der Landespolizeibehörden übernahm der Reichsführer-SS
Heinrich Himmler im Januar 1934 die Leitung des Gestapa in Sachsen.[50]
Aufgrund des 3. Gestapo-Gesetzes vom 10. Februar 1936 und eines Runderlasses Himmlers – in seiner Eigenschaft als Chef der deutschen Polizei –
vom 10. April 1937 mit der politischen Abteilung des in der Schießgasse 7
ansässigen Polizeipräsidiums Dresden zur Gestapoleitstelle vereinigt – war
die Sicherheitspolizei für Sachsen fortan in der Bismarckstraße 16–18 im
ehemaligen Hotel Höritzsch untergebracht.
Reichsweit war die Geheime Staatspolizei in drei Abteilungen untergliedert: Abteilung I war für die Verwaltung zuständig, Abteilung II oblag die
sogenannte Gegnerbekämpfung und Abteilung III zeichnete für die nach-
richtendienstlichen Abwehrtätigkeiten verantwortlich. Himmlers regionaler
Stellvertreter war der SS-Brigadeführer Udo von Woyrsch, der als „Höherer

47 Vgl. Heike Liebsch, „Ein Tier ist nicht rechtloser und gehetzter". Die Verfolgung und Vernichtung der jüdischen Bevölkerung Dresdens 1933–1937, in: Heer, Klemperer, S. 81–84. Zur Vielfalt
jüdischen Lebens am Vorabend der „Machtergreifung", siehe: Solvejg Höppner/Manfred Jahn,
Jüdische Vereine und Organisationen in Chemnitz, Dresden und Leipzig 1918 bis 1933. Ein
Überblick, Dresden 1997, S. 17–22 und 32–38, und Jüdisches Jahrbuch für Sachsen.

48 Artikel Karl Neumeyer, in: Gemeindeblatt der Israelitischen Religionsgemeinde Dresden.
Amtliches Organ des Gemeindevorstandes. Mitteilungsblatt des Sächsischen Israelitischen
Gemeindeverbandes IX (1933), Nr. 8, S. 1.

49 Durch Verordnung des sächsischen Gesamtministeriums, Nr. 10/2c StK II vom 5. 7. 1933, siehe
Sächsisches Verwaltungsblatt, Ausgabe B, Nr. 57 vom 7. 7. 1933, S. 467.

50 Zur Entwicklung der Geheimen Staatspolizei in Sachsen vgl. Jens-Uwe Lahrtz, Zu den Strukturen und Aufgabenfeldern von politischer Polizei und Geheimer Staatspolizei in Sachsen
1933–1939, in: Sächsische Justizgeschichte, Bd. 6: Justiz, Juristen und politische Polizei in Sachsen 1933 bis 1945. Gehorsam und Vorbehalte, Dresden 1996, S. 38–40.

SS- und Polizeiführer Elbe" amtierte. Der Personalbestand der Staatspolizeileitstelle Dresden betrug ungefähr 150 bis 180 Personen – Beamte, Angestellte und Arbeiter.[51] Leiter der Staatspolizeileitstelle Dresden war vom 1. Oktober 1936 bis 9. Oktober 1939 der SS-Gruppenführer Wilhelm Koppe. SS-Standartenführer Georg Klein leitete das Amt seit Ende 1939 bis Mitte Dezember 1942. Bis mindestens Mitte August 1944 führte SS-Sturmbannführer Willi Müller-Metz das Amt des Stapochefs.

Leiter der Abteilung II der Stapo Dresden und damit zugleich Stellvertreter des Dienststellenleiters war bis zum März 1941 SS-Obersturmbannführer Dr. Johannes Thümmler. Nachdem er zum Leiter der Gestapostelle Chemnitz ernannt wurde, folgte ihm der SS-Obersturmbannführer Hans-Gerhard Schindhelm.[52] Wer der direkte Amtsnachfolger Schindhelms war, läßt sich nicht genau rekonstruieren. Von März 1943 bis April 1944 bekleidete dieses Amt mit Sicherheit SS-Sturmbannführer Werner Jacob.

Das Referat II B 3 „Freimaurertum, Emigranten, Juden" war für die staatspolizeilichen Maßnahmen gegen die Dresdner Juden verantwortlich. Ihm gehörten folgende Personen an: Referatsleiter war für die Vorkriegszeit Kriminalobersekretär Erwin Rölling, der im August 1941 verstarb. Ab März/ April 1942 führte der als Gruppenreferatsleiter II B nach Dresden versetzte SS-Untersturmführer Henry Schmidt gleichzeitig das „Judenreferat".[53] An ihn und seine Kollegen Rudolf Müller, Martin Petri und Herbert Klemm konnten sich etliche Überlebende der Verschleppungen gut erinnern.[54] Vor allem Schmidt gab bei seinen Vernehmungen offen zu, daß er Juden zum Abreagieren seiner Aggressionen verprügelt hatte.

Die NSDAP in Dresden sah sich durch die zahlreichen unangemeldeten und spontanen Ausschreitungen gegen die Juden in den Jahren 1933 bis 1935

---

51 Vgl. Abschlußvermerk des Landeskriminalamtes (LKA) Nordrhein-Westfalen, 23–25 609 vom 23.3.1976 (künftig: Abschlußvermerk), in: StA Dortmund, Ahrens-Verfahren, Bd. III, Bl. 69–120, hier Bl. 76.

52 Thümmler wurde im Herbst 1943 Leiter der Gestapoleitstelle Kattowitz, in deren Zuständigkeitsbereich auch das Konzentrationslager Auschwitz lag. Die Leiter der Stapo Kattowitz waren gleichzeitig die Gerichtsherren des Polizeistandgerichts in Auschwitz. Vom Polizeistandgericht wurden hunderte von Todesurteilen ausgesprochen. Nach dem Krieg stieg Thümmler vom Hilfsarbeiter zum Leiter der Volkswirtschaftlichen Abteilung bei Carl Zeiss in Oberkochen auf. Hans-Gerhard Schindhelm wurde von Dresden am 13.11.1942 zur Leitung des Einsatzkommandos 8 der Einsatzgruppe B nach Weißrußland versetzt.

53 Genauere Informationen auch über hier nicht näher genannte Vorgänger und Nachfolger vgl. StA Dortmund, Abschlußvermerk, Bd. 3, Bl. 69–91. Ein Geschäftsverteilungsplan der Gestapoleitstelle Dresden mit Personalverzeichnis, Stand 22.8.1938, ist überliefert in: Yad Vashem, ZUV 74, Bd. 11, Bl. 67–91.

54 Weitere berüchtigte „Vernehmer" waren Hans Max Clemens, Leiter der SD-Außenstelle Dresden, sowie der Gestapoangehörige Arno Weser. Unter den Dresdner Juden war das Trio Weser, Clemens, Schmidt als „der Spucker, der Schläger und der Schreier" gefürchtet, vgl. SAPMO, DY 55 V 278/4: VVN, Landesverband Sachsen, Bd. 37, „Verzeichnis der Beschuldigten, denen Verbrechen gegen die Menschlichkeit zur Last gelegt werden", Bl. 3, 8 und 7.

gezwungen, eine Koordinationsstelle zu gründen. Im August 1935 wurde in der Kreisleitung Dresdens eine „Judenabwehrstelle" eingerichtet. Sie diente als Zentralstelle für sämtliche Angelegenheiten, die sich mit Juden befaßten, besonders der Genehmigung und der Dokumentation aller gegen Juden gerichteten Propagandaaktionen, um „Verzettelungen, Ungeschicklichkeiten bzw. Ungesetzlichkeiten zu verhindern". Mitarbeiter des Propagandaamtes, der Wirtschaftspolitischen Abteilung und des Rassenpolitischen Amtes stellten das Personal.[55] Im Gegensatz zur Geheimen Staatspolizei ist über die Organisationsstruktur und die konkrete Tätigkeit dieser „Abwehrstelle" wenig bekannt. Die Führung oblag Pg. Köhler. Weitere Personaldaten Köhlers konnten bisher nicht ermittelt werden.[56] Er bzw. die „Judenabwehrstelle" der Kreisleitung in der Wiener Straße 13 spielte eine entscheidende Rolle in der Verfolgungsgeschichte der Dresdner Juden. Einflußreich in den Fragen der „Arisierung" und Wohnungspolitik, hatte sich Köhler auch ein Büro im jüdischen Gemeindeamt in der Zeughausstraße 3 eingerichtet.

Im Sommer 1935 führte die NSDAP reichsweit eine antisemitische Propagandakampagne durch, die besonders durch die sogenannten Ku'dammkrawalle in Berlin und die Ausschreitungen in München bekannt geworden sind. Schlagwörter der Aktion waren der „zunehmend frecher werdende Jude" und seine „Provokationen". Ziel war die Denunzierung von „Rasseschändern" und die Vernichtung der wirtschaftlichen Existenzgrundlage der Juden. „Der Freiheitskampf", die amtliche Tageszeitung der NSDAP im Gau Sachsen, veröffentlichte am 2. August 1935 einen Artikel mit dem Titel: „Die Johannstadt wieder als Vorbild." Nachdem hierin wieder einmal die Vorreiterrolle der NSDAP-Ortsgruppe Johannstadt gelobt wurde, heißt es: „Auch ein Schaufenster erfreut uns: ‚Jude bleibe draußen stehn, ich will Dich in meinem Geschäft nicht sehn!' steht darin geschrieben. So prangt die ganze Pfotenhauerstraße bis zur Vogelwiese hinauf und die ganze Blumen- und Ziegelstraße hinunter bis zur Pillnitzer Straße an jedem Laternenpfahl schwarz auf weiß der alte Mahnruf ‚Die Juden sind unser Unglück', und noch ein zweiter Spruch, eben für die Leute mit der bewußten langen Leitung, nämlich: ‚Wer beim Juden kauft, ist ein Volksverräter.'"[57] Derartige Initiativen der Parteibasis führten wenige Wochen später

---

55 Vgl. Rundschreiben der Kreisleitung Dresden Nr. A 24/35 vom 7.8.1935, abgedruckt unter dem Titel „Judenabwehr" in: Rundschreiben und Mitteilungen der Landeshauptstadt Dresden 2, Nr. 9 (1.9.1935), S. 103.

56 Köhler wohnte bei seiner alten Mutter Emma in der Markgrafenstraße 46, vgl. Deutsches Rundfunkarchiv – Standort Berlin, Historisches Archiv, B 047-00-02/0828: Eckhard Bahr, Manuskript „Sonderzug Theresienstadt", Erstsendung 16.7.1990, Deutschlandradio Berlin, S. 11.

57 Siehe „Der Freiheitskampf. Amtliche Tageszeitung der NSDAP im Gau Sachsen" vom 2. August 1935.

zu den auf dem Nürnberger Reichsparteitag verkündeten „Rassegesetzen". Inhaltlich wurde im November in der ersten Verordnung zum sogenannten Reichsbürgergesetz festgelegt, wer „Jude" war. Die „rassische" Definition dieses Begriffs erschöpfte sich in der Festlegung, daß ein Jude ein Mensch mit drei oder vier jüdischen Großelternteilen sei, wobei das „Jüdischsein" der Großeltern durch deren Zugehörigkeit zur jüdischen Religion bestimmt wurde. Die sogenannte rassische Definition, wer Jude sei oder nicht, ergab sich somit aus einer vulgären Kombination aus Mendelscher Vererbungslehre und individueller Religionszugehörigkeit.

Ende 1935 wurden in Dresden immer wieder sogenannte Rassenschandefälle aufgegriffen, und die Stadt erließ im November des Jahres eine Verordnung, wonach städtische Aufträge nur an „deutschstämmige Personen" vergeben werden durften.[58] Fortan gab es im Gau Dresden immer wieder „Aufklärungskampagnen". So sprach zum Beispiel der Schriftleiter des antisemitischen Wochenblatts „Der Stürmer", Fritz Fink-Nürnberg, zum Thema „Die Judenfrage ist der Schlüssel zur Weltgeschichte" im Dezember 1937 in Dresden. Im November war bereits eine „rassenpolitische Woche" mit Ausstellung im Lichthof des Rathauses veranstaltet worden, im Januar und Februar 1938 gastierte die „Reichsschau Ewiges Volk" des Deutschen Hygiene-Museums und des Hauptamtes für Volksgesundheit im Ausstellungspalast in der Lennéstraße.[59]

Im Zuge der „Entjudung" des Kurortes Bad Weißer Hirsch wurden erstmals wieder große Propagandaaktionen mit konkreten antijüdischen Ausgrenzungsmaßnahmen verbunden. Der Gauleiter Mutschmann hielt am 31. Januar 1938 ein Grundsatzreferat zur „Judenfrage" anläßlich des fünften Jahrestages der „Machtergreifung". Im Versammlungslokal „Weißer Adler" betonte er die Notwendigkeit der „Entjudung" dieses repräsentativen, „in der ganzen Welt bekannten" Dresdner Kurortes. Im Anschluß an die Rede wurde bekanntgegeben, daß es in Zukunft praktisch keine jüdischen Kurgäste mehr geben würde.[60] Die „Bestimmung über die Behandlung von jüdischen Kurgästen in Bad Weißer Hirsch" wurden vom „Landesfremdenverband Sachsen" dem Werbeprospekt des Kurortes bei-

---

58 Rundschreiben Nr. 81 des Oberbürgermeisters Ernst Zörner vom 15.11.1935, abgedruckt unter dem Titel „Städtische Aufträge und nichtarische Firmen", in: Rundschreiben und Mitteilungen 3, Nr. 1 (1.1.1936), S. 3.

59 Zur Anwesenheit Fink-Nürnbergs vgl. den Artikel „Julius Streichers Gruß an Dresden. Pg. Fink-Nürnberg sprach über die Judenfrage", in: „Der Freiheitskampf" vom 2.12.1937. Zur „Rassenpolitischen Woche" vgl. Dresdner Chronik im Rechnungsjahr 1937, in: Die Verwaltung der Landeshauptstadt Dresden 1937, bearbeitet vom Statistischen Amt der Stadt Dresden, Dresden 1939, S. 1. Zur Ausstellung „Ewiges Volk" vgl. das Rundschreiben des Oberbürgermeisters B 1/38 vom 12.1.1938, abgedruckt unter dem Titel „Ausstellung ‚Ewiges Volk'" in: Rundschreiben und Mitteilungen 11, Nr. 2 (1.2.1938), S. 17.

60 Vgl. „Der Freiheitskampf" vom 1.2.1938. Siehe den faksimilierten Ausriß in der Chronologie, S. 157.

gegeben.[61] Auf welchem Niveau Mutschmann sich äußerte, kann hier nur in Ausschnitten wiedergegeben werden. Nach der Feststellung, daß die Juden von den Affen abstammten, führte er aus: „Das sehen Sie schon, wenn Sie die Hände von einem Juden und unsere Hände ansehen. Der Jude kann den Daumen zurückdrehen wie bei einer Affenhand. Wir können das nicht!"[62]

Am Rosenmontag, dem 1. März, fand ein Faschingsumzug mit einigen Sonderwagen statt. Unter dem Motto „Auszug der Kinder Israels" fuhren diese etwa vier Stunden durch das Stadtgebiet. Die Lokalpresse titelte: „Judensonderzug nach Madagaskar. Er startete pünktlich 14 Uhr Stübel-allee Ecke Karcherallee."[63]

Unter der Parole „Völkerfrieden oder Judendiktatur?" erlebte Sachsen im März des Jahres eine Welle von Kundgebungen, die von Julius Streicher und Martin Mutschmann angeführt wurde. Insgesamt wurden angeblich „1350" Veranstaltungen organisiert, von denen die nationalsozialistische Presse zudem behauptete, es seien „überfüllte Massenkundgebungen" gewesen.[64]

In der Nacht vom 9. auf den 10. November 1938 wurde in Dresden die Semper-Synagoge in der Zeughausstraße niedergebrannt. Als angeblich „spontaner" Akt des Volkszorns geplant, sollten hier die „deutschen Volks-genossen" ihren Unmut über den Tod des deutschen Botschaftssekretärs Ernst vom Rath geäußert haben. Die Anteilnahme an der von München aus geplanten Terroraktion war überall im Reich spärlich. Die „deutschen Volks-genossen" blieben in der Regel zu Hause, wenn es gewalttätig zuging, SA- und NSDAP-Mitglieder in Zivil blieben unter sich.[65] In Dresden begann die „spontane Massenkundgebung" am Rathausplatz. Im Verlauf eines wilden Umzugs wurden jüdische Geschäfte geplündert, Menschen mißhandelt und Geschäftsräume jüdischer Selbständiger verwüstet. Neben der Syn-agoge – deren Brandruine dann am 12. 11. 1938 von der Technischen Not-hilfe gesprengt wurde[66] – waren noch andere Gebäude, wie beispielsweise

61 Vgl. Klimakurort Bad Weißer Hirsch Dresden, hrsg. vom Landesfremdenverband Sachsen, Dresden o. J.

62 Zitiert nach BA Berlin, BDC, OPG-Akte Ernst Zörner, Aussprüche des Reichsstatthalters Mutschmann gelegentlich der Kundgebung „Die Juden sind unser Unglück" am 31. 1. 1938.

63 Vgl. Dresdner Anzeiger vom 1. 3. 1938.

64 Vgl. Dresdner Anzeiger vom 5./6. 3. 1938.

65 Vgl. Dieter Obst, „Reichskristallnacht". Ursachen und Verlauf des antisemitischen Pogroms vom November 1938, Frankfurt a. M./Bern/New York/Paris 1991.

66 Hierüber wurde ein Lehr- und Ausbildungsfilm mit dem Titel „Beseitigung der Brandruine der Dresdner Synagoge unter Mitwirkung der Techn. Nothilfe O[rts]G[ruppe] Dresden X 2" gedreht, der im Stadtarchiv Dresden vorliegt.

zwei Kaufhäuser, in Brand gesteckt worden. Nach einer zentralen Anweisung der Sicherheitspolizei und des SD sollten reichsweit noch in derselben Nacht 20 000 bis 30 000 vermögende deutsche Juden in Konzentrationslager abgeführt werden. Von Dresden aus wurden 151 Männer in das „Pogromsonderlager" nach Buchenwald verschleppt, darunter der gesamte Vorstand der jüdischen Gemeinde.[67] Einige Opfer kamen auch in das KZ Sachsenhausen. Die genaue Anzahl der Verschleppten ist unbekannt.

Nationalsozialistische Wohnungspolitik in der „Gauhauptstadt" Dresden

Für das NS-Regime war die Versorgung der Bevölkerung mit Wohnraum nicht nur ein soziales Anliegen, sondern das Politikfeld „Wohnraumbeschaffung" genoß geradezu eine ideologische Aufladung. Die Nationalsozialisten hatten es als eines der sozialpolitischen Probleme der Weimarer Republik übernommen, und seine Bewältigung sollte auch den Aufbruch in die nationalsozialistische Ära markieren: „Die Lösung der Wohnungsfrage dient vor allem der Sicherung des ewigen Bestandes unseres Volkes. Alle bevölkerungspolitischen Maßnahmen, zu denen auch die Bereitstellung ausreichenden Wohnraums gehört, sind nicht allein auf die Erhaltung des zahlenmäßigen Volksbestandes abgestellt. […] Von der Bereitstellung ausreichenden Wohnraums hängt es ab, ob es gelingt, dem deutschen Volke die Lebenskräfte einzuimpfen, die es zur Bewahrung der durch den Sieg errungenen Stellung braucht."[68]

Doch hinter solch vollmundigen Ankündigungen verbarg sich in vielen Städten eine objektive Notlage. Die Wohnungsnot zu Beginn der dreißiger Jahre war erheblich.[69] In Dresden bestand nach drei Jahren „nationalsozialistischer Aufbauarbeit" noch immer ein großer Bedarf an Wohnräumen, es fehlten circa 5000 Wohnungen.[70] Der Oberbürgermeister Zörner[71] maß

67 Harry Stein, Juden in Buchenwald 1937–1942, Weimar 1992, S. 41–42.

68 Die Wohnungsfrage, hrsg. vom Arbeitswissenschaftlichen Institut der Deutschen Arbeitsfront, Neubearbeitung, Berlin 1940, S. 3 und 5.

69 Tilman Harlander, Zwischen Heimstätte und Wohnmaschine. Wohnungsbau und Wohnungspolitik in der Zeit des Nationalsozialismus, Basel/Berlin/Boston 1995, S. 27–37.

70 So der Stadtbaurat Dr. Paul Wolf in dem Artikel „Wohnungsbau in Dresden", in: Dresdner Mieterzeitung. Organ des Allgemeinen Mietbewohnervereins Dresden, Nr. 11 (13. 3. 1936), S. 2. Vgl. auch den Artikel von Dr. Helm, „Sachsen braucht 300 500 neue billige Wohnungen. Große Aufgabenstellung für den gemeinnützigen Wohnungsbau", in: Sächsisches Wohnungsblatt. Organ des Verbandes Sächsischer Wohnungsunternehmen e.V. (Baugenossenschaften und -gesellschaften) XVI, Nr. 2 (15. 2. 1939), S. 24–25.

71 Ernst Zörner, geb. am 27.6.1895 in Nordhausen, seit 1922 Parteimitglied, ebnete Hitler als Präsident des Braunschweigischen Landtages den Weg zur Erlangung der deutschen Staatsbürgerschaft. Seit August 1933 bis zu seiner Berufung als „Präsident der Durchführungsstelle für die

dieser Frage eine große Bedeutung bei und hatte im Dezember 1934 eine Wohnungsstelle mit beigeordneter Wohnungstauschstelle beim Stadtwohlfahrtsamt Dresden gegründet. Wie wenig man in der Lage war, die Frage der Wohnraumversorgung zu lösen, und wie stark sich hier sowohl ideologische als auch objektive und herrschaftstechnische Interessenlinien verschränkten, geht aus einer „Denkschrift des Rassenpolitischen Amtes bei der Gauleitung Sachsen der NSDAP über die Schaffung eines neuen Wohnungsbauprogrammes" aus dem Jahr 1940 hervor:

„Im dichtbesiedelten Sachsen haben sich die Folgen einer verfehlten Wohnraumpolitik so katastrophal ausgewirkt, wie selten in einem anderen Gau Deutschlands. [...] Daraus ergab sich die Notwendigkeit, daß das Rassenpolitische Amt sich schon sehr bald nach seiner Begründung mit dem Problem des Wohnungsbaues befassen mußte. Es war unmöglich, im Lande den Kinderreichtum zu proklamieren, wenn Tag für Tag Beschwerden darüber einliefen, daß gerade der junge Volksgenosse, der eine Familie zu gründen gedachte, entweder keine Wohnung fand oder mit einer armseligen, schlechtgebauten Neubauwohnung mit völlig unzureichenden Raumzahlen vorlieb nehmen mußte. Die seitens unseres Amtes zur Beseitigung der Wohnraumnot durchgeführte Propaganda konnte sich deswegen nicht auswirken, weil in der Praxis alles beim alten blieb. Sie führte dazu, daß man im Volk immer ungeduldiger wurde, weil man sah, daß die tatsächlich gebauten Räumlichkeiten nicht im geringsten dem entsprachen, was sich jeder Volksgenosse von einer ordentlichen Wohnung versprochen hatte. Die Gedanken für die Gestaltung des Wohnraumes in der Zukunft können nun aber nicht in der Richtung verlaufen, daß man einige mehr oder weniger utopische Forderungen aufstellt, die schließlich nie Verwirklichung finden können".[72] Angesichts der Notwendigkeiten des Krieges sollte es allerdings genau dazu kommen.

Die vom nationalsozialistischen Staat angestrebte und praktizierte Ausscheidung des „Artfremden" aus dem „deutschen Volkskörper" mußte konsequenterweise früher oder später auch die Frage der Unterbringung der „nichtarischen" Deutschen berühren. Zu einer direkten gesetzlichen oder verordnungsmäßigen Regelung in dieser Richtung kam es allerdings in den ersten fünf Jahren nicht. Hier, wie in vielen anderen Bereichen auch, wurde die nationalsozialistische Rassenideologie, ohne daß es von staat-

Neugestaltung der Reichshauptstadt Berlin" Oberbürgermeister in Dresden. Nach Konflikten mit dem Gauleiter Mutschmann wurde er im Juni 1936 beurlaubt. Unmittelbar nach Kriegsbeginn ging er in das Generalgouvernement, zuerst als Stadthauptmann in Krakau, ab 1940 als Gouverneur des Distriktes Lublin. Hier war Zörner maßgeblich an der Ghettoisierung, Ausplünderung und Ermordung der jüdischen Bevölkerung beteiligt. Aufgrund massivster Konflikte mit dem örtlichen SS- und Polizeiführer Odilo Globocnik wurde er seines Amtes enthoben und kehrte im Sommer 1943 nach Dresden-Blasewitz, Jüngststraße, zurück.

72 Siehe BA Berlin, NS 6: Stab des Stellvertreters des Führers/Parteikanzlei, Bd. 252, Bl. 81.

licher Seite weiterer Maßnahmen bedurft hätte, von einzelnen oder von bestimmten gesellschaftlichen Gruppen in ihrem jeweiligen Umfeld konsequent praktiziert. Im Bereich des Wohnungswesens waren es besonders die Wohnungsbaugesellschaften, die in einem ersten Schritt Juden von der Neumitgliedschaft ausschlossen, bald aber auch versuchten, ihre jüdischen Mitglieder aus den bereits bestehenden Mietverhältnissen herauszuklagen.[73] Besonders in den Jahren 1937/38 setzte sich bei deutschen Gerichten immer mehr die Auffassung durch, daß Juden allein wegen ihres „Judeseins" als „Störenfriede" im Sinne des Mietrechts zu betrachten seien, die andere Mieter in unzuträglicher Weise allein durch ihre Anwesenheit belästigen würden und ihnen deshalb in jedem Falle nach den entsprechenden Paragraphen gekündigt werden könne. Andere Gerichte machten sich gar nicht mehr die Mühe einer juristischen Argumentation, sondern übertrugen die Bestimmungen des Reichsbürgergesetzes per se auf das Mietrecht: „eine Hausgemeinschaft mit Juden ist ebenso unmöglich wie eine Volksgemeinschaft mit ihnen."[74] „Der Stürmer" stellte im Juli 1938 mit Befriedigung fest, daß die „Baugesellschaft für die Residenzstadt Dresden AG" sämtlichen jüdischen Mietern gekündigt hatte. Ebenso war der Oberbürgermeister der sächsischen Landeshauptstadt verfahren, wenn er Kündigungen gegen Juden auf städtischen Grundstücken ausgesprochen hatte.[75] Zusätzlich befand sich in der Dresdner Ausgabe ein großformatiges Einlegeblatt mit der Aufschrift: „An alle Dresdner Volksgenossen! Euer Oberbürgermeister ist ein Mann der Tat. Er kündigt jüdischen Familien in städt. Grundstücken."

Einen Monat später sah sich die jüdische Gemeinde veranlaßt, in einem Schreiben zu betonen, daß „infolge verschiedener Zeitungsveröffentlichungen [...] neuerdings Kündigungen [...] jüdischer Wohnungsinhaber erfolgen, die bisher bei arischen Hauswirten zur Miete wohnten".[76] Diese Kündigungen waren so zahlreich, daß die Gemeinde sich außerstande sah, alle Wohnungslosen auf ihren eigenen Grundstücken unterzubringen. Die

---

73 Karl Christian Führer, Mit Juden unter einem Dach? Zur Vorgeschichte des nationalsozialistischen Gesetzes über Mietverhältnisse mit Juden, in: 1999, Zeitschrift für Sozialgeschichte des 19. und 20. Jahrhunderts, 7 (1992), H. 1, S. 51–52.

74 Siehe Urteil des Amtsgerichts Schöneberg, 19 b 1092/38 vom 16. 9. 1938, kommentiert in der „Juristischen Wochenschrift" vom 26. 11. 1938, S. 3045–3046, zitiert nach: Marlies Buchholz: Die hannoverschen Judenhäuser. Zur Situation der Juden in der Zeit der Ghettoisierung und Verfolgung 1941 bis 1945, Hildesheim 1987, S. 9; dort auch eine weitere Auswahl entsprechender Gerichtsentscheidungen, S. 6–9.

75 Artikel „Worüber sich der Dresdner freut", in: „Der Stürmer. Deutsches Wochenblatt zum Kampfe um die Wahrheit", 16. Jg., Nr. 27 (Juli 1938).

76 Schreiben der jüdischen Gemeinde vom 14. 7. 1938, in: StadtA Dresden, Rat der Stadt Dresden, Schulamt, Nr. 1540: Öffentliche Volksschulen für Juden – Beschulung der jüdischen Kinder, Bd. 1, Bl. 33–34.

Dresdner Wohnungsprobleme wurden seitens der Reichsvertretung der Juden in Deutschland als so gravierend angesehen, daß diese in einer Eingabe vom 29. August 1938 an den Reichsarbeitsminister in Sachen Wohnungskündigungen beispielhaft angeführt wurden.[77]

Die Kündigungswelle des Jahres 1938 machte aber auch deutlich, daß angesichts der Gefahr von massenhafter Obdachlosigkeit der entmieteten Juden ein Eingreifen des Staates vonnöten sein würde.[78] Vor allem im Zusammenhang mit den Ereignissen des Novemberpogroms verschärften sich höheren Orts die Forderungen, die Juden jetzt vollständig zu isolieren, sie in Ghettos „abzusondern". Dem widersprach aus sicherheitspolizeilichen Gründen Heydrich auf der Konferenz im Reichsluftfahrtministerium am 12. November 1938: „Das Ghetto in der Form vollkommen abgesonderter Stadtteile, wo nur Juden sind, halte ich polizeilich für nicht durchführbar. Das Ghetto, wo der Jude sich mit dem gesamten Judenvolk versammelt, ist in polizeilicher Hinsicht unüberwachbar. Es bleibt der ewige Schlupfwinkel für Verbrechen und vor allen Dingen von Seuchen und ähnlichen Dingen. Heute ist es so, daß die deutsche Bevölkerung – wir wollen die Juden auch nicht in demselben Haus lassen – in den Straßenzügen oder in den Häusern den Juden zwingt, sich zusammenzunehmen. Die Kontrolle des Juden durch das wachsame Auge der gesamten Bevölkerung ist besser, als wenn Sie die Juden zu Tausenden und aber Tausenden in einem Stadtteil haben, wo ich durch uniformierte Beamte eine Überwachung des täglichen Lebenslaufes nicht herbeiführen kann."[79] Bei dieser Haltung der Sipo sollte es auch bis in den Sommer 1941 bleiben, bis das Reichssicherheitshauptamt (RSHA) zumindest die Errichtung von Barackenlagern und die Verbringung der Juden in Klöster usw. duldete.[80] Auch auf einer weiteren Besprechung unter Vorsitz Görings am 6. Dezember 1938 spielten diese Fragen eine Rolle.[81]

[77] Nach Rücksprache sandte die RV den Vorgang am 28.10.1938 an das Reichsjustizministerium (RJM). Vgl. BA Berlin, R 22: RJM, Nr. 1921, Bl. 182–185.

[78] Protokoll der Besprechung im RJM vom 22.9.1938, „Betrifft: Mieterschutz für Juden" mit Vertretern des Reichsinnen-, -arbeits- und -wirtschaftsministeriums sowie der Dienststelle des Stellvertreters des Führers und des Generalbauinspekters für die Reichshauptstadt Berlin, im Bestand des Generalbauinspekters, BA Berlin, 46.06, Bd. 157, Bl. 205–207; auf dieser Konferenz wies besonders der Vertreter des Reichsinnenministeriums auf die Gefahren einer möglichen Ghettobildung hin.

[79] Stenographische Niederschrift über die Besprechung vom 12.11.1938 im Reichsluftfahrtministerium unter Vorsitz Görings teilweise abgedruckt in: Trial of The Major War Criminals before The International Military Tribunal, Nürnberg, 14. November 1945–1. Oktober 1946 (künftig: IMT), Bd. XXXVIII, Nürnberg 1947–1949, S. 499–501 (Nürnberger Dokument 1816-PS).

[80] Vgl. BA Berlin, R 8150: Reichsvereinigung der Juden in Deutschland (künftig: R 8150: RV), Bd. 46, Aktennotizen Paul Eppsteins vom 8.3., 21.3., 26.3., 27.3. und 24.4.1941.

[81] Vgl. Susanne Heim/Götz Aly: Staatliche Ordnung und „organische Lösung". Die Rede Hermann Görings „Über die Judenfrage" vom 6. Dezember 1938, in: Jahrbuch für Antisemitismusforschung, Bd. 2 (1993), S. 378–404.

Der in Zusammenhang mit der ersten Besprechung bei Göring im Reichsjustizministerium noch im November fertiggestellte erste Gesetzesentwurf
in Sachen Mietverhältnisse mit Juden sah eine vollständige Aufhebung des
Mieterschutzes für Juden vor.[82] Bereits einige Tage später mußte allerdings
Göring den beteiligten Ministerien eine Führerweisung mit gänzlich anderem Inhalt mitteilen: „Der Mieterschutz für Juden ist generell nicht aufzuheben. Dagegen ist es erwünscht, in Einzelfällen nach Möglichkeit so zu
verfahren, daß Juden in einem Haus zusammengelegt werden, soweit die
Mietverhältnisse dies gestatten. […] Aus diesen Gründen ist die Arisierung
des Hausbesitzes *an das Ende der Gesamtarisierung zu stellen* […]".[83]
In Folge hatten sich bei der Formulierung des „Gesetzes über Mietverhältnisse mit Juden"[84] jene durchgesetzt, die zwar auch für eine Herausdrän-
gung der Juden aus „arischen" Häusern plädierten, aber eine dadurch ver-
ursachte Obdachlosigkeit oder gar die Bildung von Ghettos unbedingt
verhindern wollten. Der §1 legte fest, daß dem Vermieter die Kündigung
nur dann möglich sei, wenn er eine durch die Gemeinden auszustellende
Ersatzraumbescheinigung vorweisen könne.[85]
Gleichzeitig sollte mit diesem Gesetz den Städten und Gemeinden die Möglichkeit gegeben werden, Juden in von den Kommunen bestimmten Häusern zusammenzulegen. Der erste Nachweis für die Stadt Dresden, diese
Möglichkeit umzusetzen, stammt vom 24. November 1939. Unter diesem
Datum schrieb die Israelitische Religionsgemeinde an den Arzt Dr. Willy
Katz, er solle die „zu Judenhäusern erklärten Wohnhäuser" auf ihren hygie-
nischen Zustand hin begutachten. Im Nachlaß Katz' findet sich ein „Verzeichnis der Grundstücke, die bisher zur ausschließlichen Unterbringung

82 Der Reichsminister der Justiz an den Herrn Reichsminister und Chef der Reichskanzlei
vom 21. 12. 1938, „Kabinettsvorlage", in: Institut für Zeitgeschichte, München, Fa 195, 1938, Bl.
1012–1024 (Gesetzentwurf Bl. 1013 und 1018, Amtliche Begründung Bl. 1018–1024).

83 Schnellbrief des Ministerpräsidenten Generalfeldmarschall Göring, Beauftragter für den Vier-
jahresplan, an den Reichminister des Innern und den Reichswirtschaftsminister und andere vom
28. 12. 1938, abgedruckt in: Dokumente über die Verfolgung der jüdischen Bürger in Baden-
Württemberg durch das nationalsozialistische Regime 1933–1945, Teil II, Stuttgart 1966, S. 83–84
(Dokument 339), Hervorhebung im Orginal.

84 Reichsgesetzblatt 1939, Teil I, Nr. 84 (4. 5. 1939), S. 864–865.

85 Zur Wohnungspolitik in einzelnen Städten auch unter Einsatz des Gesetzes über Mietverhältnisse ist bisher nur sehr wenig publiziert worden, vgl. Gerhard Botz, Wohnungspolitik und
Judendeportation in Wien 1938–1945. Zur Funktion des Antisemitismus als Ersatz nationalsozialistischer Sozialpolitik, Wien/Salzburg 1975, und Johann Friedrich Geist/Klaus Kürvers,
Tatort Berlin. Die Zerstörung und Entjudung Berlins, in: 1945. Krieg – Zerstörung – Aufbau. Archi-
tektur und Stadtplanung 1940–1960, Berlin 1995; wobei Wien und Berlin sicher Sonderfälle sind.
Ansatzweise auch Thomas Kübler, Zur Demographie der jüdisch verfolgten Bürger Leipzigs
1933–1945. Methodik und Ergebnisse, in: Judaica Lipsiensia. Zur Geschichte der Juden in
Leipzig, hrsg. von der Ephraim Carlebach Stiftung, Leipzig 1994, S. 144–155. Jüngst Angela
Schwarz, Von den Wohnstiften zu den „Judenhäusern", in: Angelika Ebbinghaus/Karsten Linne
(Hrsg.), Kein abgeschlossenes Kapitel: Hamburg im „Dritten Reich", Hamburg 1997, S. 232–247.

von Juden bestimmt worden sind". Es listet insgesamt 37 Häuser im Stadtgebiet Dresdens auf.[86] Die Entmietung der Juden begann auf allgemeine
Anweisung des Gauleiters im Bad Weißer Hirsch, wo Mutschmann zwei
Jahre zuvor die jüdischen Kurgäste verbannt hatte.[87] Durchgeführt wurden
diese Entmietungen in engster Zusammenarbeit zwischen dem Beauftragten für Judenangelegenheiten der Kreisleitung und der Wohnungsstelle beim Stadtwohlfahrtsamt. Die jüdische Gemeinde in Dresden mußte
hier als ausführendes Organ fungieren. Unter der Überschrift „Reinliche
Scheidung zwischen Juden und Ariern in Dresden bis spätestens den
1. April durchgeführt", wurde diese Maßnahme im Verkündigungsblatt des
Sächsischen Hausbesitzes bekanntgegeben.[88] Obwohl immer mehr Juden
in der Stadt entmietet und in „Judenhäuser" eingewiesen wurden, brachte
diese Maßnahme für die Dresdner Wohnungsnot keine entscheidende Ent-
lastung. Mutschmann wollte mit dieser Entmietungsaktion vielmehr die
Dresdner Juden möglichst schnell und „wirkungsvoll" isolieren. Ähnliche
Aktionen in wenigen anderen Städten im Reich begannen erst im Laufe des
Jahres 1941, so daß Martin Mutschmann hier eine Vorreiterrolle gespielt
hatte. Besonders seit dem Beginn der Deportationen im Januar 1942 war
die Zahl der „Judenhäuser" immer weiter verringert worden. Im Januar
1945 waren von den ehemals 37 nur noch 8 Häuser übriggeblieben.

Der Beginn der Deportationen aus dem Reich und aus der Stadt Dresden

Nach einigen gescheiterten Deportationsversuchen der Juden aus dem
„Großdeutschen Reich" in den Jahren 1939 und 1940 nach Nisko, Piaski
und Gurs wurde parallel zu den Angriffsplanungen auf die Sowjetunion ein
neues ungefähres Deportationsziel anvisiert.[89] Geraume Zeit vorher, am
28. Oktober 1938, waren bereits im Zuge einer reichsweiten Aktion gegen
polnische Juden aus dem Regierungsbezirk Dresden 724 polnische Juden,
etwa 90 Prozent der dort lebenden polnisch-jüdischen Bevölkerung, über
die deutsch-polnische Grenze abgeschoben worden. Mit der Eroberung
weiter Gebiete der Sowjetunion schien es möglich, die Juden nach einer

---

86 Vgl. USHMM, Collection Dr. Katz.

87 Sächsisches Hauptstaatsarchiv, Dresden (künftig: Sächs HStA), Sächsisches Ministerium des
Innern, Nr. 11180: Das Judentum 1938 – Bl. 267.

88 Vgl. Grund- u. Haus-Eigentum Sachsen. Größte Hausbesitzerzeitung Deutschlands. Verkündigungsblatt der Sächsischen Hausbesitzer 33 (1940), Nr. 2, S. 11.

89 Zu den einzelnen Deportationsplanungen siehe H[ans] G[ünther] Adler, Der verwaltete
Mensch. Studien zur Deportation der Juden aus Deutschland, Tübingen 1974, S. 125 – 167.
Der gesamte Vorgang der Abschiebung aus Sachsen ist dokumentiert in: Sächs HStA, Sächsi-
sches Ministerium des Innern, Nr. 11 180.

schnellen Niederringung des ideologischen Gegners in diese Gebiete zu verschleppen, um sie dort sich selbst zu überlassen. Das RSHA erarbeitete dafür Strategiekonzepte, und als es soweit zu sein schien, ließ sich Heydrich von Göring eine Ermächtigungserklärung unterzeichnen, ein Gesamtkonzept für die „Endlösung" zu erstellen.[90]

Diese Planungen konnten jedoch erst dann in die Praxis umgesetzt werden, wenn Hitler dazu seine Zustimmung gab. „Der Führer" verlegte aber im Laufe des ersten Halbjahres 1941 den Beginn der Deportationen zunächst auf einen Zeitpunkt nach dem Sieg. Erst am 18. September 1941 konnte Himmler dem Posener Gauleiter und Reichsstatthalter Greiser mitteilen, daß Hitler die Deportationen nun befohlen habe: „Der Führer wünscht, daß möglichst bald das Altreich und das Protektorat vom Westen nach dem Osten geleert und befreit werden […]."[91]

Insgesamt sollten bis Ende des Jahres 1941 zunächst 60 000 Menschen in das Ghetto von „Litzmannstadt" (Lodz) im damaligen Reichsgau Wartheland deportiert und dann im nächsten Frühjahr weiter in den Osten transportiert werden. Diese zentrale Vorgabe Himmlers hatte jedoch nicht die lokalen und rüstungsindustriellen Interessen einkalkuliert, die sich jetzt protestierend zu Wort meldeten. Im Ghetto von Lodz arbeiteten die polnischen Juden seit Herbst 1940 verstärkt zugunsten der deutschen Wehrmacht. Bei minimalsten Kaloriensätzen und einer durchschnittlichen Raumbelegung von 5 Personen pro Zimmer waren nahezu alle arbeitsfähigen Juden in einen Drei-Schicht-Akkord eingeteilt worden und sorgten auf diese Weise für die Beschaffung von Nahrungsmitteln für das völlig überfüllte Ghetto. Die Proteste des OKW-Wehrwirtschafts- und Rüstungsamtes sowie der Stadtverwaltung und des Regierungspräsidenten zogen nicht zuletzt eine Verminderung der Anzahl von 60 000 Menschen auf 20 000 nach sich.[92]

Hätte Himmler sein angekündigtes Konzept vom September 1941 aufrecht erhalten können, so wären die Dresdner Juden, die am 21. Januar 1942 abtransportiert wurden, mit Sicherheit nach „Litzmannstadt" gekommen.

Das RSHA war aber innerhalb kürzester Zeit gezwungen, von der bisherigen Konzeption abzuweichen und andere Zielorte zu suchen. Während Heydrich in seiner Eigenschaft als Stellvertretender Reichsprotektor in Böhmen und Mähren entschied, die tschechischen Juden bis zu einer weiteren Klärung der Aufnahmegebiete zunächst in Theresienstadt zu konzentrieren,

---

90 Nürnberger Dokument 2586-NG, datiert auf den 31.7.1941, abgedruckt in: IMT, Bd. XXVI, S. 266–267.

91 BA Berlin, NS 19: Persönlicher Stab Reichsführer SS, Bd. 2655, Bl. 3.

92 Zu den Protesten gegen eine weitere „Einsiedlung" deutscher Juden siehe Wolfgang Scheffler, Das Getto Lodz in der nationalsozialistischen Judenpolitik, in: „Unser einziger Weg ist Arbeit". Das Getto in Lodz 1940–1944, Ausstellungskatalog hrsg. vom Jüdischen Museum Frankfurt a. M., Wien 1990, S. 12–16.

sollten die Juden des Reiches nun in das „Reichskommissariat Ostland" kommen. Heydrich am 17. 10. 1941 in Prag: „In Theresienstadt werden bequem 50–60 000 Juden untergebracht. Von dort aus kommen die Juden nach dem Osten. Die Zustimmung von Minsk und Riga für je 50 000 Juden ist bereits ergangen."[93] Dabei war nicht einmal so sehr die regionale Nähe zum endgültigen Ziel ausschlaggebend. Himmler und Heydrich waren sich nämlich bewußt, daß dies die einzige Region war, die für rüstungswirtschaftliche Interessen irrelevant war, und daß der Reichsminister für die besetzten Ostgebiete nicht genügend politische Macht hatte, gegen diese „Einsiedlungen" wirkungsvoll zu protestieren.

Aus diesem Grunde erfolgten vom 8. November 1941 bis zum 6. Februar 1942 in kurzen Abständen Transporte nach Minsk, Kowno und vor allem Riga, wobei der Zeitpunkt des Abtransports für die von den sogenannten Evakuierungen Betroffenen von vorläufig lebensrettender Bedeutung sein konnte. Die zentrale Organisation der Transporte lag in den Händen des RSHA in Berlin. In dem von Adolf Eichmann geleiteten Referat IV B 4 wurden die „Richtlinien zur technischen Durchführung der Evakuierung von Juden" erarbeitet und dann den einzelnen Staatspolizei(leit)stellen übersandt. Die örtlichen „Judenreferate" hatten auf der Grundlage dieser Richtlinien den Ablauf der einzelnen Deportationen jeweils vor Ort weiter zu organisieren und schließlich durchzuführen. Dabei bediente sich die Sicherheitspolizei zentral und in den einzelnen Regionen der „Reichsvereinigung der Juden in Deutschland"[94]. Die Ortspolizeibehörde überwachte die Sammlung der Betroffenen und übernahm die „Bewachung der Transportzüge durch Gestellung von Begleitkommandos". Die Oberfinanzpräsidenten verwalteten und verwerteten das Vermögen der Opfer, die Reichsbahn stellte das „rollende Material", die Transportzüge, zur Verfügung.[95]

In der zentralen Planung des RSHA waren für das Ziel Lodz zunächst die Juden aus denjenigen Städten vorgesehen, in denen große jüdische Ge-

---

93 Václav Král, Die Vergangenheit warnt. Dokumente über die Germanisierungs- und Austilgungspolitik der Naziokkupanten in der Tschechoslowakei, Prag 1960, S. 135.

94 Die Geschichte der Reichsvereinigung ist noch nicht geschrieben; ihre Einbindung auch speziell in die Organisation und Durchführung der „Evakuierungstransporte" ist bisher kaum thematisiert worden (kritische Ansätze bei Adler, Der verwaltete Mensch, z. B. S. 157, 355, 382, und Raul Hilberg, Die Vernichtung der europäischen Juden, durchgesehene und erweiterte Aufl., 3 Bde., Frankfurt a. M. 1990, z. B. Bd. 1, S. 195–196). Die Akten der Reichsvereinigung überdauerten in erstaunlicher Breite das Kriegsende, die meisten davon auch die Lagerung in Archiven der DDR, seit 1989 sind sie frei zugänglich (jetzt: BA Berlin, R 8150). Vgl. auch – bewußt ohne ausreichende archivalische Quellenhinweise – Esriel Hildesheimer, Jüdische Selbstverwaltung unter dem NS-Regime. Der Existenzkampf der Reichsvertretung und Reichsvereinigung der Juden in Deutschland, Tübingen 1994.

95 Zur Arbeitsteilung bei der Durchführung der Deportationen siehe: Adler, Der verwaltete Mensch, S. 354–465.

meinden bestanden. Die ersten Transporte stammten folgerichtig in der Hauptsache aus Berlin, Wien, Prag und Frankfurt am Main. Es folgten dann Städte wie Breslau, Hamburg, Köln, Düsseldorf, Dortmund, München, Stuttgart, Nürnberg und Hannover. Die Menschen aus diesen Städten wurden in der Regel in die Ghettos und Lager des „Reichskommissariats Ostland" verbracht. Die chronologische Auswahl der einzelnen Städte im Berliner RSHA-Referat IV B 4 dürfte sich dabei an den Transportkapazitäten der Reichsbahn und deren Fahrplangestaltung orientiert haben. Die zeitgenössische Begründung, daß die Juden zunächst aus den „luftgefährdeten Gebieten" deportiert worden seien, läßt sich heute kaum nachvollziehen.[96] Nur im Falle Dresdens könnte diese Argumentation ausschlaggebend gewesen sein; zu berücksichtigen ist jedoch auch, daß die Gemeinde mit 1228 Mitgliedern ohnehin nicht zu den größten im Reich zählte.[97]

Nachdem nun am 12. Dezember 1941 über 40 Transporte nach Lodz, Minsk, Kowno und Riga abgegangen waren, berief Hitler für diesen Tag eine Reichs- und Gauleitertagung ein, während der er sich in einer Ansprache ausdrücklich auf seine „Prophezeiung" in der Reichstagsrede vom 30. Januar 1939 berief, wonach ein vom „internationalen Finanzjudentum" herbeigeführter Weltkrieg die „Vernichtung der jüdischen Rasse in Europa" nach sich ziehe. Ungeachtet der Frage, ob diese Ansprache bedeutete, daß Hitler die vollständige Ermordung der Juden Europas damit auch befohlen hatte, liegt nahe, daß der anwesende Gauleiter Mutschmann daraus seine Schlüsse ziehen konnte.[98]

Die Deportationsvorbereitungen in Dresden waren Mitte Januar 1942 soweit gediehen, daß die Gestapo die Leitung der Jüdischen Gemeinde über die bevorstehende Deportation informierte und sie anwies, die Personen gemäß den „Richtlinien zur technischen Durchführung der Evakuierung der Juden nach Ostland" auszuwählen.[99] Von der Deportation ausgenommen waren in der Rüstungsindustrie beschäftigte Personen. Juden in „Mischehe", sofern der nichtjüdische Partner noch lebte und man einen gemeinsamen Hausstand bildete, wurden ebenso verschont wie deren Kin-

---

96 Vgl. dazu auch Peter Witte, Zwei Entscheidungen in der „Endlösung der Judenfrage". Deportationen nach Lodz und Vernichtung in Chelmno, in: Miroslav Kárný/Raimund Kemper/Margita Kárná, Theresienstädter Studien und Dokumente 1995, Prag 1995, S. 38–68.

97 Zahlen nach dem Stichtag 31.11.1941, in: BA Berlin, R 8150: RV, Bd. 26, Bl. 5: „Bevölkerungsentwicklung in den Kultusvereinigungen und Bezirksstellen der Reichsvereinigung der Juden in Deutschland (Altreich einschl. Sudetenland und Danzig) im November 1941".

98 Christian Gerlach, Die Wannsee-Konferenz, das Schicksal der deutschen Juden und Hitlers politische Grundsatzentscheidung, alle Juden Europas zu ermorden, in: WerkstattGeschichte 18 (1997): „Endlösung", S. 7–44.

99 Laut Abschlußvermerk des LKA Nordrhein-Westfalen vom 22.3.1976 fand zu einem nicht mehr genau bestimmbaren Zeitpunkt eine vorbereitende Einsatzbesprechung im Gestapogebäude in der Bismarckstraße statt, in: StA Dortmund, Ahrens-Verfahren, Bd. III, Bl. 112.

der. Darüber hinaus sollten die sogenannten Altersjuden über 65 Jahre und Nichttransportfähige über 55 Jahre sowie die im Ersten Weltkrieg kriegsausgezeichneten oder schwerkriegsbeschädigten Juden erst später nach Theresienstadt deportiert werden.

Am 15. Januar informierte die Leitung der Israelitischen Religionsgemeinde zu Dresden eine unbekannte Anzahl von Mitgliedern über ihre bevorstehende „Evakuierung": „Sie sind zu dem am 21. Januar 1942 stattfindenden Evakuierungs-Transport bestimmt worden. Soweit dies noch nicht geschehen, haben Sie sich noch am heutigen Tage im Gemeindeamt, Zeughausstr. 3, einzufinden, um alle näheren Einzelheiten dort zu erfahren."

Es läßt sich ohne weiteres rekonstruieren, daß Kurt Hirschel und Adolf Kahlenberg als Gemeindevertreter auf Anweisung der Gestapo auch Opfer auswählen und benachrichtigen mußten, die bei Zeiss Ikon Zwangsarbeit leisteten. Die vom Konzern in bezug auf die entsprechenden Regelungen zur Zurückstellung sogenannter Rüstungsjuden reklamierten Arbeiter wurden dann zurückgehalten. Im Hintergrund dieser Deportationsvorbereitungen schwelte regional ein offener Streit zwischen Konzern, Gestapo, Wehrmacht und Gauleitung, der im Prinzip reichsweit schon längst beigelegt worden war und den Heydrich bei der Wannsee-Konferenz abschließend noch einmal zur Sprache brachte.

Obwohl die in den Rüstungsbetrieben eingesetzten Juden nicht deportiert werden durften, hatten einzelne Gestapostellen im Reich im Laufe des November und Dezember 1941 entgegen den Richtlinien solche Personen deportieren lassen.[100] Die unbedingte Einhaltung der Richtlinien wurde daraufhin den Gestapostellen durch die Sicherheitspolizei zur Pflicht gemacht. In Dresden jedoch versuchte Gauleiter Mutschmann persönlich, möglichst alle Juden, die nicht nach Theresienstadt kommen sollten, mit diesem ersten Transport zu deportieren. Im Lagebericht der Rüstungsinspektion im Wehrkreis IV (Sachsen) für die Zeit vom 1. bis zum 17. Januar spiegeln sich diese vergeblichen Bemühungen wider: „Der Gauleiter von Sachsen verlangt die Entfernung auch derjenigen Juden aus seinem Bereich, die in vordringlicher Rüstungsfertigung, z. B. bei Zeiss Ikon, eingesetzt sind. Reichsmin[ister] f. Bew[affnung] u. Mun[ition] bestimmt auf Antrag der Rü[stungs] Ins[pektion], daß die Juden aus der Fertigung zunächst nicht herausgezogen werden dürfen, da durch ihren Ausfall das vorgeschriebene Soll nicht erreicht werden würde."[101]

---

100 Vgl. Wolf Gruner, Der Geschlossene Arbeitseinsatz deutscher Juden. Zur Zwangsarbeit als Element der Verfolgung 1938–1943, Berlin 1997, S. 279–294.

101 Bundesarchiv-Militärarchiv, Freiburg im Breisgau, RW 20–4: Rüstungsinspektion IV (Dresden), Kriegstagebuch 1939–1943 (künftig: BA-MA, RW 20–4, Rüln IV, KTB), Bd. 4, H. 4: 1.1.1941–31.5.1942, Bl. 171.

In den Tagebuchaufzeichnungen Klemperers sind diese Streitigkeiten ebenfalls wiedergegeben, wenn auch aus einer ganz anderen Perspektive. Nachdem der Romanist am 13. Januar niedergeschrieben hatte, daß ein Gerücht besagte, die deportierten Juden seien in Riga beim Aussteigen aus dem Zug „reihenweis" erschossen worden, ist unschwer vorstellbar, wie entsetzt die Dresdner waren, die die Aufforderung vom 15. Januar bekommen hatten. Am 17., 18. und 19. Januar beschrieb Klemperer den Kampf um die „Rüstungsjuden", waren schließlich „Kätchen" Voss und Paul Kreidl, mit denen er gut befreundet war, unmittelbar davon betroffen.

Mutschmann hatte sich durch seine Absichten mit dem RSHA, dem Reichsminister für Bewaffnung und Munition und dem Zeiss Ikon Betrieb angelegt. Am 18. Januar schien die Situation geklärt. In Klemperers allerdings zu optimistischen Worten: „Gestern dramatischster Umschwung der Evakuierungssache. Am Nachmittag sickerte die erste Nachricht ins Judenhaus. Es hatte erbitterten Streit zwischen Partei einer-, Werk und Wehrmacht andrerseits gegeben, vielstündige Unterhandlungen, Drohung, das Werk zu schließen, sich an Göring zu wenden, falls die Judenabteilung tangiert werde – schließlich vollster Sieg des Werks: Nicht nur seine gesamte Belegschaft bleibt, sondern wahrscheinlich zieht es auch alle übrigen Juden, die in Dresdner Betrieben arbeiten, an sich, so daß der Transport überhaupt unterbleibt."[102]

Das Werk konnte sich bei dieser Auseinandersetzung der Unterstützung durch die Rüstungsinspektion und das vorgesetzte Ministerium sicher sein. Als im Herbst 1941 Hitlers Entscheidung für den Großeinsatz sowjetischer Kriegsgefangener gefallen war, wehrte sich der sächsische Gauleiter lange Zeit erfolgreich und sehr zum Unbehagen der Rüstungsinspektion gegen die Zuweisung nicht nur der sowjetischen, sondern aller slawischen Kriegsgefangenen.[103] Im Winter 1941 litt die „kriegswichtige Produktion" im Wehrkreis IV angesichts der massiven Rekrutierungen für die Wehrmacht und dem verzögerten Ersatz durch Kriegsgefangene unter einer starken Fluktuation an Arbeitskräften. Im Dresdner Goehle-Werk wurden in feinmechanischer Arbeit Uhrwerkszünder für die Marine hergestellt. Der Anlernprozeß für diese diffizile Handarbeit war zeitaufwendig. Die einzigen Arbeitskräfte, die zu dieser Zeit eine kontinuierliche Produktion ohne Ausschuß gewährleisteten, waren die Arbeiter der „Judenabteilung".

---

102 Klemperer, Tagebücher, Bd. 2, S. 12, Eintrag vom 18. 1. 1942; vorherige Zitate ebenda, S. 9–10.

103 Vgl. „Überblick über die rüstungswirtschaftliche Entwicklung v. 1. 1.–31. 3. 42" der Rüstungsinspektion, BA-MA, RW 20-4: Rüln IV, KTB, Bd. 4, H. 4, Bl. 200. Zu Hitlers Entscheidung am 31. 10. 1941 vgl. Christian Streit, Keine Kameraden. Die Wehrmacht und die sowjetischen Kriegsgefangenen 1941–1945, Bonn 1991, S. 191–216.

Insgesamt wurden am 21. Januar 224 Menschen aus dem Regierungsbezirk Dresden-Bautzen deportiert.[104] Die Gemeinde hatte ihnen mitgeteilt, sie hätten pro Person 50 kg Gepäck mitzunehmen. Darüber hinaus je 50 RM, die für die Transportkosten notwendig seien. Regelmäßig wurde aber dieses Geld vom jeweiligen Transportführer der Ordnungspolizei am Ankunftsort der dortigen Gestapo übergeben.[105] Die Transporte wurden von der Ordnungspolizei begleitet und bewacht, in diesem Fall hatte allerdings der Angehörige der Abteilung III (Abwehr) der Dresdner Gestapo, Kriminaloberassistent Kurt Götz, die Transportleitung inne. Die Liste der Dinge, die die Opfer nicht mitnehmen durften, war groß: Wertpapiere, Devisen, Sparkassenbücher, Gold, Silber, Platin, mit Ausnahme des Eheringes, sind in den einzig erhalten gebliebenen Durchführungsbestimmungen der Gestapostelle Nürnberg-Fürth genannt. Doch es wurden regelmäßig bei den körperlichen Durchsuchungen auch andere Gebrauchsgegenstände wieder abgenommen und an die NS-Volkswohlfahrt abgegeben.

Die Dresdner Juden wurden am 20. und 21. Januar frühmorgens von Polizisten und Gestapoangehörigen aus ihren Wohnungen geholt und direkt zum Bahnhof Dresden-Neustadt gebracht.[106] Dort wurde ihr Vermögen zugunsten des Deutschen Reiches eingezogen und das Gepäck durchsucht. Nach Feststellung der Vollständigkeit wartete man auf die Ankunft des Zuges mit 561 Leipziger Juden. Zum jüdischen Transportleiter war Dr. Ludwig Katz ernannt worden, sein Stellvertreter war Rolf Pionkowski.[107]

Nach vier Tagen Fahrt in eisiger Kälte kam der Transport am Bahnhof Skirotawa nahe bei Riga an. Im Anschluß an einen langen Fußmarsch, begleitet von Schlägen der lettischen Hilfspolizisten, erreichten die völlig erschöpften und an Erfrierungen leidenden Menschen das Rigaer Ghetto in der Moskauer Vorstadt. Sie waren als eine der letzten Gruppen einer ersten „Welle" aufzunehmen, bevor Mitte 1942 weitere Transporte nach Riga erfolgten. Das Rigaer Ghetto hatte zu diesem Zeitpunkt schon den Charakter eines deutschen Ghettos angenommen. Nur noch wenige lettische Juden lebten in einem kleinen abgegrenzten Teil des Gebietes.

104 BA Berlin, R 8150: RV, Bd. 27, Bl. 9, „Übersicht über die Zahl der Juden im Altreich (einschl. Sudetenland und Danzig) aufgestellt nach Staatspolizei(leit)stellen", Januar 1942; zu den Deportationen und der Zusammensetzung der Transporte vgl. auch Chronologie, S. 169.

105 Götz wurde im November 1945 in Dresden verhaftet und gilt seitdem als verschollen, siehe, StA Dortmund, Ahrens-Verfahren, Bd. III, Abschlußvermerk, Bl. 115.

106 Vgl. dazu den Bericht von Manfred Ogrodek vom 27.8.1948, in: StA Dortmund, Ahrens-Verfahren, Bd. III, S. 2 des Berichtes. Im Zuge der kriminalpolizeilichen Ermittlungen des LKA Nordrhein-Westfalen in Düsseldorf konnten fünf Beamte der Ordnungs- und Kriminalpolizei bzw. der Gestapo ermittelt werden, die an diesen Aktionen teilgenommen hatten. Siehe StA Dortmund, Ahrens-Verfahren, Bd: III, Abschlußvermerk, Bl. 113–115.

107 Ebenda, Bl. 115–116. Nach dem Erinnerungsbericht von Esra Jurmann von 1994 wurden die Waggons mit den Leipziger Juden erst am Bahnhof Görlitz angehängt. Der Bericht ist abgedruckt

Das Alltagsleben in Riga war für die Dresdner zunächst davon geprägt, an einen der Arbeitsplätze außerhalb des Ghettos vermittelt zu werden. Teilweise rückten die deutschen Juden zur Arbeitsleistung morgens in die Stadt aus und kamen abends zurück. Es gab aber auch sogenannte „Kasernierungen", die von den Arbeitgebern beantragt werden konnten. In diesen Fällen kam es vor, daß die Juden für längere Zeit nicht mehr ins Ghetto zurückkehren mußten, sondern an Ort und Stelle untergebracht waren.

Von der jüdischen Zwangsarbeit profitierten die Stadtverwaltung Riga, Privatunternehmen, die Wehrmacht und die Waffen-SS. Fast alle Familien im Ghetto verloren Anfang Februar und Ende März 1942 bei der sogenannten Aktion Dünamünde ihre nicht arbeitsfähigen Mitglieder. Diesen in aller Regel morgens im Ghetto zurückbleibenden Menschen hatte die Sicherheitspolizei versprochen, in einer Konservenfabrik im nahegelegenen Dünamünde leichte Arbeiten zu bekommen. Sie wurden aber mit dem LKW anschließend in den Hochwald bei Riga gefahren und durch Massenerschießungen ermordet.[108]

In Dresden war man vor allem bei der Kreisleitung der NSDAP unzufrieden. Das Maximalziel, sämtliche Juden, die nicht nach Theresienstadt kommen sollten, deportieren zu lassen, wurde verfehlt. Aus der Perspektive der Partei hatte man dies schon deswegen angestrebt, um über die Wohnungen der Juden verfügen zu können.[109] Zwei Dokumente belegen, daß man auf Seiten der Kreisleitung bestrebt war, die jetzt noch vorhandenen zwangsarbeitenden Juden auszuquartieren.

Am 16. Februar schrieb das Ingenieurbüro der Zeiss Ikon AG in Dresden an den Höheren SS- und Polizeiführer in Prag, HSSPF Karl Hermann Frank, um die Überlassung von Baracken zu erbitten:

„Auf Veranlassung des Höheren SS- und Polizeiführers Dresden haben wir die in unseren Betrieben beschäftigten 300 jüdischen Arbeitskräfte in Baracken unterzubringen, damit die entsprechenden Wohnungen deutschen Gefolgschaftsmitgliedern zur Verfügung gestellt werden können. Die Kreisleitung Dresden der NSDAP, mit der wir in dieser Angelegenheit Rücksprache hielten, hat uns mitgeteilt, daß der Höhere SS- und Polizeiführer Prag noch Baracken besitze, die früher einmal der Kreisleitung angeboten

bei Jensch, Juden in Pirna, S. 105–115, hier S. 105. Vgl. auch Schreiben Pionkowskis an die Staatsanwaltschaft Dortmund vom 30. Dezember 1974, in: StA Dortmund, Ahrens-Verfahren, Bd. III. Rolf Pionkowski kehrte 1945 nach Dresden zurück und lebt heute in São Paulo, Brasilien.

108 Vgl. Wolfgang Scheffler, Die Einsatzgruppe A 1941–42, in: Peter Klein (Hrsg.), Die Einsatzgruppen in der besetzten Sowjetunion 1941–42. Die Tätigkeits- und Lageberichte des Chefs der Sicherheitspolizei und des SD, Berlin 1997, S. 41.

109 Vgl. die Vernehmung Hans Max Clemens vom 22. 12. 1975 durch das LKA Nordrhein-Westfalen: „Ihre Wohnungen und Habe wurden […] von dem damaligen Kreisleiter der NSDAP übernommen, der die Wohnungen dann bedürftigen Deutschen zugewiesen hat", in: StA Dortmund, Ahrens-Verfahren, Bd. III, Bl. 68.

worden sind. Wir wären für umgehende Mitteilung dankbar, ob und zu welchen Bedingungen uns diese Baracken zur Verfügung gestellt werden könnten."[110]

Baracken waren Mangelware im Reich. Ihre Errichtung war bezugsscheinpflichtig. Vor den großen Bombardierungen deutscher Städte wurden jedoch Kontingentscheine nicht ohne weiteres vom Reichsminister für Bewaffnung und Munition ausgegeben. Zu diesem Zweck mußte das Arbeitsamt erst eine Dringlichkeitsbescheinigung ausstellen, und eine genaue Beschreibung der möglichst „kriegsentscheidenden Fertigung" war dem Antrag beizulegen.

Einen Tag später wies die jüdische Gemeinde alle Juden in Dresden darauf hin, daß nur Angehörige der Gestapo und „die Personen, welche im Besitz eines besonderen Ausweises der Kreisleitung Dresden sich befinden" zur Wohnungsbesichtigung berechtigt seien.[111]

Die Gestapo hatte an diesen Verlegungen nur insoweit ein Interesse, als sie zur effektiveren Überwachung der Juden nützlich schienen.[112] Die eigentliche Initiative lag bei der Partei, bei der wohl ideologische Gründe dominierten, denn in Dresden herrschte kein derartig schlimmer Wohnungsmangel, der eine Zusammenlegung „objektiv" hätte begründen können.[113]

Die zwangsweise Zusammenlegung erreichte erneut Aktualität, als am 3. März 1942 der Beauftragte für Judenangelegenheiten der Kreisleitung die Benutzung der sogenannten Gelben Straßenbahn untersagen wollte. Diese Bahn „nur für Juden" erregte teilweise den Unmut der „Arier", da es wohl regelmäßig zu Situationen gekommen war, daß an einer vollbesetzten

---

110 BA, Zwischenarchiv Dahlwitz-Hoppegarten (ZDH), M 501, Akte 3.

111 Schreiben der Israelitischen Religionsgemeinde zu Dresden e.V. „An alle Juden in Dresden!" vom 17.2.1942, in: Yad Vashem, ZUV 74, Bd. 6, Bl. 264.

112 Henry Schmidt in seiner Vernehmung am 18.8.1986: „Ich habe absolut keine Erinnerungen daran, daß ich mich oder auch die mir unterstehenden Mitarbeiter sich mit Wohnungsangelegenheiten beschäftigt hätten. Feststehend ist, daß zu jener Zeit versucht wurde, jüdische Bürger zu konzentrieren und sie gemeinschaftlich unterzubringen. Dafür bestand einmal ein staatspolizeiliches Interesse hinsichtlich der Überwachung der jüdischen Bevölkerung und zum anderen auch ein staatliches bzw. parteipolitisches Interesse bezüglich der Bereitstellung von dringend benötigtem Wohnraum für die deutsche Bevölkerung. Aber mit solchen Fragen, wie die Auswahl solcher Wohnungen, die Verwertung der Wohnungseinrichtungen der auf Transport gegangenen jüdischen Bürger sowie die Vergabe dieses Wohnraumes beschäftigte sich meine Dienststelle nicht. Diese Maßnahmen gehörten zum Aufgabenbereich der NSDAP". In: Yad Vashem, ZUV 74, Bd. 3, Bl. 20.

113 Henry Schmidt in seiner Vernehmung am 27.8.1986: „Nach dem bereits geschilderten staatspolizeilichen Interesse war vor allem der bereits in vorangegangenen Vernehmungen benannte Beauftragte der NSDAP-Kreisleitung Dresden, Köhler, daran interessiert. Aus sogenannten parteipolitischen Erwägungen heraus wurde versucht, den Kontakt jüdischer Bürger zur übrigen Bevölkerung weitestgehend einzuschränken und darüber hinaus weiteren Wohnraum freizubekommen." In: Yad Vashem, ZUV 74, Bd. 3, Bl. 35.

Haltestelle eine Gelbe Straßenbahn vor einer „normalen" hielt. Die Dresdnerin Henny Wolf (Brenner) berichtete später aus eigener Erfahrung: „An einem zentral gelegenen Platz stellte man uns eine alte, gelb angestrichene Straßenbahn zur Verfügung. Diese fuhr früh um halb sechs Uhr los und zu dieser Zeit standen auch viele andere Arbeiter an der Haltestelle und warteten auf die normale Bahn. Die waren auch noch nicht ganz ausgeschlafen, viele wollten in unsere Bahn einsteigen. Da rief der Fahrer: ‚Raus, das ist die Judenbahn.' Dann haben die sich aufgeregt: ‚Was, eine extra Bahn haben die Juden auch noch und unsere kommt nicht.'"[114]

Reichsweit war durch einen vertraulichen Erlaß durch das Reichsinnenministerium vom 16. Februar 1942 vorgeschrieben worden, die Benutzung von öffentlichen Verkehrsmitteln durch Juden „auf das äußerste zu beschränken."[115] Die Dresdner Kreisleitung hatte jedoch schon im Dezember 1941 bei der Direktion der Dresdner Straßenbahnen beantragt, „die Straßenbahnbenutzung für Juden grundsätzlich zu verbieten." Ausgenommen davon sollten nur die im Goehle-Werk Beschäftigten sein, für die bereits die Gelbe Straßenbahn eingerichtet war. Für die bei den Firmen Katzer, Tempo, Mehnert, Nürnberger & Wittig sowie bei der Gemeindeverwaltung beschäftigten Juden sollten entsprechende Ausnahmen gemacht werden, damit diese den allgemeinen Straßenbahnverkehr nutzen konnten. In dem Schreiben vom 3. März 1942 wies die Kreisleitung die Direktion der Dresdner Straßenbahnen ausdrücklich an, die Benutzung der Straßenbahnen mit den angesprochenen Ausnahmen zu verbieten. Als vorgeschobene Begründung führte Köhler „das wiederholte undisziplinierte Verhalten von Juden auf der Straßenbahn" an.[116] Am 24. März 1942 erfolgte wiederum eine reichsweite Regelung, die nun das generelle Verbot der Benutzung sämtlicher öffentlicher Verkehrsmittel aussprach.[117] Auch für die Juden Dresdens bedeutete dies, daß ihr Fußweg zum Arbeitsplatz nun über sieben Kilometer betragen mußte, um die in dem Erlaß angekündigte Ausnahmegenehmigung erhalten zu können. Für nahezu alle im Goehle-Werk Zwangsbeschäftigten, bis auf sechs mit Sonderausweis ausgestattete

114 Zitiert nach Brenner, Weiden, S. 101.

115 Runderlaß des Reichsministers des Innern, Pol. S IV B 4 b–940/41-6 – zur „Kennzeichnungsverordnung" vom 1.9.1941, vgl. Joseph Walk (Hrsg.), Das Sonderrecht für die Juden im NS-Staat. Eine Sammlung der gesetzlichen Maßnahmen und Richtlinien – Inhalt und Bedeutung, Heidelberg ²1996, S. 364, Eintrag Nr. IV, 309.

116 StadtA Dresden, Straßenbahn, Akte 383: Verkehrsabteilung, „Beförderung jüdischer Bürger 1941–1943", Bl. 32.

117 Runderlaß des Reichsministers des Innern, S IV B 4 b (940/41–6–) 1155/41–33 zur Benutzung öffentlicher Verkehrsmittel durch Juden, vgl. Bruno Blau, Das Ausnahmerecht für die Juden in Deutschland 1933–1945, 2. ergänzte und erweiterte Aufl., Düsseldorf 1954, S. 106–107, Eintrag Nr. 377.

Personen, die die herkömmliche Straßenbahn benutzen durften, traf das nicht zu.[118] Nun mußten die Juden zu ihrer Arbeitsstätte laufen, weil Köhler in Ausführung des Erlasses die „Gelbe Bahn" zum 1. Mai 1942 einstellte.

Dieser Stichtag alarmierte die jüdische Gemeindeverwaltung. Sie ließ umgehend bei Dr. Katz eine Reihenuntersuchung der Zwangsarbeiter vornehmen, die deren „Marschtauglichkeit" feststellen sollte.[119] Im Ergebnis wurden zur Sicherstellung der Arbeitseinsatzfähigkeit insgesamt 90 Sonderausweise ausgegeben.

„Diese 90 Juden waren gezwungen, mit den üblichen Straßenbahnwagen zu fahren. Es hat hierdurch, daß sie in unmittelbare Berührung mit Ariern gekommen sind, wiederholt Schwierigkeiten gegeben. Es ist auch nicht ausgeblieben, daß sich Arier mit Juden unterhalten haben und für diese Partei ergriffen. Hierdurch ist eine gewisse Verkehrsunsicherheit eingetreten."[120]

Aus der Perspektive der Kreisleitung war dieser Zustand nicht befriedigend. Sie traf sich hier mit den Interessen der Konzernleitung, die nicht außer acht lassen konnte, daß die nahezu zwei Drittel der morgens zu Fuß zum Arbeitseinsatz kommenden Juden erschöpft waren. Eine zentrale Kasernierung der Juden, möglichst in Werksnähe, schien alle Beteiligten zufriedenzustellen: Die Gestapo hatte eine optimale Überwachungsmöglichkeit, die vermeintlich notwendige Isolierung der Juden von der „arischen" Bevölkerung entsprach den Interessen der Kreisleitung ebenso wie die Zugriffsmöglichkeiten auf die Wohnungen, und der Konzern verfügte über Arbeitskräfte in seiner unmittelbaren Nähe.[121]

Die vorbereitende Planung der Einrichtung des „Judenlagers Hellerberg"

Als sich am 10. November 1942 die beteiligten Institutionen zur Einrichtung des „Judenlagers Hellerberg" trafen, mußte über den Sinn der Einrichtung nicht mehr diskutiert werden. An diesem Tag waren als Vertreter der Zeiss Ikon AG anwesend: der Betriebsleiter des Goehle-Werkes Wilhelm Stoffers,

118 StadtA Dresden, Straßenbahn, A 383, Bl. 45.

119 USHMM, Collection Dr. Katz, Aufstellung über Untersuchungen auf Gehfähigkeit, April/Mai 1942.

120 StadtA Dresden, Straßenbahn, A 383, Bl. 50.

121 Henry Schmidt sagte dazu in seiner Vernehmung vom 10.4.1986 vor der Staatssicherheit aus: „Meines Wissens gab es für die Errichtung des Judenlagers mehrere Gründe. Einmal sollten mit der Lagerbildung Wohnungen freigemacht werden, in denen Juden wohnten, und zum anderen sollten die Juden konzentriert werden. Ein weiterer Grund bestand in der Bereitstellung von jüdischen Arbeitskräften über die jederzeit verfügt werden konnte." Zitiert aus StA Dresden, Schmidt-Verfahren, Bd. I, Bl. 28.

sein Stellvertreter Karl Nitsche, der Abteilungsleiter Optik Friedrich Hempel sowie Werner Rieß als Korrespondent. Die Geschäftsleitung war vertreten durch Dr. Johannes Hasdenteufel, der zugleich „Abwehrbeauftragter" und Leiter des Ingenieur-Büros des Konzerns war und das Protokoll verfassen sollte. Von der Geheimen Staatspolizei waren anwesend Kommissar Schmidt und Obersekretär Müller, von der Kreisleitung der NSDAP Herr Köhler.

Das überlieferte Protokoll zeigt, daß es bei dieser Besprechung nur noch Details über den Einzug, die Ernährung, die Finanzierung und Bewachung zu entscheiden gab.[122] Die Zeiss Ikon AG hatte mittlerweile ihr Materiallager an der heutigen Radeburger Straße, damals Dr.-Todt-Straße, knapp außerhalb der Dresdner Stadtgrenze zur Verfügung gestellt. Offensichtlich war es bis zum Herbst 1942 nicht möglich gewesen, Materialien für den Neubau eines Barackenlagers zu beschaffen.

Die Zeiss Ikon AG verpflichtete sich, alle notwendigen Einrichtungsgegenstände zu stellen. Den Juden wurde aufgegeben, den notwendigen Hausrat und Büroeinrichtungen mitzubringen.

Das Lager sollte von den Insassen selbst verwaltet werden. Schmidt erklärte sich bereit, einen Lagerältesten, einen Verwaltungssachbearbeiter und eine Köchin zu benennen. Die Lagerselbstverwaltung sollte zunächst für die ersten beiden Monate einen Mietpreis von 0,60 RM pro Kopf und Tag von den Insassen vereinnahmen. Dieses Geld hatte die Selbstverwaltung an die Zeiss Ikon AG zu entrichten. Der Konzern beglich mit diesem Betrag unter anderem die Pacht an die Landesforstverwaltung. Lebensmittel wurden zwar von dem Konzern organisiert, jedoch zum Monatsende in Rechnung gestellt. Die medizinische Betreuung oblag Dr. Katz. Die Lagerordnung legte die Gestapo fest; die Bewachung des Lagers sowie die Einhaltung der Ausgangszeiten hatte die Wach- und Schließgesellschaft Dresden zu besorgen. Die Interessen der Kreisleitung schlugen sich in folgenden Worten nieder: „Es wurde grundsätzlich festgelegt, daß die als Lagerinsassen zugewiesenen Juden auch dann im Lager verbleiben und wirtschaftlich betreut werden, wenn sie nicht mehr bei Zeiss Ikon beschäftigt sind und zwar bis zum Zeitpunkt des Abtransportes. Es steht der Gestapo frei, unbelegte Plätze im Lager mit Juden zu belegen, die nicht bei Zeiss Ikon beschäftigt sind."[123] Tag des „Einzugs" war Montag, der 23. November 1942.

---

122 Andere Dokumente zur Errichtung des Lagers wurden bisher nicht gefunden. Die vorliegende hier dokumentierte „Niederschrift" vom 11. 11. 1942 (siehe S. 173 ff.), lag ursprünglich im Firmenarchiv der Zeiss Ikon AG und wurde nach 1945 in das Archiv des „VEB Kombinat Pentacon Dresden" übernommen. Sie befindet sich heute im BA, ZDH, Dokumentationszentrum der Staatlichen Archivverwaltung im Ministerium des Innern der DDR, Dok. K[omplexakten], Nr. 785/1 (3 Bl.).

123 Ebenda, Bl. 3 des Protokolls.

Die Theresienstadt-Transporte im Zeitraum vom 1. Juli bis 22. September 1942

Schon im Frühsommer 1942 waren nicht nur aus Dresden die meisten der in den Richtlinien des RSHA für die Deportationen nach dem „Ostland" bzw. in den Distrikt Lublin[124] bestimmten Personen bereits abgeschoben worden.[125] Ebenso wie bereits mit dem Schreiben vom 31. Januar 1942, kurz vor Abschluß der ersten „Evakuierungswelle" nach dem Ostland, versuchte das RSHA auch in bezug auf die Transporte in den Distrikt Lublin Ende Mai 1942 zahlenmäßig Bilanz zu ziehen, indem es sich an verschiedene Gestapo(leit)stellen mit der Bitte wandte, „die Zahl jener im dortigen Dienststellenbereich bisher verbliebenen Juden anzugeben, die unter genauester Beachtung der Richtlinien noch evakuiert werden können", „um die im Osten noch vorhandenen Aufnahmemöglichkeiten für eine weitere Evakuierung restlos ausnützen zu können".[126] Dabei wurden zunächst keine Dresdner Juden deportiert, weil diese im kriegswichtigen Arbeitseinsatz standen. Lediglich im Juli 1942 wurde ein Dresdner Transport wahrscheinlich in das Warschauer Ghetto geschickt, von dem jedoch bis heute nur die Anzahl von 14 Opfern aus dem Regierungsbezirk Dresden-Bautzen bekannt ist. Es wurden, obwohl es auch im Sommer 1942 Transporte gab, zu dem Zeitpunkt keine Dresdner Juden verschleppt. Ihre Zwangsarbeit dürfte sie davor bewahrt haben, in den Distrikt Lublin zu kommen. Es gab aus diesen Transporten reichsweit die wenigsten Überlebenden, da diese Menschen, zumeist im Zuge der systematischen „Aussiedlungen" der Ghettos, in den

---

124 Vgl. hierzu: „Richtlinien zur technischen Durchführung der Evakuierung von Juden in das Generalgouvernement (Trawniki bei Lublin)" von Mitte März 1942 und die vom RSHA, IV B 4a 2093/42g (391) am 4.6.1942 herausgegebenen „Richtlinien zur technischen Durchführung der Evakuierung von Juden nach dem Osten (Izbica bei Lublin)", abgedruckt in: Zentrale Stelle der Landesjustizverwaltungen zur Aufklärung nationalsozialistischer Gewaltverbrechen Ludwigsburg (ZStL), Judendeportationen aus dem Reichsgebiet, zusammengestellt von der ZStL, Ludwigsburg o. J. (künftig: ZStL, Judendeportationen), Bd. II, Anl. 19, Bl. 1–13, (nebst Anlagen), hier Bl. 2 bzw. Bd. II, Anl. 67, Bl. 1–10 (nebst Anlagen), hier Bl. 3.

125 Dies trifft ganz besonders auf die kleineren Gestapo(leit)stellenbereiche zu, aber auch auf Berlin und Wien, siehe die zwar lückenhaften, hier aber dennoch aussagekräftigen Transportzusammenstellungen bei Aleksander Krugłow, Deportacja Przez Hitlerowców Ludności żydowskiej z niemiec, austrii i czech na wschód w okresie od Listopada 1941 do Listopada 1942 r., in: Studia nad faszyzmem i zbrodniami hitlerowskimi XIV (1991), S. 378 (Minsk), 379 (Riga), 380–381 (Generalgouvernement).

126 Vgl. Fernschreiben des RSHA, IV B 4 a 2093/42 g (391) vom 21.5.1942 an alle Stapo(leit)stellen, mit Ausnahme der Stapo(leit)stellen Bromberg, Brünn, Danzig, Graudenz, Graz, Hohensalza, Innsbruck, Kattowitz, Klagenfurt, Linz, Litzmannstadt, Posen, Prag, Salzburg und Zichenau, an den IdS, Zentralstelle für jüdische Auswanderung, Wien, nachrichtlich den Inspekteuren der Sipo und des SD (mit Ausnahme Danzig, Posen, Salzburg) und dem BdS, Zentralstelle für jüdische Auswanderung, Prag, hier an die Gestapo(leit)stelle Düsseldorf, betr. Evakuierung von Juden, abgedruckt in: ZStL, Judendeportationen, Bd. II, Anl. 61, Bl. 1–4; gleichzeitig sollte auch die Zahl der unter Beachtung der Richtlinien nach Theresienstadt abzuschiebenden Juden festgestellt und ebenfalls bis zum 27.5.1942 gemeldet werden.

Vernichtungslagern der „Aktion Reinhard" Bełżec, Sobibór und Treblinka ermordet wurden.[127] Wegen der „vielen Interventionen"[128] – so Heydrich auf der Wannsee-Konferenz – waren bisher jedoch Juden von den Verschleppungen ausgenommen worden, bei denen man annahm, daß ihre Deportation Aufsehen erregen würde.

Im Zuge der im Juni 1942 einsetzenden Deportationswelle wurden nun „die von der Evakuierung nach dem Osten gemäß der Richtlinien ausgenommenen"[129] Juden in das „Altersghetto Theresienstadt" abgeschoben, um – wie Eichmann es ausdrückte – „nach aussen das Gesicht zu wahren". In dem Bericht heißt es weiter: „Damit einzelne Stapostellen ‚der Versuchung, ihnen unbequeme ältere Juden mit abzuschieben, nicht weiter ausgesetzt sind', führte SS-O'Stuf. Eichmann aus, sei zur Beruhigung gesagt, daß diese im Altreich verbliebenen Juden höchstwahrscheinlich schon im Laufe des Sommers bzw. Herbstes nach Theresienstadt abgeschoben würden, das als ‚Altersghetto' vorgesehen sei."[130]

Die „Wohnsitzverlegungen" genannten Transporte verbrachten Juden über 65 Jahre „bzw. über 55 Jahre alte gebrechliche Juden", „Inhaber des Verwundetenabzeichens"[131] und Träger hoher Weltkriegsauszeichnungen („EK I, Goldene Tapferkeitsmedaille usw."), soweit sie nicht in deutsch-jüdischer Mischehe lebten, mit ihren Ehegatten und Kindern unter vierzehn Jahren in die Festungsbauten der 1780 gegründeten Garnisonsstadt unweit von

127 Der Transport vom 13.7.1942 umfaßte 171 Personen aus dem Zuständigkeitsbereich der Gestapostelle Leipzig, 97 aus dem Regierungsbezirk (Reg.bez.) Magdeburg, 14 aus dem Reg.bez. Chemnitz und 3 aus dem Bereich der Stapostelle Dessau, vgl. BA Berlin, R 8150: RV, Bd. 27, Bl. 88. Zum Zielort siehe Brief von Heinz Meyer an Rudolf Apt vom 9.9. und 26.10.1945, in: Leo Baeck Institute, Rudolf Apt Collection, Section II: Correspondence and manuskripts (1941–1974), Part 8: Reminicenses by former members of Dresden Jewish Community of war experiences, 1945–1946 (künftig: LBI, Apt Collection, Section II, Part 8). Am 10.5.1942 wurde aus dem Bereich der Gestapostelle Leipzig ein Transport von 287 Juden nach Bełżyce, Kreis Lublin-Land (nicht zu verwechseln mit dem Vernichtungslager „Bełżec" im Kreis Rawa Ruska des Distriktes Lublin) ins GG geschickt.

128 Zitiert nach dem Faksimile des Protokolls, abgedruckt bei: Peter Klein, Die Wannsee-Konferenz vom 20. Januar 1942. Analyse und Dokumentation, Broschüre hrsg. von der Gedenkstätte Haus der Wannsee-Konferenz, Berlin 1995, S. 50. Eine neue Sichtweise auf die Wannsee-Konferenz bei Gerlach, Grundsatzentscheidung.

129 Siehe RSHA, IV B 4 2537/42, „Richtlinien zur technischen Durchführung der Evakuierung von Juden in das Altersghetto Theresienstadt" vom 15.5.1942, der Staatspolizeileitstelle Düsseldorf übersandt mit Schreiben vom 3.7.1942 (künftig: Richtlinien Theresienstadt), zitiert nach: ZStl, Judendeportationen, Bd. II, Anl. 77, Bl. 1–10 (nebst Anlagen), hier Bl. 2 unter Punkt „II. Bestimmung des zu evakuierenden Personenkreises"; das Übergabeschreiben, ebenda Anl. 76.

130 Vgl. Bericht über die am 6.3.1942 im RSHA, Amt IV B 4 stattgefundene Besprechung mit Vertretern der örtlichen Staatspolizei(leit)stellen, Düsseldorf, 9.3.1942, zitiert nach: ZStL, Judendeportationen, Bd. II, Anl. 18, Bl. 1; an dieser Besprechung hat mit hoher Wahrscheinlichkeit auch Henry Schmidt als Vertreter der Staatspolizei(leit)stelle Dresden teilgenommen.

131 Richtlinien Theresienstadt, Bl. 2, unter Punkt „II. Bestimmung des zu evakuierenden Personenkreises", zitiert nach: ZStL, Judendeportationen, Bd. II, Anl. 77.

Prag.[132] Den „an erster Stelle zu erfassen[den …][133] z. Zt. in jüdischen Alters-heimen untergebrachten Juden" suggerierten vor dem Transport mit der Reichsvereinigung abzuschließende „Heimeinkaufverträge" lediglich eine anderweitige Unterbringung in „Alters- und Siechenheimen, […] die eine grosse Zahl von Insassen" haben. In diesen Heimeinkaufverträgen hieß es: „Die Reichsvereinigung verpflichtet sich, dem/den Insassen auf Lebenszeit Heimunterkunft und Verpflegung zu gewähren, die Wäsche waschen zu lassen, ihn/sie erforderlichenfalls ärztlich und mit Arzneimitteln zu betreuen und für notwendigen Krankenhausaufenthalt zu sorgen."[134]

Nach außen bemühte sich das RSHA, diesen Anschein aufrecht zu erhalten. „Die Abbeförderung"[135] sei jeweils in einem Einzelwaggon eines auf der Strecke nach Theresienstadt verkehrenden Regelzuges durchzuführen. Auch die Größe der Transporte wurde genau festgelegt: „Stärke: 50 Juden je Transport (Stärkere Belegung unzulässig)." Das Prinzip der möglichst unauffälligen „Abbeförderung" der durch das Mitleid ihrer „arischen" Umgebung bisher verschonten alten und gebrechlichen Juden wurde aller-dings in der Praxis durch die örtlichen „Evakuierungsdienststellen" schon frühzeitig durchbrochen. Aus den einzelnen Gestapo(leit)stellenbereichen wurde bereits ab dem 16. Juni 1942, genau vierzehn Tage nach Beginn der „Wohnsitzverlegungen", auch nach Theresienstadt in Massentransporten abgeschoben. Mit dem Berliner Transport I/1 gelangten erstmals reichs-deutsche Juden nach Theresienstadt. Der Transport III/1 aus Köln (Ankunft 16. 6. 1942) war der erste Massentransport reichsdeutscher Juden nach Theresienstadt mit insgesamt 963 Personen. In der Folgezeit wurde aus allen Gestapobereichen des Reichsgebietes erstmals in Massentransporten abgeschoben (ausgenommen die Bereiche Oppeln, Magdeburg, Troppau und Danzig, in denen jeweils nur sehr wenige nach Theresienstadt zu deportierende Juden lebten). Nur in Berlin hielt man das Prinzip kleiner

132 Zu Theresienstadt siehe grundsätzlich, H.[ans] G.[ünther] Adler, Theresienstadt 1941–1945. Das Antlitz einer Zwangsgemeinschaft. Geschichte, Soziologie, Psychologie, 2. verbesserte und ergänzte Auflage, Tübingen 1960; ders., Die verheimlichte Wahrheit. Theresienstädter Dokumente, Tübingen 1958, Karel Lagus/Josef Polák, Město za mřížemi, Prag 1964, Zdenek Lederer, Ghetto Theresienstadt, New York 1983. Zur Rolle Theresienstadts als Durchgangslager für die tschechi-schen Juden siehe Miroslav Kárný, „Konečné řešení". Genocida českých židů v německé protek-torátní politice, Prag 1991.

133 Richtlinien Theresienstadt, Bl. 3, unter Punkt „II. Bestimmung des zu evakuierenden Perso-nenkreises", zitiert nach: ZStL, Judendeportationen, Bd. II, Anl. 77.

134 Zitiert aus dem Heimeinkaufvertrag H zwischen der Israelitischen Religionsgemeinde Dresden e. V. als Zweigstelle der Reichsvereinigung der Juden in Deutschland und Gertrud Meyer, in: BA Berlin, R 8150: RV, Bd. 567: Abschluß von „Heimeinkaufverträgen" für Theresien-stadt, Bezirksstelle Mitteldeutschland, Bl. 39; die Bände 567–569 enthalten die Heimeinkaufver-träge V/1-V/789 der Bezirksstelle Mitteldeutschland, darunter auch sämtliche Dresdner.

135 Richtlinien Theresienstadt, Bl. 4 unter Punkt „III. Transport", zitiert nach: ZStL, Judendepor-tationen, Bd. II, Anl. 77.

Transporte bis zu 100 Personen in der Regel bis zum Ende durch. (Allerdings wurden auch hier zwischenzeitlich einzelne Massentransporte zusammengestellt, so z. B. vom August bis Oktober 1942 je ein und im März 1943 ein weiterer ca. 1000 Personen starker Transport.) In München wurden erst mit den Transporten II/25 und II/26 vom September 1942 in kurzer Folge die „Theresienstadt-Juden" deportiert.[136] Nur aus dem Bereich Dresden wurde durchgängig gemäß den Richtlinien in kleinen Transporten von nicht mehr als 50 Personen deportiert.[137] Die Transporte von Dresden erfolgten allerdings, offensichtlich um sie noch unauffälliger gestalten zu können, per LKW.[138] Regelmäßig wurden dafür in Dresden zwei LKWs eingesetzt, von denen der eine zur Beförderung der Gepäckstücke diente. Begleitet wurden die Transporte von Gestapo- und Schupobeamten, dem Beauftragten für Judenangelegenheiten der Kreisleitung und von Dr. Willy Katz, der für die ärztliche Betreuung verantwortlich zu zeichnen hatte. In der Regel verschleppten die örtlichen Gestapostellen die meisten älteren Juden innerhalb eines Monats nach dem Beginn der Theresienstadt-Deportationen aus der jeweiligen Stadt.[139]

In der Reihenfolge ihrer Ankunft im Altersghetto erhielten alle Transporte eine Kennung, die zum einen den Gestapobereich, zum anderen die Anzahl der einzelnen Transporte aus diesem Bereich wiedergab. Vor dem ersten Transport aus Dresden vom 1. Juli 1942 waren bereits aus insgesamt vier anderen Gestapobereichen Transporte nach Theresienstadt gelangt, so daß dieser Transport die Kennziffer V/1 erhielt. Die Transporte V/2 bis V/7 erfolgten immer in einem etwa vierzehntägigen Abstand bis zum 22. September 1942. Der Ablauf der Deportationen folgte auch in Dresden dem vom RSHA in Berlin vorgegebenen Schema. Zuerst waren nur die in der Stadt selbst ansässigen Juden betroffen, hier beginnend mit der Räumung der Altersheime in der Zeughausstraße 1 und der Güntzstraße 24. Erst danach folgten die Juden aus dem Umland bzw. aus dem weiteren Zuständigkeitsbereich der Staatspolizeileitstelle Dresden. [140]

136 Vgl. Lagus/Polák, Město, S. 337–338 (zu Berlin), 339 (zu Köln und München), 341 (zu Oppeln, Magdeburg und Danzig), 342 (zu Troppau).

137 „Leipzig ist vorgesehen für etwa August, Anfang September. Die geheime Staatspolizei Leipzig möchte diesen Transport im Großen durchführen und nicht wie Dresden verfahren", vgl. Stadtarchiv Leipzig, Kap. 1, Nr. 122, Bl. 285: Schreiben des Bürgermeisters von Riesa, Bodo Furch, an den Oberbürgermeister von Leipzig, Dr. Alfred Freyberg vom 14.7.1942.

138 Vgl. Vernehmung Henry Schmidt vom 9.9.1986, in: Yad Vashem, ZUV 74, Bd. 3, Bl. 62–63. Dennoch liefen viele Theresienstadttransporte, z. B. die Berliner, aus bahntechnischen Gründen in der Regel über den Dresdner Hauptbahnhof.

139 Aufstellung der in Theresienstadt eingetroffenen Transporte, gegliedert nach einzelnen Stapo(leit)stellenbereichen bzw. Regionen, z.B. bei Lagus/Polák, Město, S. 337–342.

140 Zur Zusammensetzung der Transporte vgl. die Original-Zugangslisten Theresienstadt im „Státní Ústřední Archiv v Praze" (Staatliches Zentralarchiv [ZA] Prag), „Koncentrační Tábory,

Die genaueren Umstände der Deportationen aus Dresden wurden maß-
geblich durch die Planungen der örtlichen Gestapo bestimmt. Nach den
Aussagen von Henry Schmidt hatte es Ende Juni eine erste vorbereitende
Sitzung zur Klärung grundsätzlicher Fragen gegeben. Dabei waren neben
Schmidt anwesend: Hans-Gerhard Schindhelm, der Leiter der Abteilung II
Exekutive und Schmidts direkter Vorgesetzter, Rudolf Müller als verant-
wortlicher Sachbearbeiter im Judenreferat, der Beauftragte der Kreislei-
tung für Judenangelegenheiten Köhler, ein Vertreter des Dresdner Polizei-
präsidenten Karl Pflomm und die Vertreter der Gemeinde Kurt Hirschel und
Adolf Kahlenberg.[141]

Die Auswahl der zu deportierenden Menschen wurde regelmäßig von
Hirschel auf Anweisung der Gestapo vorgenommen. Dies war aber in Dresden das erste Mal, daß der Leiter der Israelitischen Religionsgemeinde gezwungen wurde, sich an der Organisation der Transporte zu beteiligen.[142]
Ihm wurde mitgeteilt, daß die Gemeinde bereits eine Vorauswahl der Teilnehmer für alle sieben Transporte des Jahres 1942 zu treffen habe.[143]

Seit den ersten Verschleppungen hatten örtliche Gestapodienststellen
damit begonnen, die Gemeindeverwaltungen planmäßig zu involvieren.
Man drohte nicht selten damit, daß ohne Kooperation der Kultusgemeinden die Opfer eben von der SA willkürlich ausgesucht und zum Sammel-
platz gebracht würden. In der Hoffnung, Schlimmeres zu vermeiden, willig-
ten daraufhin alle betroffenen Gemeindestellen im Reich ein.[144]

Okupační Vězenské Spisy" (Konzentrationslager und Akten der Besatzungsgefängnisse) (künftig:
ZA Prag, Transportlisten); vgl. auch Rainer Fröbe, Akten zur Geschichte des KL Neuengamme und
anderer Konzentrationslager im staatlichen Zentralarchiv Prag (Bestand KT-OVS/Transportlisten
aus dem Ghetto Theresienstadt), in: Rassismus in Deutschland, hrsg. von der KZ-Gedenkstätte
Neuengamme, Bremen 1994, S. 130–132; im Bundesarchiv in Berlin-Lichterfelde liegen in der
Zeitgeschichtlichen Sammlung (ZSg) 138 Kopien von Zugangslisten vor, die im Zusammenhang
mit der Erstellung des „Gedenkbuches" des Bundesarchives angefertigt wurden. Vgl. zu den
Transporten auch die Ausführungen im Urteil des Bezirksgerichts Dresden, BS 17/87 gegen Henry
Schmidt vom 28.9.1987, S. 41–46, in: BA Berlin, DP 3: GStA der DDR, Akte 009 Henry Schmidt.

141 Vernehmung Henry Schmidt vom 2.9.1986, zitiert nach: Yad Vashem, ZUV 74, Bd. 3, Bl. 44.
Der Vertreter des Dresdner Polizeipräsidenten sagte lediglich die Bereitstellung der LKW durch
die Schupo zu, vgl. Vern. Henry Schmidt vom 29.8.1986, in: ebenda, Bl. 41.

142 Da der Gauleiter Mutschmann anläßlich des ersten Transportes versucht hatte, alle Juden
deportieren zu lassen, wurde im Januar noch nicht auf eine Einzelauswahl durch die jüdische
Gemeinde Wert gelegt. Hirschel zog für die Zusammenstellung der Transportlisten Kahlenberg
zu Rate, vgl. Vernehmung Henry Schmidt vom 2.9.1986, zitiert nach: ebenda, Bl. 54–55.

143 Vgl. Vernehmung Henry Schmidt vom 2.9.1986, zitiert nach: ebenda, Bl. 51.

144 Vgl. Adler, Der verwaltete Mensch, S. 354–357, und Martina Voigt, Die Deportation der
Berliner Juden 1941 bis 1945, in: Die Grunewald-Rampe. Die Deportation der Berliner Juden,
hrsg. von der Gedenkstätte Haus der Wannsee-Konferenz, Berlin, und der Landesbildstelle Berlin,
Zentrum für audio-visuelle Medien, Berlin 1993, S. 32; Voigt bezieht sich dabei auf Berichte von
überlebenden Vorstandsmitgliedern der Berliner Gemeinde.

In Dresden wurde ein „Gesamtablaufplan" für die Theresienstadttransporte des Jahres 1942 erarbeitet. „Er enthielt die Zeitplanung, also wann die Transporte stattfinden sollten, die zeitliche Planung, wann die Transportteilnehmer zu erscheinen hätten, wann abgefahren wird und darüber hinaus auch der ungefähre Zeitpunkt der Ankunft in Theresienstadt. Weiterhin erfolgte die zahlenmäßige Festlegung des Begleitkommandos der zu benutzenden Kraftfahrzeuge sowie der Wegstrecke. Darüber hinaus wurde festgelegt, wer welche weiteren Institutionen zu benachrichtigen hatte und wer welche weiteren Aufgaben zu erfüllen hatte. Somit waren die Aufgaben für das mir unterstehende Referat, die durch den Vorstand der jüdischen Gemeinde und durch den Beauftragten der NSDAP zu lösenden Aufgaben verteilt. Ebenfalls wurden die für den ersten Transport vorgesehenen Teilnehmer hier namentlich festgelegt."[145]

Regelmäßig fanden nun jeweils etwa eine Woche vor dem nächsten Transport weitere Sitzungen statt. Diese Treffen dienten dazu, die von der Gemeinde erstellte Auswahl der Transportteilnehmer zu erörtern. Schmidt sagte aus, daß insbesondere Köhler Änderungen wünschte. „Das trat jedoch nur in solchen Fällen ein, wo wirklich die Notwendigkeit bestand, schnellstens eine ganz bestimmte Wohnung freizubekommen."[146]

Der dritte Transport ging am 28. Juli 1942 nach dem Protektorat. Die 50 dafür vorgesehenen Personen wurden am Tag zuvor von der Gemeinde informiert: „Der Vorstand der jüdischen Gemeinde gab uns den Rat", so der Schneidereibesitzer Fanger, „uns anzuziehen wie eine Zwiebel in der Voraussicht, daß uns nichts gelassen werde. Wir haben jedoch drei Koffer mitgenommen und mußten sie auf einen zweiten Lastkraftwagen verladen, der mit dem Unseren gemeinsam nach Theresienstadt fuhr. Wir haben jedoch von diesen Koffern, in die wir auch Geld und Schmuckstücke gesteckt hatten, nie etwas wiedergesehen."[147]

Alle Opfer der Verschleppungen in das „Altersghetto" wurden unmittelbar nach ihrer Ankunft in der sogenannten Schleuse Theresienstadts durchsucht und danach in die Lagerkartei aufgenommen. Anschließend wurden sie nach Geschlechtern getrennt in verschiedenen Gebäuden einige Tage in Quarantäne gehalten. Während die Dresdner Juden diese demütigende Prozedur über sich ergehen lassen mußten, spielte der die Transporte mehrere Male begleitende Gestapokommissar Schmidt Tischtennis in einer benachbarten Gaststätte.[148]

145 Vernehmung Henry Schmidt vom 2.9.1986, in: Yad Vashem, ZUV 74, Bd. 3, Bl. 49.

146 Vgl. Vernehmung Henry Schmidt vom 4.9.1986, ebenda, Bl. 55.

147 Aussage von Oswei Fanger am 7.5.1963 vor dem Staatsanwalt des Bezirkes Dresden, in: Yad Vashem, ZUV 74, Bd. 7, Bl. 163.

148 Vgl. Vernehmung Henry Schmidt vom 17.9.1986, ebenda, Bd. 3, Bl. 75.

Die zumeist in gutem Glauben in Theresienstadt angekommenen Juden erwartete dort eine ganz andere Realität, als sie ihnen durch die abgeschlossenen „Heimeinkaufverträge" vorgemacht worden war. Auch viele der sächsischen Juden erlagen bereits in Theresienstadt der „tödlichen Täuschung" (Wolfgang Scheffler) und fielen dem durch Nahrungsmittelentzug, Unterbringung in primitivsten Verhältnissen und Krankheit herbeigeführten Massensterben zum Opfer. Für andere war Theresienstadt nur eine Durchgangsstation auf dem Weg zu den Vernichtungslagern im Osten. Von dort gingen ab Juni 1942 Transporte u. a. nach Malý Trostinec bei Minsk, Riga, Treblinka und Auschwitz ab.[149] In den Heimeinkaufverträgen war dafür „rechtlich" bereits vorgesorgt worden; es hieß dort lapidar: „Die Reichsvereinigung behält sich das Recht der Unterbringung in einem anderen Heim bzw. in einer sonstigen Gemeinschaftswohnung auch außerhalb des Altreiches vor. […] Aus einer Veränderung der gegenwärtigen Unterbringungsform kann der Insasse/können die Insassen keine Ansprüche herleiten."[150]

Vor dem Beginn der Deportationen aus Dresden zählte die Israelitische Religionsvereinigung Dresden e.V. insgesamt noch 1228 Mitglieder (Stichtag 31. November 1941).[151] Bis auf wenige Ausnahmen waren nach dem vorläufigen Abschluß der Transporte nach Theresienstadt Ende September innerhalb von neun Monaten alle nach den entsprechenden „Evakuierungsrichtlinien" überhaupt in Betracht kommenden Juden bereits abgeschoben worden. Die meisten der noch in Dresden verbliebenen Juden waren entweder durch ihren Arbeitseinsatz in kriegswichtigen Betrieben oder durch ihren nichtjüdischen Ehegatten, wenige auch wegen einer Beschäftigung bei der Verwaltung der Gemeinde, bisher von der Deportation verschont geblieben.

Damit bestand für die Kreisleitung auch keine Möglichkeit mehr, durch Deportationen von Dresdner Juden über weiteren Wohnraum verfügen zu können. Die Konsequenz war die „Zusammenlegung der letzten Juden in Dresden in das Lager am Hellerberg".

---

149 Vgl. Kárný, „Konečné řešení", S. 155–156; von insgesamt 42832 deutschen Häftlingen verstarben in Theresienstadt 20729, weiterdeportiert wurden 15036, vgl. Chládková, Ludmila, Gutachten über das Ghetto Theresienstadt vom Februar 1987, in: Yad Vashem, ZUV 74, Bd. 20, Bl. 1–16, hier Bl. 15–16.

150 BA Berlin, R 8150: RV, Bd. 567, Bl. 39.

151 Aus dem Bereich der Bezirksstelle Sachsen/Thüringen der RV kamen noch einmal 3075 hinzu, vgl. BA Berlin, R 8150: RV, Bd. 26, Bl. 5: „Bevölkerungsentwicklung in den Kultusvereinigungen und Bezirksstellen der Reichsvereinigung der Juden in Deutschland (Altreich, einschl. Sudetenland und Danzig) im November 1941".

Die Verbringung in das Lager Hellerberg

Die Gestapo ließ, wie schon bei der Organisation der Transporte, die jüdische Gemeinde eine Liste der ins Lager zu verbringenden Juden erstellen, um diese Aufstellung mit der polizeilichen „Judenkartei" abzugleichen. Anschließend ließ die Gestapo durch Hirschel und Kahlenberg den 279 Betroffenen[152] mitteilen, sie hätten sich am 23. November 1942 an der „Städtischen Entseuchungs-Anstalt" in der Fabrikstraße 6 einzufinden.[153]

In seiner Vernehmung am 29. Dezember 1986 erinnerte sich der Gestapokommissar Schmidt, daß bereits auf der Besprechung vom 10. November 1942 die Geheime Staatspolizei die Aufgabe übernahm, für eine Desinfektion der künftigen Lagerinsassen zu sorgen, „um das eventuelle Einschleppen von Ungeziefer im Lager zu unterbinden."[154]

Im zweiten Halbjahr 1941 hatte das Städtische Gesundheitsamt eine besorgniserregende Zahl von Infektionskrankheiten verzeichnet und in Rundschreiben an alle Ärzte der Stadt verlangt, alle bekanntwerdenden Fälle zu melden. Die Zahl der an spinaler Kinderlähmung und Paratyphus Erkrankten betrug damals mehrere hundert Personen. In Dresden herrschte also eine gewisse Sensibilität in Bezug auf vorbeugende Hygienemaßnahmen.[155] Auch die Reichsvereinigung der Juden in Deutschland hatte im Sommer 1942 ein Merkblatt zu diesem Thema erstellt: „Das dichte Zusammenleben zahlreicher Menschen auf engem Raum in Wohnungen, Arbeitseinsatzlagern, Flüchtlingsunterkünften, Altersheimen und sonstigen Wohngemeinschaften bringt schwere Gesundheitsgefahren mit sich. Sie können nur vermindert werden, wenn alle vorbeugenden Maßnahmen tatkräftig und zielbewußt durchgeführt werden, im Besonderen größte Sauberkeit und peinlichste Ordnung. [...] Alle in ein Lager oder in eine andere Wohngemeinschaft zuziehenden Personen müssen vor ihrer Unterbringung samt ihrem Gepäck auf Ungeziefer untersucht werden."[156]

Auch die in die „Gemeinschaftsunterkunft" am Hellerberg einzuweisenden Dresdner Juden hatten sich dementsprechend einer Desinfektion zu unterziehen. Da die Desinfektion nur in Etappen durchzuführen war, zog sich die

---

152 Zur Belegstärke des Lagers vgl. Schreiben des Leiters der jüdischen Gesundheitsstelle Dresden, Dr. Willy Katz, an das Stadtgesundheitsamt Dresden vom 30.11.1942, in: USHMM, Collection Dr. Katz.

153 Zur Geschichte der Anstalt siehe „Haben Sie schon einmal etwas von der Dresdner Entseuchungsanstalt gehört? Sie besteht bereits 30 Jahre!", in: Dresdner Anzeiger vom 31.1.1932.

154 Vernehmung Henry Schmidt vom 29.12.1986, in: Yad Vashem, ZUV 74, Bd. 3, Bl. 4.

155 USHMM, Collection Dr. Katz, Schreiben des Stadtgesundheitsamtes an sämtliche Ärzte im Stadtgebiet Dresdens vom 4.8.1941.

156 USHMM, Collection Dr. Katz, Anlage zum Rundschreiben der RV 42/236/387.

Verlegung der Juden auf den Hellerberg entgegen der ursprünglichen Annahme noch bis zum 24. November hin.[157]

Nicht die Desinfektion an sich, wohl aber die Art und Weise der Durchführung und im besonderen die Tatsache, daß die Menschen dabei gefilmt wurden, bezeichnet den entwürdigenden Charakter dieser Aktion. Der gesamte „Umzug" wurde damals von dem Angestellten der Zeiss Ikon AG, Erich Höhne, aufgenommen. Dieser Film ist bisher die einzige zeitgenössische Quelle zur unmittelbaren Einrichtung des „Judenlagers Hellerberg". Die wenigen Überlebenden berichten in ihren Erinnerungen nur kurz über diesen Einzug und das Leben im Lager. In ihrer Verfolgungsgeschichte gab es einschneidendere Zäsuren. Die Deportation nach Auschwitz, die Ankunft in Birkenau und der Verlust von Freunden und Familienangehörigen prägten weit mehr ihr Gedächtnis als der nur etwa drei Monate während Aufenthalt im Lager am Hellerberg.

Mit der „Zusammenlegung der letzten Juden in Dresden in das Lager am Hellerberg" war die Stadt Ende November 1942 praktisch „judenrein", da sich das Lager knapp außerhalb der Stadtgrenze befand.

Lagerleben und Arbeitsalltag

Kurz nach dem Bezug des Lagers ernannte die Gestapo Siegmund Selig Lehner zum Lagerältesten, und Elias Lichtenstein wurde technischer Verwalter. Das Lager befand sich an der heutigen Radeburger Straße (damals Dr.-Todt-Straße) in einer Sandgrube oberhalb des St.-Pauli-Friedhofes jenseits des Hammerweges, etwa in Höhe der Einmündung Weinbergstraße.[158] Es bestand aus insgesamt sieben Baracken, sechs Unterkunfts- und einer Gemeinschaftsbaracke. In den drei Räumen einer Unterkunftsbaracke waren je etwa 16 Personen untergebracht. Ledige Männer und Frauen wohnten getrennt, Ehepaare zusammen. Kinder ab vier Jahren mußten nach Geschlechtern getrennt alleine wohnen.[159] Neben einem gemeinsamen Eßraum und zwei großen Wasch- bzw. Baderäumen, einer Krankenstation mit Isoliermöglichkeit wurde auch eine Schneiderei, eine Schuhmacherei sowie eine Friseurstube eingerichtet. Das Lager war nicht umzäunt, aber zur Regelung der Zugangsmöglichkeiten war ein Posten eingerichtet worden. Nach den Festlegungen des Besprechungsprotokolls

---

157 Vgl. Vernehmung Henry Schmidt vom 1.1.1987, in: Yad Vashem, ZUV 74, Bd. 3, Bl. 22.

158 Zur genauen Lokalisierung und Struktur des Lagers siehe S. 134: Ingenieur-Büro H. G. Carls in Würzburg, Luftbilddatenbank, Luftbild Nr. 4120 vom 25.3.1945.

159 Vgl. LBI, Apt Collection, Section II, Part 8, Brief Meyer an Apt vom 9.9.1945.

Luftbildaufnahme des „Judenlagers Hellerberg" vom März 1945
Am linken Bildrand ist das Fünfeck des Barackenlagers an der heutigen Radeburger Straße
nördlich des St.-Pauli-Friedhofs deutlich zu erkennen. (Ingenieur-Büro H.G.Carls in Würzburg,
Luftbilddatenbank, Luftbild Nr. 4120 vom 25.03.1945)

vom 10. November wurde dessen Bezahlung mit dem Mietpreis abgegolten. Eine Dresdner „Wach- und Schließgesellschaft" stellte das Personal. Die Gestapo kam nur sehr selten ins Lager. Der private Posten überwachte die Ausgeh- und Sperrzeiten, die für das Lager festgelegt worden waren. Verließen die Arbeiter das Gelände routinemäßig zur Früh- und Spätschicht, so wurden für dringende Arztbesuche und Verwaltungsgänge Passierscheine von der Lagerleitung ausgegeben. Die Verhältnisse im Lager werden von den Überlebenden als relativ erträglich beschrieben; die Anlage sei im großen und ganzen sauber gewesen, zur Lagerwache habe man in kurzer Zeit ein freundschaftliches Verhältnis entwickeln können. Ausschlaggebend war aber auch, daß man sich in der Abgeschiedenheit des Lagers vor den so gefürchteten Haussuchungen der Gestapo sicher fühlen konnte. „Wir hatten uns im Lager eigentlich sehr gut vertragen. Es waren wenig Krankheiten und nur ein Toter in der ganzen Zeit. […] Ich wünschte, man hätte uns bis Kriegsende dort gelassen. Alle würden noch leben."[160]

Diese Erinnerung an das Lagerleben ist nicht verwunderlich. Für die wenigen Menschen, die die anschließende Deportation nach Auschwitz überlebt haben, mußte sich das Lager Hellerberg als vergleichweise erträglicher Ort darstellen. Die Verhältnisse waren persönlicher, die Arbeit inzwischen gewohnt, die Familie blieb zusammen, und die Bewachung verhielt sich zumeist freundlich.

Victor Klemperer, dem das Lager erspart blieb, urteilte nach den ersten Nachrichten zunächst sehr pessimistisch: „Alles in allem also Gefangenschaft und qualvolles Vegetieren."[161]

Nur wenige Tage später, als der Romanist über weitere Neuigkeiten verfügte, begann er seine bisherigen Informationen über das Schicksal der Juden zu ordnen und geriet ins Reflektieren: „Die Leute in der Gemeinde scheinen darauf abgestimmt, scheinen […] eine verschworene Gemeinschaft zu sein, das Lagerleben als glimpflich hinzustellen. Es sei erträglich, einige gewöhnten sich rascher, einige sich langsamer um. Es klingt so, als wenn die Unzufriedenen verwöhnte und undankbare Geschöpfe wären. […] Das Gros der Lagerinsassen ist doch streng gefangen, erhält spärlichsten Stadturlaub, hockt immer aufs engste beisammen usw. usw. Es ist gar zu jämmerlich, daß diese Gefangenschaft schon als ein halbes Glück gilt. Es ist nicht Polen, es ist nicht das KZ! Man wird nicht ganz satt, aber man verhungert nicht. Man ist noch nicht geprügelt worden. Usw. usw."[162]

---

160 Ebenda. Bei der Verstorbenen handelt es sich um die 49jährige Sabine Scholz, die am 24.12.1942 einer Nierenbeckenentzündung erlag. Standesamtliche Todesurkunde Nr. 1656 vom 28.12.1942, in: Yad Vashem, ZUV 74, Bd. 21, Bl. 4.

161 Klemperer, Tagebücher, Bd. 2, S. 282, Eintrag vom 26.11.1942.

162 Ebenda, S. 285, Eintrag vom 1.12.1942.

Fast alle Lagerinsassen arbeiteten in zwei Schichten im nahe gelegenen Goehle-Werk in der Heidestraße 4. Nach einem Fußmarsch von 20 Minuten erreichte man die Werkhallen. Im Lager blieben neben der Ruheschicht in der Regel ungefähr 20 Personen zurück, die entweder zu jung oder zeitweise nicht arbeitsfähig waren. Der Konzern hatte sich auf die Entwicklung und Produktion von optischen und feinmechanischen Geräten spezialisiert. Seit 1940 wurden im Dresdner Werk vorwiegend Zeitzünder mit Präzisionsverzögerern zusammengebaut. Diese waren Bestandteil der Torpedobewaffnung deutscher U-Boote. Eine zweite ebenso kriegswichtige Produktion war die Entwicklung von Bombenzielanlagen für die Luftwaffe. Bei beiden Produktionen waren Dresdner Juden eingesetzt, die in der Regel die mechanische Feinarbeit bei der Montierung der Gerätschaften zu leisten hatten. Die Atmosphäre bei der Arbeit war daher sehr ruhig und konzentriert. Es war für den einzelnen kaum notwendig, den Arbeitsplatz zu verlassen. Die Vorarbeiter und Meister waren in der Regel nur daran interessiert, eine hohe Stückzahl je Schicht ausstoßen zu können sowie den Ausschuß niedrig zu halten. Die Arbeit war also körperlich leicht, jedoch wegen der notwendigen Konzentration sehr anstrengend. Diskriminierend waren die Arbeitsumstände im Werk. Die „Judenabteilung" befand sich im Obergeschoß des Fabrikgebäudes. Der Aufgang war durch einen Maschendraht geteilt, um den direkten Kontakt mit den „arischen" Belegschaftsmitgliedern zu verhindern. Das Betreten der Kantine war verboten, jeder arbeitende Jude hatte eine gelbe Armbinde zu tragen. Bei Fliegeralarm durften „Nicht-Arier" nicht mit in die Luftschutzräume.[163]

Die Entwicklung bis zur Deportation der sogenannten Rüstungsjuden

Seit Beginn der Deportationsaktionen im Oktober 1941 hatte es immer wieder Konflikte um den Abtransport bestimmter Personengruppen, besonders der alten und gebrechlichen, der in der Rüstungsindustrie beschäftigten und der in „Mischehe" lebenden Juden bzw. der aus solchen Ehen hervorgegangenen Kinder, sogenannten jüdischen Mischlingen, gegeben. Aus verschiedenen Gründen waren diese „geschützten" Juden vorerst von der Deportation ausgeschlossen worden. Hintergrund für die Rückstellungen waren dabei immer pragmatische Erwägungen, man wollte Aufsehen vermeiden oder auf die jüdische Arbeitskraft volkswirtschaftlich noch nicht verzichten. Dem Endziel, das Reich „judenfrei" zu machen, standen diese Überlegungen zu keinem Zeitpunkt entgegen. Spätestens in dem Moment,

163 Vgl. Kriminalpolizeiliche (K5) Vernehmung Albert Hirsch vom 1.12.1948 in Dresden, in: Yad Vashem, ZUV 74, Bd. 6, Bl. 44–45.

da ein Deportationsschub vor dem Abschluß stand und ein neuer in Angriff genommen werden sollte, wurde auch über die bisher zurückgestellten Menschen wieder neu befunden. Im Frühsommer 1942 war die Masse der „ungeschützten" Juden bereits nach dem Osten umgesiedelt worden. Zudem hatten die Planer im RSHA mit der Errichtung des „Altersghettos" Theresienstadt für eine Gruppe, die bisher aufgrund der Richtlinien von den Deportationen zurückgestellt worden war, schon in ihrem Sinne eine Lösung gefunden. Spätestens Ende September 1942 war der überwiegende Teil der für Theresienstadt Vorgesehenen in das „Protektorat" abgeschoben worden. Damit war die Mehrzahl der im Reich verbliebenen Juden durch den kriegswichtigen Arbeitseinsatz mindestens eines Familienmitgliedes vorerst geschützt oder/und lebte in „Mischehe". Die Überlegungen, sich auch noch dieser beiden „Problemgruppen" zu entledigen, wurden im Spätsommer 1942 intensiviert. Im September betonte Hitler „nochmals die Wichtigkeit der Herausziehung der Juden [auch] aus den Rüstungsbetrieben im Reich."[164] Das Reich sollte „judenfrei" gemacht werden, wirtschaftliche und sonstige Belange sollten dabei keine Rolle mehr spielen. Goebbels notierte am 30. September 1942 zufrieden in seinem Tagebuch: „Der Führer gibt noch einmal seiner festen Entschlossenheit Ausdruck, die Juden unter allen Umständen aus Berlin herauszubringen. Auch die Sprüche unser Wirtschaftssachverständigen und Industriellen, daß sie auf die sogenannte jüdische Feinarbeit nicht verzichten können, imponiert ihm dabei nicht. [...] Man führt diese Argumente uns gegenüber immer wieder ins Feld, um für sie Schonung zu erbitten. Aber sie sind nicht so unentbehrlich [ ] Es wird nicht allzu schwer sein, angesichts der Tatsache, daß wir in Berlin allein 240 000 ausländische Arbeiter haben, auch noch die restlichen 40 000 Juden, von denen überhaupt nur 17 000 im Produktionsprozeß tätig sind, durch ausländische Arbeiter zu ersetzen."[165]

Zum einen sollten die Reste der jetzt schon „deportierungsfähigen" Juden so schnell wie möglich nach dem Osten oder nach Theresienstadt abgeschoben werden. Zum anderen bereitete das RSHA nun aber auch intensiv den Abtransport der jüdischen Zwangsarbeiter vor. Am 20. November 1942 schrieb der Generalbevollmächtigte für den Arbeitseinsatz, Fritz Sauckel, an die Präsidenten der Landesarbeitsämter: „Im Einvernehmen mit dem Chef der Sicherheitspolizei und des SD sollen nunmehr auch die noch in Arbeit eingesetzten Juden aus dem Reichsgebiet evakuiert und

---

164 Vermerk des Ministerbüros Speer vom 28.9.1942 über Führerbesprechungen am 20., 21. und 22.9.1942, zitiert nach Willi Boelcke (Hrsg.), Deutschlands Rüstung im zweiten Weltkrieg. Hitlers Konferenzen mit Speer 1942–1945, Frankfurt a. M. 1969, S. 189.

165 Tagebucheintrag Joseph Goebbels vom 30.9.1942, zitiert nach Konrad Kwiet, Nach dem Pogrom: Stufen der Ausgrenzung, in: Wolfgang Benz (Hrsg.), Die Juden in Deutschland 1933–1945. Leben unter nationalsozialistischer Herrschaft, München 1993, S. 593.

durch Polen, die aus dem Generalgouvernement ausgesiedelt werden,
ersetzt werden."[166]

Indes konnte die Frage des Ersatzes den Abtransport lediglich hinaus-
zögern, zumal der Abzug der jüdischen Arbeitskraft Anfang 1943 volkswirtschaftlich kaum noch ins Gewicht fiel, „da inzwischen monatlich
hunderttausend Arbeitskräfte neu rekrutiert wurden".[167] Die vom RSHA
auch für diese letzte große Deportationswelle erarbeiteten Richtlinien
ergingen am 20. Februar 1943. In den „Richtlinen zur technischen Durchführung der Evakuierung von Juden nach dem Osten (KL Auschwitz)"[168]
wurde wie üblich unter Punkt „II. Bestimmung des zu evakuierenden Personenkreises" festgelegt, daß im Zuge dieser Evakuierungsaktion alle Juden erfaßt werden können, „abgesehen von vorerst folgenden Ausnahmen". In der anschließenden Aufzählung fehlten „unter Aufhebung der
bisher ergangenen Erlasse" nur die bislang unter diesem Punkt immer
aufgeführten „im kriegswichtigen Arbeitseinsatz befindlichen Juden".[169]
Die „Fabrik-Aktion" selbst war „auf Anweisung des Reichssicherheits-
hauptamtes schlagartig am 27.2.1943 bei Beginn der Arbeitszeit durchzuführen."[170]

In Dresden markierte der 27. Februar 1943 das Ende des „Judenlagers
Hellerberg". Alle Insassen wurden in den frühen Morgenstunden, noch
bevor sie zur Arbeit gehen konnten, verhaftet, der Lagerbereich zum „Poli-

---

166 IMT, Bd. XXXVII, S. 496 (Nürnberger Dokument 061–L).

167 Zur Vorgeschichte der „Fabrik-Aktion" vgl. Wolf Gruner, Der „geschlossene Arbeitseinsatz"
deutscher Juden als Element des antijüdischen Verfolgungsprozesses des NS-Staates 1938 bis
1943, Berlin 1993 (Diss.), S. 353–369, hier zitiert aus S. 369 (in veränderter Form veröffentlicht
unter dem Titel „Der Geschlossene Arbeitseinsatz deutscher Juden. Zur Zwangsarbeit als Element der Verfolgung 1938–1943", Berlin 1997), und Konrad Kwiet, Forced labour of German
Jews in Nazi Germany, in: Leo Baeck Institute Yearbook, Bd. 36 (1991), S. 389–410.

168 Vollständig abgedruckt in: ZStL, Judendeportationen, Bd. II, Anl. 87 (7 Bl.); die Richtlinien
sind teilweise abgedruckt bei Adler, Der verwaltete Mensch, S. 199–200; zuletzt auch abgedruckt,
aber wenig sinnvoll gekürzt bei Kurt Pätzold, „Auschwitz war für mich nur ein Bahnhof". Franz
Novak – der Transportoffizier Adolf Eichmanns, Berlin 1994, S. 139–140. Pätzold, der die Auslas-
sungen nicht gekennzeichnet hat, hat das Dokument an der entscheidenden Stelle gekürzt, der Punkt
„II. Bestimmung des zu evakuierenden Personenkreises" fehlt völlig. Vgl. die treffende Rezension
von Alfred Gottwald in: HZ 261 (1995), S. 983–985.

169 In allen anderen Punkten unterschieden sich die Richtlinien vom Februar 1943 nicht von
denen, die vorher für die Deportationen nach dem Osten gegeben worden waren; mit Ausnahme
von einigen wenigen österreichischen Juden und „Geltungsjuden", die unter bestimmten Bedingungen ausgenommen werden sollten; hinsichtlich der Behandlung von Juden mit ausländischer Staatsangehörigkeit würden noch gesondert Anweisungen ergehen.

170 Abschrift vom 25.3.1943 des Schreibens der Staatspolizeileitstelle Frankfurt/Oder, II B 4 –
1958/42 an den Landrat von Calau vom 24.2.1943, zitiert nach dem Faksimileabdruck, in: Gruner,
Diss. Geschlossener Arbeitseinsatz, 8.1. Dokumentenanhang. Ähnliche Weisungen werden auch
in anderen Stapobezirken ergangen sein.

zeihaftlager" erklärt, eingezäunt und bewacht.[171] Diejenigen Angestellten der jüdischen Gemeinde, die bisher noch außerhalb des Lagers wohnten, wurden am 27. Februar 1943 festgenommen und nach Hellerberg gebracht. Bis zum 2. März wurden Juden aus Erfurt, Halle, Leipzig, Plauen und Chemnitz nach dort verlegt. Damit nahm das Gelände immer mehr den Charakter eines überregionalen Sammellagers an.[172]

In den Abendstunden des 2. März begann die Räumung des „Judenlagers Hellerberg". Alle Gefangenen, darunter 293 Dresdner[173], mußten auf LKWs der örtlichen Schutzpolizei steigen; unter Bewachung fuhr man zum Güterbahnhof Dresden-Neustadt.[174] Von dort ging der Transport in den frühen Morgenstunden des 3. März in Richtung Auschwitz. Als einzige blieb die damals knapp zwanzigjährige Fella Feiga Drut im Lager zurück. Sie war schwanger geworden und wurde deshalb kurzfristig von der Deportation zurückgestellt. Im Lager blieben auch die erst Tage zuvor eingewiesenen über 65 Jahre alten Juden aus Chemnitz, Halle, Leipzig und Plauen.[175] Der Transport mit den Dresdner Juden muß jedoch nach der Rekonstruktion aus den überlieferten Dokumenten im Archiv von Auschwitz viel mehr

171 Vernehmung Justin Sonder vom 17. 12. 1986, in: Yad Vashem, ZUV 74, Bd. 8, Bl. 67.

172 Vgl. Klemperer, Tagebücher, Bd. 2, S. 388, Eintrag vom 2.3. 1943, und Israelitische Religionsgemeinde zu Leipzig, Nr. 2/86: Transportlisten von Leipziger Juden, 17. Febr. 1943 Theresienstadt/Auschwitz, „Transportliste II. 17.2. 1943 Osten". Auf der Liste II finden sich 134 Personen. Davon wurden mehrere mit zusätzlichen handschriftlichen Kommentaren gestrichen. Bei 14 dieser Gestrichenen findet sich der Eintrag „27/2". Diese Personen wurden an diesem Tag im Zuge der „Fabrik-Aktion" nach Dresden verbracht und im März vom Hellerberg aus nach Auschwitz deportiert. Die ins Lager Eingewiesenen finden sich unter den für diesen Transport vergebenen Häftlingsnummern in der Lagerregistratur Auschwitz. Die Datierung der Liste auf den 17.2. beruht darauf, daß die nicht von der Liste gestrichenen Menschen an diesem Tag von Leipzig nach Berlin in das Sammellager Große Hamburger Straße verlegt wurden; von dort wurden sie am 26.2. 1943 mit dem „30. Osttransport" nach Auschwitz deportiert.

173 Die Verwaltungsstelle Dresden der RV sandte nach Abgang des Transportes eine Liste derjenigen Dresdner Gemeindemitglieder ab, die am 3.3. 1943 nach Auschwitz transportiert worden waren. Diese Liste befindet sich noch heute in dem überlieferten Bestand der Bezirksstelle Mitteldeutschland im Archiv der Israelitischen Religionsgemeinde zu Leipzig, Nr. 2/66: Deportationslisten für Mitteldeutschland, 1942–1943. Siehe auch S. 184 ff.

174 Einen der LKWs begleitete auf Geheiß der Gestapo der damals 34jährige Helmut Aris. Dieser Umstand führte 45 Jahre später dazu, daß der Zeitzeuge Aris als inzwischen langjähriger Präsident des Verbandes der Jüdischen Gemeinden in der DDR in dem Prozeß gegen Gestapokommissar Schmidt nicht aussagen sollte. Die Staatssicherheit befürchtete, daß eine entsprechende Aussage die Inszenierung des Prozesses gegen den „Eichmann von Dresden" nur stören könne. Vgl. den Vermerk über eine Beratung der Generalstaatsanwaltschaft der DDR zur Vorbereitung der Hauptverhandlung vom 20.8. 1987, in: StA Dresden, Schmidt-Verfahren, Bd. II, Bl. 200.

175 Fella Drut wurde mit dem nächsten Theresienstadt-Transport am 29.3. 1943 deportiert. Im November brachte sie dort ein Mädchen zur Welt. Der Vater des Kindes (unbekannt) wurde nach Auschwitz deportiert. Mutter und Tochter überlebten und wanderten nach 1945 in die USA aus. Siehe Beschluß des Landgerichts München I, Entschädigungskammer 173/51 in der Sache Fella Feiga Drut vom 11.6. 1952, in: StA Dortmund, Ahrens-Verfahren, Ordner D: Entschädigungsakten, Bl. 21–23. Vgl. auch BA-Berlin, R 8150. RV, Bd. 26, Bevölkerungsentwicklung nach den Bezirksstellen der RV, März 1943.

Menschen umfaßt haben. Da zur gleichen Zeit sowohl aus Berlin als auch aus Westfalen je ein größerer Transport nach Auschwitz abging, muß davon ausgegangen werden, daß der am Abend des 3. März ankommende Transport aus ca. 1500 Menschen bestand.[176]

„Während der Fahrt nach Auschwitz und auch zuvor haben wir keine Verpflegung und auch keinerlei Getränke erhalten. Die Notdurft mußten wir in einen Kübel verrichten, der in einer Ecke des Waggons stand. Im Verlaufe der gesamten Fahrt blieben die Türen der Viehwaggons, die nur über eine Luftklappe verfügten, geschlossen. Sie wurden bei Halt des Zuges im Höchstfall zur Entleerung der Kübel geöffnet."[177]

Dem Kommandanten des KL Auschwitz, SS-Obersturmbannführer Rudolf Höß, waren noch Anfang März „etwa 15 000 vollkommen arbeitsfähige, gesunde Juden" allein aus der Berliner Rüstungsindustrie angekündigt worden.[178] Die Gestapo war dabei offensichtlich von überholten Zahlen aus der Januar-Statistik ausgegangen und hatte zudem nicht einkalkuliert, daß sich hinter der Zahl der vermeintlich noch in Berlin befindlichen Rüstungsarbeiter, die außerdem die in „Mischehe" lebenden Juden einschloß, jeweils auch deren Familienangehörige verbargen. Von den im März 1943 im Rahmen der „Fabrik-Aktion" nach Auschwitz deportierten etwa 12 000 Juden aus dem Reich überlebten weniger als 4500 die bei der Ankunft in Auschwitz durchgeführten Selektionen. Auch aus dem Dresdner Transport wurden von etwa 1500 Ankommenden 680 Personen (535 Männer und lediglich 145 Frauen) ins Lager eingewiesen, die anderen etwa 820 Menschen wurden sofort vergast.[179]

Im Zuge der „Fabrik-Aktion" vom Frühjahr 1943 verfolgte das RSHA neben dem Abtransport der „volljüdischen" Rüstungsarbeiter nach Auschwitz noch ein anderes Ziel. Die in der Rüstungsindustrie arbeitenden, in „Mischehe" lebenden Juden sollten zwar nicht deportiert, aber ebenfalls aus dem Industrieeinsatz herausgelöst und erfaßt werden. Sie sollten zukünftig im „geschlossenen Arbeitseinsatz" in speziellen Lagern eingesetzt werden.

---

176 Israelitische Religionsgemeinde zu Leipzig, Nr. 2/66, Schreiben der Israelitischen Religionsgemeinde zu Dresden e. V. an die Bezirksstelle Mitteldeutschland der RV in Leipzig vom 10. 3. 1943.

177 Vernehmung Justin Sonder vom 17. 12. 1986, in: Yad Vashem, ZUV 74, Bd. 8, Bl. 68.

178 Vgl. das Schreiben des Chefs des Zentralamtes an den Lagerkommandanten des KL Auschwitz, dort eingegangen am 2. 3. 1943, abgedruckt bei Gernot Jochheim, Frauenprotest in der Rosenstraße. „Gebt uns unsere Männer wieder", Berlin 1993, S. 122. Vgl. auch zum Problem »Mischehe« Gruner, Diss. Geschlossener Arbeitseinsatz, S. 368.

179 Vgl. Danuta Czech, Kalendarium der Ereignisse im Konzentrationslager Auschwitz-Birkenau 1939–1945, Reinbek 1989, S. 427–434. Zum Transport, mit dem die Dresdner nach Auschwitz verschleppt wurden, siehe S. 429.

Damit wollte sich das RSHA den uneingeschränkten Zugriff auf die in „Mischehe" lebenden Juden sichern, um im Falle einer etwaigen Entscheidung zur Deportation auch dieser bisher ausgenommenen Juden schnell und ohne Rücksicht auf die Rüstungsindustrie und die Rüstungsinspektionen handeln zu können. In dem oben bereits zitierten, im Laufe der Vorbereitungen für die „Fabrik-Aktion" ergangenen Schreiben der Staatspolizeistelle Frankfurt/Oder an den Landrat in Calau vom 25. Februar 1943 heißt es: „Betr.: Evakuierung bzw. Entfernung von Juden aus Betrieben.

[…] [D]as Reichssicherheitshauptamt in Berlin [hat] angeordnet, daß sämtliche noch in Betrieben beschäftigte Juden zum Zwecke der Erfassung aus den Betrieben zu entfernen sind. Infrage kommen für diese Aktion vor allem die in ‚Mischehe' lebenden Juden. […] [J]edoch muß der Eindruck vermieden werden, daß bei dieser Aktion das Mischeheproblem gleichzeitig grundlegend bereinigt werden soll. Soweit keine Gründe vorhanden sind, die eine Inhaftierung des in ‚Mischehe' lebenden jüdischen Eheteiles rechtfertigen, sind diese in ihre Wohnungen zu entlassen. Sie dürfen auf keinen Fall wieder in diesem oder einem anderen Betrieb beschäftigt werden. […] Ich ersuche, sämtliche Juden (auch die mit einer oder mit einem Deutschen in einer ‚Mischehe' lebenden) am 27. 2. 1943 schlagartig bei Beginn der Arbeitszeit aus den Betrieben unauffällig zu entfernen."[180]

Auch in Dresden dürften weisungsgemäß alle in „Mischehe" lebenden Rüstungsarbeiter aus den Betrieben abgezogen worden sein.[181] Fortan mußten diese weiterhin Zwangsarbeit leisten, z. B. in der Kartonagenfabrik Adolf Bauer, Neue Gasse 32, oder in der Tempo-Reinigungsanstalt, Kleine Zwingerstraße, und ähnlichen Betrieben, aber nicht mehr in kriegswichtiger Produktion.[182]

180 Faksimileabdruck bei Gruner, Diss. Geschlossener Arbeitseinsatz, 8. 1. Dokumentenanhang. Dem Mythos um die Geschehnisse in der Berliner Rosenstraße, stilisiert zu dem Beispiel der Wirksamkeit von Zivilcourage, stehen die historischen Tatsachen entgegen: vgl. dennoch Nathan Stoltzfus, Resistance of the Heart. Intermarriage and the Rosenstrasse Protest in Nazi Germany, New York/London 1996.

181 Vgl. Gruner, Diss. Geschlossener Arbeitseinsatz, S. 366–367. Für Dresden dokumentiert sich dies in vielen Lebensberichten; siehe z. B. die VVN-Unterlagen von Wilhelm Deutsch im Sächs HStA, Sozialistische Einheitspartei Deutschlands (SED), SED-Bezirksleitung Dresden, Parteiorgane: VVN, Abtl. Partei- und Massenorganisationen, Aufnahmeanträge mit Kaderunterlagen und Protokollen der Prüfungskommission (Akten des VVN-Kreisvorstandes Dresden), Akte 1697.

182 Victor Klemperer, der zuvor nicht im kriegswichtigen Arbeitseinsatz stand, wurde im April 1943 zum Arbeitsdienst bei der Teefabrik Willy Schlüter in der Wormser Straße 30 verpflichtet.

Die endgültige Auflösung der Jüdischen Gemeinde

Die „Fabrik-Aktion" markiert den Anfang der vom RSHA angestrebten endgültigen Auflösung der jüdischen Gemeinden im Reich. Neben dem Abschub der jüdischen Rüstungsarbeiter wurden im Frühjahr 1943 auch die seit dem September 1942 weitgehend eingestellten Deportationen nach Theresienstadt wieder aufgenommen.[183] Aus dem gesamten Reichsgebiet deportierte die Gestapo die noch verbliebenen Juden nach Theresienstadt oder nach Auschwitz. Gleichzeitig wurden die jüdischen Institutionen systematisch verkleinert und deren bisher weitgehend geschützte Mitarbeiter verschleppt. Das „Judenlager Hellerberg" war mit der „Fabrik-Aktion" nicht vollständig aufgelöst worden. Im Rahmen der Überführung der Juden aus der Region hatten die örtlichen Gestapostellen auch Juden nach Dresden gebracht, die nicht nach Auschwitz deportiert werden durften.[184] Es war ihnen wohl daran gelegen, jetzt die Ortschaften des Gestapobereichs Dresden „judenfrei" zu machen. Am 29. März 1943 wurde ein Transport zusammengestellt, der die 32 bisher noch im Barackenlager Hellerberg verbliebenen Juden aus Halle, Chemnitz, Leipzig und Plauen nach Theresienstadt verbrachte.[185] Mit diesem Transport gelangte als einzige Dresdnerin ein zwölfjähriges Mädchen in das Ghetto von Theresienstadt. Die Gestapo hatte im Rahmen der „Fabrik-Aktion" versucht, die bei ihrer Tante Charlotte Hempel lebende Irmgard Conradi abzuschieben. Herr Hempel als Wehrmachtsoldat schützte nicht nur seine jüdische Ehefrau, sondern auch die bei dem Ehepaar lebende Nichte Irmgard. Sein Einspruch bei der Gestapo, der ihm später eine Dienstverpflichtung zu körperlicher Schwerstarbeit einbringen sollte, dürfte dem Mädchen wahrscheinlich das Leben gerettet haben. Anstatt in Auschwitz mit der lebensbedrohenden Selektion konfron-

---

183 Vgl. die Transportaufstellungen bei Lagus/Polák, Město, S. 337–342. Nur aus Berlin trafen auch weiterhin fast ununterbrochen, mit einer Pause vom 17. 12. 1943 bis 12. 1. 1944, Transporte in Theresienstadt ein. Wien ist in ähnlicher Weise eine Ausnahme. Dort hatte man, im Gegensatz zu Berlin, von Anfang an und ohne Ausnahme in Massentransporten deportiert. Anfang Oktober 1942 war dadurch bereits die Mehrzahl der dort lebenden älteren Juden deportiert, die Transporte setzten aus. Ab Anfang Januar 1943 wurde auch aus Wien mit einer Ausnahme im Jahre 1945 in kleineren Transporten abgeschoben; aus allen anderen Gestapobereichen begannen die Transporte erst wieder im Februar 1943.

184 Aus einem Schreiben der Israelitischen Religionsgemeinde zu Leipzig an die Jüdische Gemeinde zu Dresden vom 11. 5. 1946 und der Leipziger „Transportliste I 17. 2. 1943 Theresienstadt" geht z. B. hervor, daß diese am 27. 2. 1943 nach Dresden in das „Judenlager Hellerberg" verbracht wurden und „dort ca. 4 Wochen stationiert" waren; vgl. Israelitische Religionsgemeinde zu Leipzig, Nr. 324 bzw. 2/66.

185 17 Personen aus Halle, je 6 aus Chemnitz und Leipzig und je eine Frau aus Plauen und Dresden, vgl. ZA Prag, Transportlisten, „Transport Dresden V/8".

tiert zu werden, wurde Irmgard „nur" nach Theresienstadt deportiert. Alle drei Personen überlebten den Krieg.[186]

Die endgültige Auflösung der „Jüdischen Kultusgemeinden" im gesamten Reichsgebiet wurde dann im Juni 1943 vollzogen. Mit dem Fernschreiben vom 21. Mai 1943, das an alle noch in Betracht kommenden „Evakuierungs- dienststellen" gerichtet war, teilte das RSHA mit: „Der Reichsführer-SS hat angeordnet, daß bis spätestens 30. 6. 1943 die Juden aus dem Reichsgebiet einschließlich Boehmen und Maehren nach dem Osten bezw. nach The- resienstadt abzubefoerdern sind. […] Kranke und Gebrechliche sind mit zu erfassen. […] Desgleichen sind die bisher noch bei der Reichsvereinigung oder Kultusvereinigungen beschäftigten Juden gemäß Richtlinien für die Abbeförderung zu erfassen. Damit werden diese Einrichtungen praktisch aufgelöst."[187]

In Berlin wurde am 10. Juni 1943 die Reichsvereinigung der Juden in Deutschland geschlossen und damit in ihrer alten Form praktisch aufgelöst. An ihre Stelle trat die sogenannte „Neue Reichsvereinigung der Juden in Deutschland" unter der Leitung des jüdischen Obermedizinalrates Dr. Walter Lustig mit Sitz im Jüdischen Krankenhaus in Berlin, Iranische Straße. Auch die Bezirksstellen der Reichsvereinigung und alle anderen noch bestehen- den jüdischen Organisationen waren damit praktisch aufgelöst. In den ein- zelnen Gestapobereichen nahmen die Funktionen der „Neuen Reichsverei- nigung" die sogenannten „Vertrauensmänner" wahr, deren Aufgabe vor allen Dingen darin bestand, die Statistik über die im Reich lebenden Juden weiterzuführen. In Dresden übernahm diese Aufgabe Dr. Ernst Neumark, der sein Büro zuerst An der Kreuzkirche 1 b und später in der Zeughaus- straße 3 hatte.[188]

---

186 Undatierter Lebenslauf Charlotte Hempel, in: Sächsisches Staatsarchiv Leipzig, Rat des Bezirkes Dresden, Verfolgte des Naziregimes (VdN), Nr. 3017. In diesen Unterlagen befindet sich auch ein Lebenslauf ihres Mannes Walter Hempel vom 16. 6. 1946.

187 Fernschreiben RSHA IV B 4a, 2093/42 g (391) (gez. Kaltenbrunner) vom 21. 5. 1943 an alle Stapo(leit)stellen mit Ausnahme von Prag und Brünn, den BdS, Zentralamt für die Regelung der Judenfrage in Böhmen und Mähren, Prag, den BdS in Metz und Straßburg, das Einsatz- kommando Luxemburg in Luxemburg, nachrichtlich an alle Inspekteure der Sipo und des SD, den BdS Prag, die Stapo(leit)stellen Prag und Brünn, „Betr. Evakuierung von Juden", zitiert nach ZStL, Judendeportationen, Bd. II, Anl. 88, Bl. 1–5, hier Bl. 2; in bezug auf die Behandlung der „Mischehen" heißt es weiter unten mahnend: „Ich weise ausdrücklich darauf hin, daß jüdische Mischehenpartner auf keinen Fall abzubefördern sind. Es darf auch sonst sicherheitspolizeilich gegen sie nur vorgegangen werden, wenn tatsächlich belastendes Material vorliegt. Soweit jüdische Mischehepartner aus allgemeinen Gründen festgenommen worden sind, sind diese sukzessive wieder zu entlassen.", ebenda Bl. 3; der Begriff „nach dem Osten" wird unter Punkt 6.) konkretisiert: „Die Abbeförderung nach Auschwitz bzw. nach Theresienstadt […]", ebenda, Bl. 4.

188 Vgl. Kurt Jacob Ball-Kaduri, Berlin wird judenfrei. Die Juden in Berlin in den Jahren 1942/43, in: Jahrbuch für die Geschichte Mittel- und Ostdeutschlands 22 (1973), S. 231; Hildesheimer, Reichsvereinigung betont auf S. 233, daß die RV formal nie aufgelöst wurde, und belegt dies mit einem Erlaß des Reichsministers der Finanzen vom 3. August 1943, der aufgrund der nach dem 10. 6. 1943 aufgekommenen Kontroverse mit dem RSHA über das Vermögen der RV entstanden

Schließlich verließen mit dem Transport vom 21. Juni 1943 der Vorstand der Israelitischen Religionsgemeinde Dresden sowie die anderen Gemeindeangestellten und damit die letzten nicht in „Mischehe" lebenden Juden ihre Heimat in Richtung Theresienstadt.[189] Nach dem 21. Juni 1943 befanden sich nur noch die in „Mischehe" lebenden Juden bzw. die sogenannten Mischlinge in Dresden.[190]

Kurz vor dem Transport verfügte die NSDAP-Kreisleitung, daß in die durch diese Deportation frei werdenden Wohnungen in der Zeughausstraße 1 und 3 und zusätzlich in der Sporergasse 2 sämtliche noch im Stadtgebiet wohnenden Mischehen, bei denen die Männer „Sternträger" waren, zu konzentrieren wären.[191]

Am 11. Januar 1944 schließlich wurde die Verschleppung der Dresdner Juden nach Theresienstadt mit der Deportation von jüdischen Ehegatten aus nicht mehr bestehenden Mischehen de facto abgeschlossen. Reichsweit setzte ein erneuter Deportationsschub nach Theresienstadt Anfang 1945 ein. Jetzt wurde keine Rücksicht mehr genommen auf bestehende Mischehen und Mischlinge ersten Grades. Als Arbeitseinsatztransporte getarnt, fuhren diese rund 2080 Menschen aus verschiedenen Städten des Reiches nach Theresienstadt. Zu dieser Zeit lebten in Dresden noch 174 Juden und 24 im Regierungsbezirk Dresden-Bautzen.[192] Der Abtransport der „Arbeitseinsatzfähigen" unter ihnen, der zusammen mit den Chemnitzer Juden nach dem Ghetto abgefertigt werden sollte, kam jedoch nicht zustande. Die Bombardierung Dresdens am 13. und 14. Februar 1945 verhinderte dies. Auch wenn über die Zahl der während der Luftangriffe getöteten Juden bisher nur wenig bekannt ist, so ist doch gewiß, daß viele der zu diesem Transport eingeteilten Opfer „untertauchen" und so ihr Leben retten konnten.

war. Dort heißt es: „Die Reichsvereinigung besteht weiter, sie ist nicht aufgelöst." Vgl. die „Liste der Vertrauensmänner der Reichsvereinigung der Juden in Deutschland", in: BA Berlin, R 8150: RV, Bd. 32, Bl. 1–2. Das Vermögen der Gemeinde wurde am 11. Juni 1943 beschlagnahmt. Siehe Schreiben der Staatspolizeileitstelle Dresden, II B 3 116/43 g (gez. Schmidt) an die Allgemeine Deutsche Credit-Anstalt, Dresden vom 11.6.1943, in: Yad Vashem, ZUV 74, Bd. 19, Bl. 60.

189 Unter ihnen der letzte Vorsitzende der Gemeinde Kurt Hirschel, seine Frau Elsa, geborene Glauber, und die elf bzw. acht Jahre alten Söhne Alfred und Wolfgang sowie Hirschels „rechte Hand" Adolf Kahlenberg und dessen Mutter Rosa, geborene Grünewald. Vgl. ZA Prag, Transportlisten, Transport „Dresden V/9".

190 Auf die Aktionen gegen die sogenannten Mischlinge kann hier nicht näher eingegangen werden. Vgl. dazu: Jeremy Noakes, The Development of Nazi Policy towards the German-Jewish „Mischlinge" 1933–1945, in: Leo Baeck Institute Year Book XXXIV (1989), S. 337–354.

191 Schreiben der NSDAP-Kreisleitung Dresden an den Oberfinanzpräsidenten vom 15.6.1943, in: Sächs HStA, Sächsisches Ministerium der Finanzen, Nr. 1758: Verwaltung von Grundstücken aus ehemals eingezogenem oder verfallenem Vermögen, 1946.

192 Vgl. die „Aufstellung über die Arbeitseinsatzfähigkeit der Juden des Regierungsbezirkes Dresden nach dem Stande vom 22. Januar 1945", in: USHMM, Collection Dr. Katz.

Nachtrag: Hintergründe des Filmdokuments „Zusammenlegung der letzten Juden in Dresden in das Lager am Hellerberg am 23./24. Nov. 1942"

Das hier in Einzelbildern auszugsweise dokumentierte historische Filmmaterial[193] unterscheidet sich grundsätzlich von anderen Überlieferungen zur nationalsozialistischen Judenverfolgung durch den Zeitpunkt der Aufnahme und den Auftraggeber. Die meisten Filme und Fotografien entstanden im Auftrag der Stadt oder der örtlichen Geheimen Staatspolizei. Sie zeigen, wie etwa in Stuttgart, Bielefeld, Würzburg und Eisenach, die Verhältnisse in den Sammellagern und die Deportation der Juden aus der Stadt.[194]

Die Überlieferung in diesen Städten dokumentiert in aller Regel die Verschleppungsaktionen im Laufe des Winters 1941/42. Seit den Transporten im Frühjahr 1942 wurden offenbar keine Aufnahmen mehr gemacht – es sind jedenfalls keine Bilder überliefert. Dies hat seinen Grund möglicherweise in der Tatsache, daß nun in den Stadtchroniken beispielhaftes Material über die Abtransporte vorhanden war. Es sollte gar nicht mehr jede Deportation dokumentiert werden. Es genügte, wenn diese „letzte Maßnahme zur Befreiung einer Stadt vom Judentum" an einem Transport für die Nachwelt überliefert war. Die Aufnahmen im Auftrage der Geheimen Staatspolizei hatten in Nürnberg und Würzburg bewiesen, daß die örtlichen Maßnahmen funktionierten.[195] Das vorliegende Material hingegen wurde erst im November 1942 aufgenommen und steht in keinem Zusammenhang mit der Dresdner Stadtchronik.[196]

[193] Das Original befindet sich zur Zeit noch im Privatarchiv von Ernst Hirsch in Dresden. Nach dessen Auskunft wird das Originalmaterial in naher Zukunft an das Bundesarchiv, Abteilung Filmarchiv, nach Berlin abgegeben werden.

[194] Folgende Filme und Fotografien sind bekannt: In Nürnberg wurde anläßlich der Deportation nach Riga am 29.11.1941 im Auftrag der Gestapo ein Film vom Sammellager in Langwasser hergestellt, der bislang aber als verschollen gilt. Für Stuttgart gibt es einen Film über die Sammlung der Juden im Lager Killesberg kurz vor ihrer Deportation nach Riga am 1.12.1941, weiterhin einen Film über eine Lebensmittel-Verkaufsstelle nur für Juden, welche im April 1941 eingerichtet worden war. Beide Filme sind Bestandteil der „Kriegschronik" der Stadt Stuttgart. In der Kriegschronik im Stadtarchiv Bielefeld existieren für die dortige Deportation nach Riga am 13.12.1941 im Auftrag der Gauleitung in Münster hergestellte Fotografien des Sammellagers „Kyffhäuser-Saal". Die Deportation der Würzburger Juden am 26.4.1942 nach Izbica/Distrikt Lublin wurde von der Gestapo fotografiert (Stadtarchiv Würzburg). Die „Exmittierung von Juden in Eisenach" am 10.5.1942 wurde im Auftrag der Stadt fotografiert, die Fotos liegen heute als Bestandteil der „Kriegschronik" im Stadtarchiv Eisenach. Die Verschleppung der Juden des Kreises Hanau am 31.5.1942 nach Majdanek und Izbica fotografierte der Hanauer Stadtfotograf ebenfalls für eine Stadtchronik (Kreisbildstelle Hanau). Einzelne Fotografien von Deportationen liegen auch für Hohenlimburg, Fulda, Brandenburg/Havel und Wien vor.

[195] Die Nürnberger Gestapo hatte im Auftrag des RSHA die Sammlung der Juden im Abschiebelager zu filmen. Die Aufnahmen in Würzburg sollten eine Verschleppung aus einer kleineren Stadt zeigen.

[196] Die Dresdner Stadtchronik galt als vorbildlich für die Anlegung und Führung von örtlichen Chroniken. Sie liegt heute in Form von Karteikarten im Stadtarchiv Dresden. Sie enthält keinerlei

Die bisherige Interpretation des Filmmaterials wurde geprägt von dem Berliner Regisseur Ulrich Teschner und dem Dresdner Kameramann Ernst Hirsch. Sie verwendeten die historischen Aufnahmen für ihren Film „Die Juden sind weg. Das Lager Dresden Hellerberg. Eine Dokumentation."[197] Darin wird die Auffassung vertreten, daß am 23. November 1942 der Leiter des Laboratoriums der Zeiss Ikon AG Dresden, Walter Riedel[198], einen Anruf seiner Geschäftsleitung bekam. Es wurde ihm mitgeteilt, er habe noch am selben Tag an einem ihm nicht mehr erinnerlichen Ort Filmaufnahmen zu machen. Riedel delegierte diesen Auftrag an seinen Untergebenen Erich Höhne[199], da er selber keine Zeit hatte. Auf diesen Auftrag hin filmte nun Höhne die Räumung der Dresdner Judenhäuser, die Desinfizierung der Juden in der „Städtischen Entseuchungs-Anstalt" in der Fabrikstraße 6 und letztlich die Ankunft der Menschen im Lager Hellerberg. Der Film wurde anschließend im Archiv der Zeiss Ikon AG verwahrt, bis ihn Höhne nach Kriegsende im Laufe des Jahres 1945 zusammen mit anderen Filmrollen an sich nahm, um sie vor dem drohenden Verlust durch Plünderungen zu bewahren. Bei der Betrachtung nach der Wiederentdeckung des Films Mitte der neunziger Jahre erinnerte sich Höhne, daß er selbst vor Jahren diesen Film aufgenommen hatte. Die Version Teschners und Hirschs, gestützt allein auf die Aussagen von Höhne und Riedel, geht davon aus, daß der Film im Auftrag der Geschäftsleitung der Zeiss Ikon AG gedreht wurde, um das „gute" Leben in einem Ikon-Arbeitslager zu dokumentieren. Diese Version scheint aber an vielen Punkten wenig plausibel zu sein. Das

Bezüge zu den Deportationen aus der Stadt. Vgl. auch Rudolf Glänzel, Das Stadtarchiv und seine Aufgaben, in: Rundschreiben und Mitteilungen der Landeshauptstadt Dresden 6, Nr. 4 (1.4.1939), S. 55–56.

197 Heller-Film, Dresden/Berlin 1997. Dauer etwa 70 Minuten. Dieser Film wurde zum ersten Mal anläßlich der Gedenkveranstaltung zum 55. Jahrestag der Einrichtung des „Judenlagers Hellerberg" öffentlich aufgeführt. Er liegt seit März 1998 in einer zweiten, leicht überarbeiteten Fassung vor.

198 Walter Riedel, geb. am 17.10.1910 in Dresden, war bereits 1930 zur Zeiss Ikon AG gekommen und hatte sich dort als gelernter Feinmechaniker vom Labormechaniker zum Abteilungsleiter hochgearbeitet. Von 1945 bis 1972 war er Betriebsleiter der Elektrofabrik Oskar Heine KG Dresden bzw. nach der Verstaatlichung des Betriebes Werksdirektor. Später wurde er dann Außenstellenleiter des VEB Lokomotivbau- und Elektrotechnische Werke „Hans Beimler" Henningsdorf in Dresden. Ein Studium an der Hochschule für Ökonomie in Berlin schloß er 1963 als Diplomwirtschaftler ab. Von 1949 bis 1958 war Riedel Stadtverordneter bzw. Abgeordneter der Stadtbezirksversammlung in Dresden, 1950 bis 1958 Mitglied des Kreisvorstandes Dresden der CDU und ab 1956 Mitglied des Hauptvorstandes der CDU. Ab 1958 gehörte er der Volkskammer der DDR an und war Mitglied verschiedener Ausschüsse. Vgl. Gabriele Baumgartner/Dieter Hebig (Hrsg.), Biographisches Handbuch der SBZ/DDR 1945–1990, Bd. 2, München 1997, S. 716–717.

199 Erich Höhne, geb. am 8.3.1912, der neben Richard Peter wohl bekannteste Dresdner Fotograf der zerstörten Stadt, arbeitete nach 1945 lange Jahre im Auftrag der „Sächsischen Zeitung" als Bildreporter. Vgl. Heidrun Hannusch, Herkunft eines erschütternden Zeitdokumentes jetzt geklärt. Erich Höhne mußte Film über „Judenlager" drehen, in: Dresdner Neueste Nachrichten vom 7.8.1997.

uns heute vorliegende Material ist nicht das ursprünglich von Höhne aufge-
nommene Rohmaterial, sondern eine Kopie der originalen Schnittversion.
Die Darstellung entsprach also jetzt dem Wunsch eines Auftraggebers. Das
Material folgt nun einer bestimmten Komposition und wird an verschiedenen Stellen durch Texteinblendungen kommentiert.[200] An keiner Stelle der
Schnittversion findet sich ein Hinweis auf die Zeiss Ikon AG oder das Lager
als Arbeitslager. Die Darstellung stützt die Version Teschners und Hirschs
nicht. Auch die Titelei des Films weist auf eine andere Intention der Auftraggeber hin.

Wenn die Dokumentation eine Auftragsarbeit der Geschäftsführung war,
warum wurde der Leiter des Filmlabors dann erst am Tage der Verschleppung ins Lager verständigt?

Seltsam erscheint ebenfalls, daß sich sowohl Riedel als auch Höhne erst
nach der Restaurierung des Films durch Hirsch im Jahre 1996 an die Vorgänge im November 1942 erinnern konnten. Vor dem Dresdner Bezirksgericht fand 1987 der bereits erwähnte, vielbeachtete und mit großem
Aufwand inszenierte Strafprozeß gegen den ehemaligen Leiter des Judenreferats der Gestapoleitstelle Dresden, Henry Schmidt, statt. Hier waren die
Vorgänge um die Einrichtung des Judenlagers Hellerberg einer der drei
Hauptanklagepunkte. Der Prozeß wurde von der Dresdner Bevölkerung
aufmerksam verfolgt,[201] und Höhne sowie Riedel dürften sich mit Sicherheit anläßlich der Vorwürfe gegen Schmidt an die Verschleppung der
Juden nach Hellerberg erinnert haben.

Was zeigen die Bilder des Films wirklich, und wer könnte ihn in Auftrag
gegeben haben? Gibt es außer den Nachkriegsaussagen noch andere, zeitgenössische Indizien, die diese Fragen erhellen könnten? Für eine Erklä-
rung müssen historische Zusammenhänge tiefer ausgeleuchtet werden,
andere Beteiligte geraten ins Blickfeld.

Seit seiner Berufung zum Oberbürgermeister in Dresden hatte Dr. rer. pol.
Hans Nieland[202] Probleme mit dem Gauleiter und Reichsstatthalter Martin
Mutschmann. Dieser glaubte, daß mit der Berufung des ehemaligen Ham-

---

200 Da die Schnittversion im Archiv der Zeiss Ikon AG lag, ist davon auszugehen, daß das
Rohmaterial auch dort bearbeitet wurde.

201 Vgl. die laufende Berichterstattung vom September 1987 in der „Sächsischen Zeitung" und
dem „Neuen Deutschland". Zur Inszenierung des Verfahrens den „Plan zur publizistischen Aus-
wertung des Prozesses gegen den ehemaligen leitenden Mitarbeiter der Gestapo, Henry
Schmidt", in: BA Berlin, DP 3: Generalstaatsanwaltschaft der DDR, Nr. 243-2-1987, Karton 241, Bl.
13–16. Selbst die Nachrichtensendung des DDR-Fernsehens „Aktuelle Kamera" berichtete am
15. und 18.9. 1987 über den Verlauf des Prozesses.

202 Hans Nieland, geb. am 3. 10. 1900 in Hagen, war Parteimitglied seit dem 30. 1. 1926. In die SS
trat er im November 1933 ein. Nieland war seit 1926 Bezirksführer des Bezirkes Lenne-Volme im
Gau Ruhr. Nach bestandenem Referendarexamen war Nieland im Gau Hamburg als Gauorgani-

burger Finanzsenators Nieland 1940 nach Sachsen der Hamburger Gauleiter Kaufmann einen Lokalpolitiker zweiter Wahl „weggelobt" hätte.[203] Nieland war zudem ein kunstbegeisteter Nationalsozialist, der für die kulturellen Belange der Stadt immer ein offenes Ohr hatte. Streitereien zwischen Mutschmann und Nieland bezogen sich meist auf die Amtsführung des Oberbürgermeisters und seinen Versuch, ein weiteres Theater in der Stadt zu gründen.[204] Es lag ganz in Mutschmanns Strategie, zu versuchen, den lästigen Lokalpolitiker möglichst zur Wehrmacht einberufen zu lassen.[205]

Doch der Dresdner Oberbürgermeister hatte mächtige Freunde. Aufgewachsen im westfälischen Hagen, hatte Nieland in Göttingen und Hamburg studiert und war seit 1926 NSDAP-Mitglied. Es dürfte in dieser Zeit auch zu Kontakten zum Reichspropagandaminister Joseph Goebbels gekommen sein, die Nieland später nützlich werden sollten. Nieland vertrat geschickt die Interessen des Reichspropagandaministers in der Stadt. Wenn beide sich trafen, schwelgten sie in Erinnerungen an die „Kampfzeit" an der Ruhr und in Westfalen.[206] Als Mutschmann versuchte, Nieland massiv unter Druck zu setzen, fand dieser bei Goebbels ein offenes Ohr. Der Propaganda-

sationsleiter tätig und seit 1930 Reichstagsabgeordneter der NSDAP. Er gründete im Mai 1931 die Auslandsabteilung der Partei. Nach der Umwandlung der Auslandsabteilung in den Gau Ausland war Nieland Gauleiter Ausland der NSDAP. Von März bis Mai 1933 war er Polizeipräsident in Hamburg, bevor er als Senator und Präses der Baubehörde in die Landesregierung aufgenommen wurde. Nach Inkrafttreten des Landesverwaltungsgesetzes am 1.10.1933 Senator der Verwaltung für Wirtschaft, Technik und Arbeit. Vom 1.1.1934 bis zu seiner Versetzung nach Dresden im März 1940 Senator der Finanzen in Hamburg. Nach Empfehlung des Hamburger Gauleiters auf Anforderung Mutschmanns als Oberbürgermeister nach Dresden in Marsch gesetzt. Dienstantritt am 5.3.1940. Im Jahre 1934 war Nieland innerhalb der SS dreimal befördert worden, so daß er im Jahre 1935 bereits SS-Oberführer war. Die Beförderung zum SS-Brigadeführer erfolgte am 30.1.1939. Seit dem 1.4.1940 war Oberbürgermeister und SS-Brigadeführer Nieland Führer beim Stab des SS-Oberabschnitts Elbe unter der Führung des HSSPF Udo von Woyrsch. Alle Angaben aus BA Berlin, BDC, SS-Organisation-Akte (künftig: SSO-Akte) Dr. Hans Nieland, SS-Personalnachweis und Dienstlaufbahn sowie tabellarischer Lebenslauf des Senators Dr. Nieland vom 22.12.1937.

203 So der Führer des SS-Oberabschnittes Elbe, Udo von Woyrsch, in einem Schreiben vom 22.9.1942 an den Leiter des SS-Personalhauptamtes, Brigadeführer Maximilian von Herff, in: BA Berlin, BDC, SSO-Akte Dr. Hans Nieland.

204 „Der Dresdner Oberbürgermeister Dr. Nieland entwickelt mir Aufbaupläne für die Dresdner Theater und anderen Kunstinstitute. Er hat es in der Hauptstadt Sachsens sehr schwer. Mutschmann spielt den Kulturtyrannen, und es ist nicht leicht, mit ihm auszukommen. [...] Nieland ist nun auch bald schon wieder mit seiner Geduld zu Ende, und es wird sich unter Umständen hier in Kürze erneut eine Oberbürgermeisterkrise ergeben". In: Elke Fröhlich (Hrsg.), Die Tagebücher von Joseph Goebbels, Teil II: Diktate 1941–1945, Bd. 2, Oktober bis Dezember 1941, München/New York/London/Paris 1996, S. 270, Eintrag vom 11.11.1941.

205 Einer Notiz in der Partei-Kanzlei zufolge hatte Mutschmann 1942 versucht, den Oberbürgermeister für die Einziehung zum Wehrdienst vorzuschlagen. Die Partei-Kanzlei lehnte damals ab. Vgl. BA Berlin, BDC, Partei-Kanzlei-Akte (künftig: PK-Akte) Dr. Hans Nieland, Aktennotiz vom 28.12.1944.

206 Vgl. Goebbels' Eintrag vom 12.4.1943, in: Fröhlich, Tagebücher Joseph Goebbels, Teil II, Bd. 8, S. 93: „Mit Dr. Nieland tausche ich alte Erinnerungen aus der Kampfzeit im Ruhrgebiet aus. Nieland ist ein sehr sympathischer Charakter."

minister versicherte sich selbst bei Hitler, daß Mutschmann sich in dieser Angelegenheit nicht durchsetzen sollte.[207]

Jedoch schien es notwendig, daß Nieland neben seiner Verpflichtung als Oberbürgermeister eine zweite, sozusagen „reichswichtige" zivile Aufgabe bekam. Zur Debatte stand die zeitweise Vertretung des Reichsfilmintendanten Fritz Hippler.[208] Nieland hätte also ein Motiv gehabt, einen Film über die Umquartierung der Juden herstellen zu lassen, der im Titel darauf verweist, daß „die letzten Juden" soeben Dresden verlassen. Thema und Medium empfahlen ihn geradezu für eine Tätigkeit als Reichsfilmintendant.

Für diese Rekonstruktion der Geschehnisse ist ebenfalls relevant, daß auf der vorbereitenden Sitzung zur Einrichtung des Lagers am 10. November Vertreter des Konzerns, der Gauleitung und der Geheimen Staatspolizei anwesend waren. Bei einem geplanten Filmprojekt, wie dies Teschner und Hirsch behaupten, hätte hier die Durchführung zweckmäßigerweise besprochen werden können. Im Dokument jedoch befinden sich keinerlei derartige Hinweise. Gerade weil die städtischen Behörden nicht vertreten waren, ist es sinnvoll, die Initiative zur Erstellung eines Films hier zu verorten.

Der Umstand, daß der Film so unvorbereitet und spontan in Auftrag gegeben wurde, könnte seinen Hintergrund darin gehabt haben, daß der Oberbürgermeister am 23. November 1942 vom Chef des SS-Personalhauptamtes informiert wurde, daß Himmler selbst Nieland zum Kriegseinsatz bei der Waffen-SS einziehen lassen wollte.[209]

Bei einem Vortrag am 17. November hatte der SS-Brigadeführer Maximilian von Herff dies vom Reichsführer-SS erfahren.[210] Für Nieland stand seit dieser Meldung zu befürchten, innerhalb kürzester Zeit seinen Posten räumen zu müssen, was Gauleiter Mutschmann mit Sicherheit ausgenutzt hätte.

Der SS-Brigadeführer Nieland war also gezwungen, sich nun nachdrücklich beim Reichspropagandaministerium als künftiger Reichsfilmintendant zu empfehlen. Es liegt nahe, daß er am 23. November die Geschäftsleitung

207 „Daß die Kulturfragen in Sachsen so außerordentlich schlecht geführt werden, bedauert der Führer sehr. Auch da soll ich auf Mutschmann einzuwirken versuchen und, wenn ich nicht zum Ziele komme, mich wieder an ihn wenden", in: Fröhlich, Tagebücher Joseph Goebbels, Teil II, Bd. 6, S. 67, Eintrag vom 4. 10. 1942.

208 Goebbels konnte sich jedoch definitiv erst im Frühjahr 1943 dazu durchringen, das Amt des Reichsfilmintendanten Dr. Fritz Hippler nach dessen zahlreichen Alkoholeskapaden zur Disposition zu stellen. „In seinem eigensten Interesse muß ich deshalb jetzt ein Exempel statuieren, [...]", in: Fröhlich, Tagebücher Joseph Goebbels, Teil II, Bd. 7, S. 429 und 439, Eintrag vom 27. 2. 1943.

209 Schreiben des Chefs des SS-Personalhauptamtes, Maximilian von Herff, an den Brigadeführer und Oberbürgermeister Dr. Nieland vom 23. 11. 1942, in: BA Berlin, BDC, SSO-Akte Dr. Hans Nieland.

210 Terminkalender Heinrich Himmlers, in: Zentrum für die Aufbewahrung historisch dokumentarischer Sammlungen („Sonderarchiv"), Moskau, Fond 1372, opis 5, Akte 56. Eine kommentierte Edition dieser Quelle ist in Vorbereitung.

des Zeiss-Ikon-Werks anrief, um ad hoc einen Filmauftrag zu übermitteln, von dem er wußte, daß Goebbels diesen auch als politische Dokumentation zur Austreibung der Juden aus einer deutschen Kulturmetropole schätzen würde. Als Berliner Gauleiter war Goebbels ohnehin ständig darum besorgt, daß die Deportation der Berliner Juden zügig vonstatten ging.

Schon am 25. November konnte Nieland in einem privaten Schreiben an von Herff feststellen: „Ich bedaure, Ihnen auf Ihr Schreiben vom 23. ds. Mts. eine zusagende Antwort nicht geben zu können. Ich habe mich inzwischen verpflichtet, im Auftrage des Reichsministers Dr. Goebbels eine besondere kriegswichtige Aufgabe im Geschäftsbereich des Propagandaministeriums zu übernehmen. Ich darf Sie bitten, dem Reichsführer-SS meinen besonderen Dank für seine Bereitwilligkeit auszusprechen, mir im Rahmen der Waffen-SS einen Kriegseinsatz zu ermöglichen." Später wurde Nieland dann auch stellvertretender Reichsfilmintendant.[211]

Bis 1945 sollte Mutschmann weiterhin vergeblich versuchen, die U.k.-Stellung des Oberbürgermeisters aufheben zu lassen. Erst nach der schweren Bombardierung Dresdens am 13./14. Februar 1945 hatte der sächsische Gauleiter die Möglichkeit, Nieland schwerwiegende Versäumnisse nachzuweisen. Als Leiter der Sofortmaßnahmen zur Beseitigung der Folgen des Angriffs war er zu den entsprechenden Sitzungen nicht erschienen. Mutschmann beurlaubte Nieland kurzerhand am 19. Februar 1945.[212]

211 Vgl. BA Berlin, BDC, SSO-Akte Dr. Hans Nieland; und auch Aktennotiz des SS-Personalhauptamtes vom 31. 8. 1943, in: ebenda.

212 Vgl. BA Berlin, BDC, PK-Akte Dr. Hans Nieland, Schreiben des Reichsstatthalters in Sachsen, Mutschmann, an den Oberbürgermeister Nieland vom 19. 2. 1945. Über sein Nachkriegsschicksal ist nichts bekannt.

Chronologie zur nationalsozialistischen Judenverfolgung in Dresden 1933–1945 ━━━━━━━━━━━

1933

Ende Februar 1933 In Dresden wird ein anonymes Wahlflugblatt durch die Post verteilt (gezeichnet „Nationale Frauenliga"), das mit der Propagandafigur vom jüdischen Ritualmord, hier angeblich im März 1932 an einer 22jährigen Frau in Paderborn begangen, vor dem Bolschewismus als „jüdischer Erfindung" warnt.

8. März 1933 Plünderung des Verlags- und Druckhauses Kaden & Co. am Wettiner Platz 10 durch Dresdner SA-Verbände. Bis dato waren dort die von den Nationalsozialisten als „marxistisch" bezeichnete „Dresdner Volkszeitung" sowie das „Israelitische Gemeindeblatt" gedruckt worden. Anschließende Bücherverbrennung auf dem Vorplatz.

31. März 1933 Weisung des Personalamtes der Stadt Dresden an alle städtischen Geschäftsstellen und die städtischen Aktiengesellschaften, „sämtliche Beschäftigte jüdischer Rasse" aus den Diensten der Stadt zu „entfernen" (Rundschreiben Nr. 8): unmittelbare Kündigung zum nächstmöglichen Termin, sofort wirksame Untersagung der Dienstausübung. Besonderer Hinweis auf die Notwendigkeit zur Unterbindung der Tätigkeit von jüdischen Ärzten und Zahnärzten.

1. April 1933 Reichsweiter Boykott der jüdischen Geschäfte. In Dresden beginnt er bereits am Vorabend mit einer Demonstration von SA und Partei.

7. April 1933 Erlaß des „Gesetzes zur Wiederherstellung des Berufsbeamtentums": Entfernung von politischen Gegnern aus der Beamtenschaft. Nach § 3 sind auch alle Beamten, „die nichtarischer Abstammung sind", in den Ruhestand zu versetzen. Ausnahmen gelten für Juden, die bereits vor dem 1. August 1914 im Beamtenverhältnis standen, und für „Frontkämpfer" des Ersten Weltkrieges.

26. Mai 1933 Erlaß des „Gesetzes über die Einziehung kommunistischen Vermögens": Die obersten Landesbehörden sind berechtigt, die Sachen und Rechte der Kommunistischen Partei Deutschlands und aller zur „Förderung kommunistischer Bestrebungen" dienenden Einrichtungen zugunsten des Landes einzuziehen.

16. Juni 1933 Nach den Ergebnissen der Volkszählung leben in Dresden 4397 „Glaubensjuden". In der Kreishauptmannschaft Dresden-Bautzen 4938, im Land Sachsen insgesamt 20584. Sie stellen damit einen Anteil von 0,68 Prozent der Gesamtbevölkerung (für die Kreishauptmannschaft liegt der Anteil bei 0,26 Prozent, im Land Sachsen bei 0,4 und im Reich bei 0,77 Prozent). Davon haben 60,7 Prozent eine ausländische Staatsangehörigkeit oder sind im Ausland (ohne die abgetrennten ehemaligen deutschen Gebiete) geboren (fast drei Viertel davon in Polen).

14. Juli 1933 Erlaß des „Gesetzes über die Einziehung volks- und staatsfeindlichen Vermögens": Ausweitung der Vorschriften des Gesetzes zur Einziehung kommunistischen Vermögens vom 26. Mai 1933 auf die Sachen und Rechte der Sozialdemokratischen Partei Deutschlands und aller zur Förderung „marxistischer" und anderer „volks- und staatsfeindlicher Bestrebungen" dienenden Einrichtungen. Feststellung der „Volks- und Staatsfeindlichkeit" durch den Reichsminister des Innern.

31. Juli 1933 „Nichtarier" werden nach einer Weisung des Gesamtministeriums für den öffentlichen Dienst Sachsens, mit Ausnahme jüdischer Lehrer an jüdischen Schulen, nicht mehr zugelassen.

Rundschreiben Nr. 8.   Dresden, am 31. März 1933.

An
      die städtischen Geschäftsstellen
      u.die städt.Aktiengesellschaften.

Betr.: Entfernung jüdischen Personals.

      Sämtliche Beschäftigte jüdischer Rasse (Die Religion ist ohne Belang. Katholisch oder protestantisch getaufte Juden fallen ebenso wie Dissidenten jüdischer Abstammung darunter) sollen aus den Diensten der Stadt entfernt werden.

      Hierzu wird hinsichtlich der Beamten, Angestellten und Arbeiter, bei denen die bezeichnete Voraussetzung vorliegt , folgendes bestimmt:

a) Kündbaren Beamten sowie Angestellten (auch Dauerangestellten) und Arbeitern ist noch heute zum nächstzulässigen Zeitpunkt auf Grund dieses Rundschreibens zu kündigen. Sie sind sofort vom Dienst fernzuhalten.

b) Unkündbaren Beamten ist die Dienstausübung mit sofortiger Wirkung zu untersagen.

c) Diese Anordnung bezieht sich auch auf alle nebenamtlich oder ehrenamtlich Beschäftigten. In diesen Fällen ist in erster Linie von der Möglichkeit der fristlosen Auflösung des Vertragsverhältnisses Gebrauch zu machen.

d) Soweit bei Ärzten (auch Zahnärzten) Kollektivverträge mit den Ärztevereinen bestehen, ist dafür Sorge zu tragen, daß jüdische Ärzte nicht mehr tätig werden.

e) Die Geschäftsstellen und Aktiengesellschaften werden er -sucht, über die getroffenen Maßnahmen unverzüglich dem Personalamt zu berichten.

                 P e r s o n a l a m t .
                 Dr.Fischer.

Die Entfernung von Juden aus den Diensten der Stadt Dresden
Rundschreiben Nr. 8 des Personalamtes der Stadt Dresden an die städtischen Geschäftsstellen und die städtischen Aktiengesellschaften vom 31. März 1933.
(Stadtarchiv Dresden, Dresdner Straßenbahn, Akte 431)

27. September 1933 Die französische Zeitung „Les Temps" meldet, daß sächsische Behörden eine Verordnung erlassen haben, die darauf hinweist, daß Juden „nicht zu zwingen seien", den „Deutschen Gruß"zu verwenden, „da die Juden nicht zur deutschen Volksgemeinschaft gehören".

23. September 1933 Eröffnung einer Ausstellung „Entartete Kunst" im Lichthof des Dresdner Rathauses.

1934

Dezember 1934 Gründung der „Wohnungsstelle" mit beigeordneter „Wohnungstauschstelle" beim Stadtwohlfahrtsamt Dresden im Stadthaus in der Theaterstraße durch den Oberbürgermeister. Ihre Aufgabe besteht in der Bekämpfung der Wohnungsnot von Familien und Kinderreichen durch Vermittlung von Wohnraum sowie durch Unterstützung bei Sanierung und Umbau von Wohnungen.

1935

Mitte Juli 1935 In der Privatbadeanstalt Bühlau sind „Juden unerwünscht".

Juli/August 1935 Auch in der gleichgeschalteten Dresdner Presse erreicht wie im gesamten Reichsgebiet eine seit dem Frühjahr geführte antijüdische Kampagne ihren Höhepunkt. Bezugnehmend auf die Propagandafigur des zunehmend „frecher" werdenden Juden und seiner „Provokationen" hat sie vor allen Dingen zwei Stoßrichtungen: die Anprangerung von geschlechtlichen Beziehungen zwischen Juden und „Ariern" durch Veröffentlichung der vollen Namen und Adressen von sogenannten Rassenschändern und den Ausschluß der Juden aus dem öffentlichen Leben, beginnend mit dem Boykott jüdischer Geschäfte.

Anfang August 1935 In der Dresdner Johannstadt, beispielsweise am Bönischplatz, werden wahrscheinlich von der NSDAP-Ortsgruppe antisemitische Plakate mit Parolen wie „Liebling in dem blonden Haar, schlaf und träume wunderbar" geklebt. An sämtlichen Laternenpfählen der Pfotenhauerstraße bis hinauf zur Vogelwiese sowie entlang der Blumen- und Ziegelstraße bis zur Pillnitzer Straße sind Zettel mit der Aufschrift „Die Juden sind unser Unglück" und „Wer beim Juden kauft, ist ein Volksverräter" angebracht.

August 1935 Einrichtung einer unter der Leitung des Kreispropagandaleiters stehenden „Judenabwehrstelle" bei der Kreisleitung der NSDAP. Sie dient als Zentralstelle für sämtliche Angelegenheiten, die sich mit Juden befassen, besonders der Genehmigung und Dokumentation aller gegen Juden gerichteten Propagandaaktionen im Kreisgebiet. Sie ist zusammengesetzt aus Mitarbeitern des Propagandaamtes, der wirtschaftspolitischen Abteilung und des rassenpolitischen Amtes.

Ende August 1935 Der Polizeipräsident und der Oberbürgermeister zu Chemnitz erklären Juden in der Stadt für unerwünscht. Ihnen wird jegliche Unterstützung in offener Fürsorge versagt, bei fehlender Unterkunft werden sie kurzfristig im Obdachlosenheim untergebracht und dann gezwungen, die Stadt wieder zu verlassen. Gleichzeitig wird Vermietern mit "ernsten Folgen" gedroht, wenn sie neu zureisenden Juden Unterkunft gewähren. Sie hätten damit zu rechnen, „daß sich ein großer Unwille nationalsozialistisch gesinnter Bevölkerungsteile" gegen sie erheben würde.

Ende August 1935 Auch der Gebietsausschuß für die Sächsische Schweiz in Pirna erklärt: „In unserer herrlichen Sächsischen Schweiz ist kein Platz für Juden."

15. September 1935 Erlaß der sogenannten Nürnberger Gesetze auf dem „Reichsparteitag der Freiheit" in Nürnberg: Das „Reichsbürgergesetz" legt durch Einführung der sogenannten Reichsbürgerschaft einen Zwei-Klassen-Rechtsstatus für Staatsangehörige „deutschen oder artverwandten Blutes" und andere fest. Allein der „Reichsbürger" ist Träger der vollen politischen Rechte; „Reichsbürger" kann aber nur der Staatsangehörige „deutschen oder artverwandten Blutes" sein. Juden sind somit von der „Reichsbürgerschaft" ausgeschlossen, bleiben aber deutsche Staatsangehörige.

15. September 1935 Das „Gesetz zum Schutz des deutschen Blutes und der deutschen Ehre" verfügt ein Eheverbot zwischen Juden und „Staatsangehörigen deutschen oder artverwandten

Diese Fragebogen sind heute (3.10.) an die Schüler ausgegeben
worden, sie müssen bis zum 10. wieder zurückgebracht sein.

An die Eltern!

Der Reichs- und Preußische Minister für Wissenschaft, Erziehung und Volksbildung hat beschleunigte Feststellungen über die Rassezugehörigkeit der Schüler(innen) angeordnet. Alle Eltern werden deshalb hiermit ersucht, nachstehenden Fragebogen auszufüllen und sofort an die Schule zurückzusenden.

Dresden, am 25. September 1935.

**Der Oberbürgermeister
der Landeshauptstadt Dresden**
in Vertretung des Schulbezirks.

3u 7 I 5040/3

_____Schule
(Stempel)

Hiermit erkläre ich, daß mein Sohn — meine Tochter — der Schüler / die Schülerin

_____, Klasse_____,
(Vor- und 3uname)

auf Grund nachstehender Angaben über die Eltern und Großeltern

arischer*) — jüdischer*)

Abstammung ist und der evangelischen — katholischen — mosaischen — Religion*) angehört.

Angaben über die Eltern und Großeltern des Schülers / der Schülerin:

I. **Väterlicherseits**

	Abstammung:*)	Religion:*)
a) Vater	arisch / jüdisch	evang. / kathol. / mosaisch / _____
b) Großvater	arisch / jüdisch	evang. / kathol. / mosaisch / _____
c) Großmutter	arisch / jüdisch	evang. / kathol. / mosaisch / _____

II. **Mütterlicherseits**

a) Mutter	arisch / jüdisch	evang. / kathol. / mosaisch / _____
b) Großvater	arisch / jüdisch	evang. / kathol. / mosaisch / _____
c) Großmutter	arisch / jüdisch	evang. / kathol. / mosaisch / _____

III. Hat der Vater des Schülers — der Schülerin im Weltkrieg **an der Front** für das deutsche Reich und seine Verbündeten gekämpft oder ist er im Weltkrieg gefallen? Ja — Nein —*).

(Die Frage zu III braucht nur bei Schülern jüdischer Abstammung beantwortet zu werden.)

_____
(Unterschrift des Erziehungspflichtigen.)

*) Nichtzutreffendes durchstreichen, 3utreffendes unterstreichen.

Landeshauptstadt Dresden
Stadtarchiv

Ausgrenzung von jüdischen Schülern an öffentlichen Schulen
Fragebogen an die Eltern Dresdner Schülerinnen und Schüler zur Durchführung der „Nürnberger Gesetze" aufgrund einer Anordnung des Reichsministers für Wissenschaft, Erziehung und Volksbildung an die Bezirksschulämter vom 18. September 1935.
(Stadtarchiv Dresden, Schulamt, Akte 5040/3, Bd. 1, Bl. 25–26)

Blutes" und untersagt jede Art von „außerehelichem Verkehr". Juden wird die Beschäftigung weiblicher Staatsangehöriger „deutschen oder artverwandten Blutes" unter 45 Jahren in ihrem Haushalt sowie das Hissen der Reichs- und Nationalflagge und das Zeigen der Nationalfarben verboten.

Oktober/November 1935 In der nationalsozialistischen Tageszeitung für den Gau Sachsen „Der Freiheitskampf" wird in Fortsetzung eine umfangreiche nach Geschäftszweigen geordnete Aufstellung „Arische Geschäfte + Arische Handwerker in Dresden" veröffentlicht.

12./17. November 1935 Im „Freiheitskampf" wird eine Aufstellung "Arische Zahnärzte in Dresden und Umgebung" veröffentlicht.

14. November 1935 Die „Erste Verordnung zum Reichsbürgergesetz" definiert in § 5: „Jude ist, wer von mindestens drei der Rasse nach volljüdischen Großeltern abstammt". „Volljüdisch" ist „ein Großelternteil ohne weiteres, wenn er der jüdischen Religionsgemeinschaft angehört hat." „Als Jude gilt auch der von zwei volljüdischen Großeltern abstammende staatsangehörige Mischling", der a) bei Erlaß des „Reichsbürgergesetzes" am 15. September 1935 der jüdischen Religionsgemeinschaft angehört hat oder ihr danach beigetreten ist, b) der bei Erlaß des „Reichsbürgergesetzes" mit einem Juden verheiratet war oder danach einen Juden ehelichte, c) der aus einer Ehe mit einem „Volljuden" abstammt, die nach dem Inkrafttreten des „Gesetzes zum Schutze des deutschen Blutes und der deutschen Ehre" am 15. September 1935 geschlossen wurde oder d) der aus dem „außerehelichen Verkehr" mit einem „Volljuden" abstammt und nach dem 31. Juli 1936 außerehelich geboren wird. Gleichzeitig wird die sofortige Aberkennung des Stimmrechts in politischen Angelegenheiten, der Ausschluß aus allen öffentlichen Ämtern und die Aufhebung aller bisher noch geltenden Ausnahmeregelungen für die Beschäftigung von jüdischen Beamten zum 31. Dezember 1935 bestimmt.

15. November 1935 Die Vergabe öffentlicher Aufträge durch die Stadt Dresden wird an den Nachweis der Deutschstämmigkeit der entsprechenden Lieferanten und deren Zulieferer bzw. der Erzeuger gebunden.

Ende 1935 Der Sächsische Wirtschaftsminister Georg Lenk weist darauf hin, daß der Einkauf in jüdischen Geschäften einen Verstoß gegen die elementarsten Grundsätze des Nationalsozialismus darstellt und bei Beamten dienststrafrechtliche Folgen nach sich zieht. Gleiches gilt für die Inanspruchnahme jüdischer Ärzte.

1936

Anfang Januar 1936 Der Verkehrsverein (Hotel-, Pensionsbesitzer usw.) bzw. das Fremdenamt der Stadt Altenberg beschließen, in Zukunft an Juden keine Hotel-, Pensions- oder Privatzimmer mehr zu vermieten bzw. zu vermitteln. „Die Fremdenbeherberger tun damit nur eine selbstverständliche Pflicht ihren deutschen Gästen gegenüber." Sie appellieren an die anderen Touristenorte der Region, „soweit es nicht bereits geschehen ist, [sich] diesem Vorgehen anzuschließen, um das gesamte Ost-Erzgebirge judenrein zu machen".

Juni/August 1936 In der sächsischen Presse und im „Stürmer" erscheinen mehrere Artikel zu sogenannten Rasseschandefällen oder „frechem" Verhalten von Juden in Dresden bzw. zum Verhalten von sogenannten Judenfreunden.

1937

Ende Februar 1937 In Elstertrebnitz sind Juden unerwünscht. Der Bürgermeister läßt an den Ortseingängen entsprechende Schilder anbringen.

19. November 1937 Großkundgebung „Ein Volk bricht die Ketten" der NSDAP in Hainichen. „Adolf Hitlers größter Erfolg [ist], daß er in der ganzen Welt dem Juden die Maske heruntergerissen hat."

20. bis 27. November 1937 „Rassenpolitische Woche" mit Ausstellung im Lichthof des Dresdner Rathauses.

Dezember 1937 Kampagne „Kauft nicht bei Juden". Einheitliche Kennzeichnung „arischer Geschäfte" durch ein von der Gauleitung der NSDAP herausgegebenes Schild mit Hakenkreuz und dem Wort „Arisch". Als „arisch" gelten Geschäfte, „in dem der Inhaber und seine Frau arisch sind, und in dem weder jüdisches Personal noch jüdisches Kapital angelegt ist". Die Ausgabe des Schildes erfolgt erst nach Überprüfung durch die Amtsleiter Handel und Handwerk der Ortsgruppen. „Private Schilder", wie „Deutsches Geschäft", „Rein arisch", „Christliches Geschäft" usw. sollen dagegen entfernt werden.

Anfang Dezember 1937 Reden des Schriftleiters des „Stürmers", Fritz Fink-Nürnberg, zum Thema „Die Judenfrage ist der Schlüssel zur Weltgeschichte" auf Einladung verschiedener NSDAP-Ortsgruppen in Dresden.

1. Dezember 1937 Aufgrund einer Verordnung des Sächsischen Ministeriums für Volksbildung wird an höheren Schulen kein hebräischer Sprachunterricht mehr erteilt.

1938

19. Januar bis 13. Februar 1938 Präsentation der nationalsozialistischen „Gesundheits- und Rassenpolitik" durch die Reichsschau „Ewiges Volk" des Deutschen Hygiene-Museums, Dresden, und des Hauptamtes für Volksgesundheit der NSDAP im Dresdner Ausstellungspalast, Lennéstraße.

24. Januar 1938 Nach den vom Oberbürgermeister herausgegebenen „Bestimmungen über die Behandlung von jüdischen Kurgästen im Bad Weißer Hirsch" werden Juden nur noch zu den Kureinrichtungen zugelassen, wenn sie sich in jüdischen Hotels, Pensionen oder Fremdenheimen einquartieren. Die Benutzung des Luftbades und der Lesehalle sowie der Aufenthalt in der unmittelbaren Nähe dieser Einrichtungen ist ihnen verboten. Die Benutzung der Trinkquelle und der Schutz- und Ruhegelegenheiten in den Parkanlagen ist nur zu den noch von der Kurverwaltung zu bestimmenden Zeiten gestattet. Das Betreten des Konzertplatzes zur Wasserentnahme an der Kurquelle ist Juden aber auch während dieser Zeiten verboten, wenn dort gleichzeitig Veranstaltungen stattfinden.

27. Januar 1938 Die „Städtische Kurverwaltung Bad Weißer Hirsch-Dresden" legt in Ausgestaltung der vom Dresdner Oberbürgermeister erlassenen „Bestimmungen über die Behandlung von jüdischen Kurgästen im Bad Weißer Hirsch" durch Anordnung fest, daß zukünftig jüdische Kurgäste die Trinkquelle und die Schutz- und Ruhegelegenheiten in den Parkanlagen nur noch in der Zeit von 13 bis 15 Uhr benutzen dürfen.

29. Januar 1938 In Vorbereitung der für den 31. Januar angesetzten Rede des sächsischen Gauleiters Martin Mutschmann findet am Nachmittag ein „riesiger Propagandamarsch, an dem die gesamte Politischen Leiter, die SA. und die SS. des Kreisgebietes teilnehmen", statt. Im Fackelschein ziehen die Formationen Kampflieder singend durch die Straßen des Weißen Hirsches, vorbei an den „freudig grüßenden Volksgenossen".

31. Januar 1938 Grundsätzliche Rede des sächsischen Gauleiters Martin Mutschmann zur Judenfrage (Thema: „Die Juden sind unser Unglück") auf einer Massenkundgebung auf dem Weißen Hirsch anläßlich des 5. Jahrestages der Machtergreifung. Die Veranstaltung findet bewußt in Bad Weißer Hirsch, Versammlungslokal „Weißer Adler", statt, um „die Notwendigkeit der Entjudung dieses repräsentativen, in der ganzen Welt bekannten Dresdner Kurortes" zu unterstreichen. Im Anschluß werden durch den Ortsgruppenleiter die „Bestimmungen über die Behandlung von jüdischen Kurgästen im Bad Weißer Hirsch" bekanntgegeben. In den folgenden Tagen beherrscht das Thema die gleichgeschaltete sächsische Presse. Noch Monate später hängen die Propagandafiguren „Der Hirsch verjagt den Juden".

Ende Januar 1938 Die Stadt Freital schließt Geschäftsleute und Fabrikanten, die in irgendwelchen Beziehungen zu Juden stehen, von städtischen Aufträgen und Lieferungen aus. Unterstützung aus städtischen Mitteln wird an Personen, die in Kontakt zu Juden stehen, nur noch in Form von Gutscheinen für „arische" Geschäfte gewährt.

26./27. Februar 1938 In Vorbereitung der am 4. März beginnenden Propagandaveranstaltungen „Völkerfrieden oder Judendiktatur?" finden in ganz Sachsen bereits abendliche Fackelumzüge der NSDAP und ihrer Gliederungen und kleinere Straßenkundgebungen statt. In Dresden, Serre-

Raus mit dem Pack!

In dem Dresdner Kurort Bad Weißer Hirsch soll sich jeder anständige Mensch wohlfühlen können

Gauleiter Pg. Mutschmann sprach in einer wegen Ueberfüllung gesperrten Massenkundgebung zur Judenfrage

Seit langem schon hörte man von den Gästen des Dresdner Kurorts Bad Weißer Hirsch und der gesamten Dresdner Bevölkerung die berechtigte Klage, daß der Aufenthalt in den herrlichen Parkanlagen, den Gaststätten und den Räumen der Kurverwaltung auf dem Weißen Hirsch infolge der großen Zahl der dort weilenden krummnasigen Vertreter des „auserwählten Volkes" keine richtige Erholung mehr bringen könne. Um so freudiger wurde von den arischen Kurgästen und der Bevölkerung Dresdens das Eingreifen des Gauleiters begrüßt, der am Montagabend nach einer schlagartig durchgeführten großzügigen Propagandaaktion bei einer überfüllten Massenkundgebung im „Weißen Adler" eine flammende Rede hielt, um diese jüdische Ueberschwemmung des Kurortes Bad Weißer Hirsch ein für allemal zu verhindern.

Dem „Weißen Hirsch" ward es zu toll!

Aus Dresden

Worüber sich der Dresdner freut

Die Baugesellschaft für die Residenzstadt Dresden A.G. (Baubank) besitzt die größten Gebäude auf den Hauptstraßen in Dresden und hat ihren sämtlichen jüdischen Mietern, soweit nicht bereits Arisierungsverhandlungen eingeleitet sind, für den nächstzulässigen Termin gekündigt. Es handelt sich dabei um jüdische Familien und jüdische Geschäftslokale. Die Baubank erklärt, daß sie ihren nichtjüdischen Mietern keine Hausgemeinschaft mit jüdischen Mietern zumuten kann.

Auch der Oberbürgermeister der Landeshauptstadt, vertreten durch das Grundstücksamt, hat sämtlichen jüdischen Familien, welche in städtischen Grundstücken wohnen, gekündigt.

Was der Dresdner nicht verstehen kann

In dem Kaffee Südhöhe, Dresden, Südhöhe 29, verkehren viele Juden. Auf Einspruch hin erklärte der Sohn der Wirtin wörtlich: „Ja, wo sollen denn die Juden noch hin, die Kraftverkehrsgesellschaft Sachsen befördert auch keine mehr!" Der junge Mann scheint die Juden schon sehr in sein Herz geschlossen zu haben. Vielleicht nehmen ihn die Juden gleich mit auf ihrer Fahrt nach Palästina.

Der ehemalige Demokrat und Oberbürgermeister der Landeshauptstadt Dresden, Dr. Külz, nunmehr in der Neuen Wilhelmstraße 1 zu Berlin NW 7, Privatwohnung in der Pfalzburgerstraße zu Berlin W 15, besitzt Briefbogen, auf welchen als Firmenbezeichnung „Reichsminister a. D." steht. Dr. Külz wickelt die Geschäfte der jüdischen Bankfirma Bondi & Maron ab. Er hat auch die vermögensrechtliche Vollmacht der Vollblutjüdin Dora Maron, z. Zt. auf Reisen. Seine Briefe sind nicht mit dem deutschen Gruß versehen, sondern lediglich mit seiner Unterschrift. In den Judenkreisen scheint der Briefkopf, versehen mit „Reichsminister a. D.", sicher tiefen Eindruck zu machen. Darauf scheint es dem Herrn Dr. Külz ja auch bloß anzukommen.

Durch die neue Meldeordnung sind Veränderungen (Einzug bezw. Auszug) rechtzeitig dem zuständigen Meldeamt mitzuteilen. Diese Anmeldung ist vom Hauseigentümer bezw. vom Verwalter mit zu unterschreiben. Wenn nun der Hausbesitzer bezw. der Verwalter ein Jude ist, müssen die Mieter, auch wenn sie Parteigenossen sind, erst zum Juden gehen, damit er Unterschrift leistet. Hier muß Abhilfe geschaffen werden.

Abb. S. 157
Vertreibung der Juden vom Weißen Hirsch
Ausriß aus der nationalsozialistischen Tageszeitung für den Gau Sachsen „Der Freiheitskampf" vom 1. Februar 1938.

Dresden im „Stürmer"
Ausriß aus dem antisemitischen Kampfblatt „Der Stürmer" vom Juni 1938.

Verantw. für den Textteil: Leo Anschel - Verlag Israelitische Religionsgemeinde — Verantwortlich für Anzeigen: Jac. Sternlicht, Berlin-Grunewald, Hubertusbaderstr. 35
Die 4 mal gespaltene 46-mm-Zeile kostet 22 Pf., lfd. Rabatt Z. Zt. ist Preisliste Nr. 3 vom 23. 9. 1936 gültig - D A IV 1938 1880 — Druck B. Ehrt, Dresden

Vorbereitungen für die Emigration aus Deutschland
Ausriß aus dem Gemeindeblatt der Israelitischen Religionsgemeinde Dresden,
Nr. 15 vom 15. August 1938, S. 4.

Zusammenstellung
auf Grund der Berichte der Kreishauptleute
zur Verordnung vom 14.11.1938 - IIa: 100 GA/38

1.) Synagogen und jüdische Kultstätten:

Ort	Anzahl der Synagogen	jüd.Kultstätten	Eigentümer	Bemerkungen
Stadt Bautzen	-	1 Betsaal	des Grundstücks: 1 Jüdin; d.Inneneinrichtg. Israel.Relig.Gem.	
Stadt Dresden	1	Betsäle, Kindergarten, Speiseanstalt usw.	Israel.Relig.Gem.	Synagoge durch Brand zerstört; hinsichtl.d.jüd. Kultstätten sind z.Z.genaue Angaben nicht möglich (s.Bericht)
Stadt Zittau	-		Israel.Relig.Gem. Zittau-Löbau	Zerstört (gesprengt)
Stadt Leipzig	1		Israel.Relig.Gem.	abgebrannt
	1		Eingetr.Verein "Synagoge Ez Chaim Otto Schill-Str."	abgebrannt
	1		Talmud-Thora Verein	Türen,Fenster usw.zerstört
	-	1 jüd.Friedhofskapelle m.Totenhalle	Israel.Rel.Gem.	Seitenflügel abgebrannt,Kapelle noch gut erhalten (s. hierzu Vorg.b. Abt.VIII:A 113. /38)
	-	1 Gemeindeamt d.Israel.Rel.Gem.	Eigentümer d. Grundst.ist die Israel.Rel.Gem.	
Stadt Chemnitz	1+)	1 Verw.Geb.	Jüd.Rel.Gem.	+)abgebrannt
Stadt Chemnitz	-	2 Bethäuser (Miträume)	Orthodoxe Juden	Einrichtung zerstört

Ort	Anzahl der Synagogen	jüd.Kultstätten	Eigentümer	Bemerkungen
Stadt Plauen	1	-	Israel.Rel.Gem.	Abgebrannt
Stadt Falkenstein i.V.	-	1 Betsaal (Mietraum)	Eigentümer des Grundstücks: 1 nach Polen abgeschobener Jude; d.Inneneinrichtg. jüd.Gemeinde in Falkenstein	
Stadt Zwickau	-	1 Kultstätte im Erdgeschoß eines jüd. Hausgrundstücks	Jüdische Gemeinschaft "Adaß Jisroel"	Ausgebrannt (Gebäude wird abgebrochen)

insgesamt: 7 Synagogen in Sachsen
abgebrannt: 6   "
Bestand: 1.Synagoge (in Leipzig)

3.) Jüdische Stiftungen pp.

Bezirk	Anzahl	Bemerkungen
Stadt Dresden	83	s.beil.Verzeichnis! (9 Stiftungen stehen unter städt. Aufsicht)
Amtsh. Großenhain	1	Krankenhausstiftung "Stephan Loewensohn" für Sackaer Einwohner; Sitz in Radeburg. Verwalter der Stiftung ist der Bürgermeister in Radeburg
Stadt Leipzig	2	a) Ariowitsch-Stiftung (Jüd.Altersheim) b) Eitingon-Stiftung (Israel.Krankenhaus) Der Grund und Boden gehört d. Stadt Leipzig! Der Stiftung bis zum Jahre 2024 in Erbpacht überlassen!
Stadt Chemnitz	1	unter städt. Aufsicht. Außerdem bestand in Chemnitz der Israel.Krankenpflege-,Unterstützungs- und Bestattungsverein "Chebra Ketuscha" e.V. sowie 1 Zentralstelle der jüdischen Wohlfahrtspflege
Stadt Frankenberg	2	Adolf- und Anselm-Heilpern-Stiftungen
Gemeinde Falkenau	1	Liebermann-Stiftung

zusammen 90 jüdische Stiftungen

Es sind aber entsprechend der Zahl der Stiftungen in Dresden
zweifellos auch in anderen Städten (vor allem Großstädten)
mit jüdischen Gemeinschaften Stiftungen für rein jüdische
Zwecke vorhanden, die von den jüdischen Religionsgemeinschaften verwaltet werden und daher den Bürgermeistern nicht
bekannt sind.

2.) Jüdische Friedhöfe:

Ort	Anzahl d. Friedhöfe	Eigentümer	Bemerkungen
Stadt Bautzen	1	Israel.Rel.Gem.	
Stadt Dresden	2	Israel.Rel.Gem.	
Stadt Zittau	1	Israel.Rel.Gem. Zittau-Löbau	Friedhofsgebäude gesprengt, Trümmer werden abgetragen
Stadt Leipzig	2	Israel.Rel.Gem.	66000 qm früheres städt. Gelände; 2 Sich.-Hypotheken!
Stadt Chemnitz	1	Jüd.Rel.Gem.	
Stadt Annaberg	1	Israel.Rel.Gem.	s.Vorg.IIa: 17 A/38!
Gemeinde Kauschwitz (Amtsh. Plauen)	1	Israel.Rel.Gem. in Plauen	
Stadt Zwickau	1 mit Bethaus	Jüd.Gemeinschaft "Adaß Jisroel"	Bethaus ausgebrannt, Abbruch im Gange

insgesamt 10 jüdische Friedhöfe in Sachsen

Die unmittelbaren Folgen des Novemberpogroms in Sachsen
Zusammenstellung des Sächsischen Ministers des Innern an den Leiter des Ministeriums
für Volksbildung in Dresden vom 14. Dezember 1938 über Synagogen und jüdische Friedhöfe
in Sachsen. (Sächsisches Hauptstaatsarchiv Dresden, Ministerium für Volksbildung, Nr. 11 136/4)

straße/ Ecke Neue Gasse, spricht am Abend des 26. der Kreisleiter Walter zum Abschluß eines Fackelzuges. Am nächsten Vormittag gehen auch hier die Propagandamärsche weiter.

März 1938 Der „Stürmer" meldet, daß in Dresden, besonders im Stadtteil Johannstadt, „seit einiger Zeit" an Haustüren zuerst kleine Zettel angebracht wurden mit der Aufschrift „In diesem Grundstück wohnen Juden"; da andere Häuser nun mit Schildern mit der Aufschrift „In diesem Grundstück wohnen keine Juden" beklebt wurden, sei daraus ein regelrechter „Wettstreit" entstanden.

1. März 1938 Faschingsumzug unter dem Motto „Auszug der Kinder Israels". Ein entsprechender Wagenzug fährt etwa vier Stunden lang durch alle Stadtteile Dresdens.

4. März 1938 Auftakt zu einer ganz Sachsen erfassenden, von der Gau- bzw. den Kreisleitungen organisierten, 14tägigen Propagandawelle unter der Parole „Völkerfrieden oder Judendiktatur?" mit 1350 Großkundgebungen in ganz Sachsen, 110 davon allein am 4. März im Kreis Dresden. Eingeleitet durch eine Ansprache des sächsischen Gauleiters Martin Mutschmann im Dresdner Gewerbehaus am Queckbrunnen und des fränkischen Gauleiters Julius Streicher im Dresdner Ausstellungspalast, Lennéstraße. Die Redner aus dem gesamten Reichsgebiet erhalten als Dank Plaketten aus Meißner Böttger-Porzellan mit dem Hitlerzitat: „Indem ich mich des Juden erwehre, kämpfe ich für das Wort des Herrn."

10./11. März 1938 In den Kreisen Chemnitz und Leipzig finden, wie in Dresden vorbereitet von Fackelzügen und Aufmärschen, jeweils etwa 100 Massenkundgebungen im Rahmen der Propagandaaktion „Völkerfrieden oder Judendiktatur?" statt.

13. März 1938 Die Sachen und Rechte der Gemeinnützigen Stiftung der Israelitischen Religionsgemeinde Dresden und der von der Israelitischen Religionsgemeinde in Dresden, der aufgelösten Fraternitasloge und dem israelitischen Frauenverein in Dresden errichteten Gesellschaft werden aufgrund der Verordnung des Reichsstatthalters, Ministeriums des Innern, vom 7. März zugunsten des Landes Sachsen eingezogen.

12. April 1938 Die Gemeinden Schmannewitz, Bucha und Ochsensaal folgen dem Beispiel der Kurorte „Weißer Hirsch" und Bad Schandau, indem sie zukünftig keine Juden mehr aufnehmen wollen. Auch die Dahlener Heide soll „judenfrei" werden.

Anfang April 1938 Auf Veranlassung des Kreisleiters der NSDAP erläßt der Bürgermeister von Bad Schandau im Einvernehmen mit der Kurverwaltung und der Kneippkurbetriebe Bad Schandau G.m.b.H. eine Polizeiverordnung, die den Aufenthalt von Juden „in dem schönen Kurort" in Zukunft verhindern soll. Ihnen ist der Aufenthalt in den Kurhäusern, Kuranlagen und auf dem Tennisplatz, die Benutzung von Liegewiesen, der Aufenthalt im Elbbade, die Benutzung der Eisenquelle und aller Badeeinrichtungen der Kneipp-Kurbetriebe sowie der Besuch aller Veranstaltungen der Kurverwaltung verboten.

Mitte Mai 1938 An den Häusern der „inneren Stadt" in Dresden sind Plakate geklebt, die darauf hinweisen, daß in dem jeweiligen Haus keine Juden wohnen.

Mitte 1938 Die „Kraftverkehr Sachsen A.G."(KVG) verbietet Juden die Benutzung ihrer Regionalbusse.

Juni 1938 Meldung im Stürmer: „Worüber sich der Dresdner freut": Juden wurden zum vertraglich nächstmöglichen Termin sämtliche Mietverträge für Privat- u. Geschäftsräume durch die „Baugesellschaft für die Residenzstadt Dresden A.G. (Baubank)" gekündigt. Der Oberbürgermeister, vertreten durch das städtische Grundstücksamt, hat sämtlichen jüdischen Familien, welche in städtischen Grundstücken wohnen, gekündigt. In Großbuchstaben über eine Seite wird getitelt „An alle Dresdner Volksgenossen! Euer Oberbürgermeister ist ein Mann der Tat. Er kündigt jüdischen Familien in städt. Grundstücken".

30. Juni 1938 bis 31. März 1939 Zuzugsverbot nach Dresden für Juden deutscher Staatsangehörigkeit ohne vorherige schriftliche Genehmigung durch den Polizeipräsidenten. Ausnahmen bei vorübergehendem Zuzug für Besuche oder aus geschäftlichen Gründen bis zu einer Dauer von vierzehn Tagen. Meldepflicht bei jeglicher Art von Zuzug innerhalb von vierundzwanzig Stunden durch unterkunftgewährenden Grundstückseigentümer und gegebenenfalls zusätzlich durch Wohnungsinhaber beim Polizeipräsidium Dresden, Abteilung II. Verkauf, Verpachtung oder Vermietung von Grundstücken oder Räumen an neu zuziehende deutsche Juden ist ab dem 30. Juni verboten.

Anfang Juli 1938 Einheitliche Kennzeichung aller jüdischen Geschäfte in Dresden durch ein gelbes Schild mit schwarzer Schrift „Jüdisches Geschäft".

Juli 1938 Die Stadtverwaltung und die Kreisleitung der NSDAP streben an, durch massive „Arisierungen" die Stadt Bautzen bis zum Jahresende 1938 „judenfrei" zu machen.

Anfang Oktober 1938 Die Stadtverwaltung und die Kreisleitung der NSDAP streben an, durch massive „Arisierungen" die Stadt Döbeln bis zum Jahresende 1938 „judenfrei" zu machen.

28. Oktober 1938 Im Zuge der vom RFSSuChdDtPol mit Schnellbrief vom 26. Oktober 1938 und Verordnung vom 27. Oktober 1938 für das gesamte Reichsgebiet angeordneten Ausweisung polnischer Juden werden unter Leitung des Dresdner Polizeipräsidenten kurzfristig aus dem Regierungsbezirk 724 Personen (Männer, Frauen und Kinder) und damit circa 90 Prozent der hier lebenden polnisch-jüdischen Bevölkerung gegen 13.14 Uhr mit einem vom Bahnhof Dresden-Neustadt aus eingesetzten Sonderzug unter Bewachung von Dresdner Schutzpolizeibeamten zuerst nach Beuthen und von dort aus über die deutsch-polnische Grenze abgeschoben. Die Festnahme war schlagartig in den Abendstunden des 27. Oktober erfolgt. Als Sammelstellen und Unterkunft für die Nacht dienten polizeiabschnittsweise „geeignete Lokale". Der Transport zum Neustädter Bahnhof erfolgt am Vormittag des 28. Oktober mittels 35 Militär-LKWs. Gleichzeitig werden aus dem Regierungsbezirk Leipzig 1 598 (circa 50 Prozent der dort lebenden polnisch-jüdischen Bevölkerung) und aus den Regierungsbezirken Chemnitz und Zwickau 482 (ca. 78 Prozent der dort lebenden polnisch-jüdischen Bevölkerung), mithin insgesamt 2 804 Personen aus Sachsen abgeschoben.

9./10. November 1938 Die Stadtchronik vermeldet lapidar: „In der Nacht zum 10.11. brach in der Synagoge Feuer aus, das das Gebäude bis auf die Umfassungsmauern niederbrannte." Stolz vermeldet der Dresdner Oberbürgermeister am Folgetag, daß „das Symbol des rassischen Erbfeindes endgültig ausgelöscht" sei. Die durch die Nationalsozialisten veranlaßte Zerstörung beraubt Dresden Jahre vor seiner Bombardierung des 1838 bis 1840 von dem berühmten Baumeister Gottfried Semper erbauten jüdischen Kultbaues.

Ende November 1938 Das „Jüdische Gemeindeblatt Dresden. Organ der Israelitischen Religionsgemeinde. Mitteilungsblatt des ‚Sächsischen Israelitischen Gemeindeverbandes'" muß sein Erscheinen einstellen. Ab Juli 1937 fast vollständig unter offene Zensur gestellt, erscheint es mit einem Davidsstern gekennzeichnet unter dem Titel „Gemeindeblatt der Israelitischen Religionsgemeinde Dresden. Amtliches Organ des Gemeindevorstandes. Mitteilungsblatt des ‚Sächsischen Israelitischen Gemeindeverbandes'" und dem zusätzlichen Vermerk „Angemeldet beim Sonderbeauftragten des Reichsministeriums für Volksaufklärung und Propaganda betr. Überwachung der geistig und kulturell tätigen Juden im deutschen Reichsgebiet".

12. November 1938 Sprengung und Abbruch der Synagogenruine durch das „Technische Hilfswerk", Dresden. Über die Arbeiten wird ein Lehr- und Schulungsfilm gedreht.

Ende November 1938 Verbot des Betretens des Königsufers durch den Regierungspräsidenten Dresden-Bautzen aufgrund der Polizeiverordnung über das Auftreten von Juden in der Öffentlichkeit vom 28. November 1938.

1939

21. März 1939 Einziehung der Sachen und Rechte der vom Vorstand der Israelitischen Religionsgemeinde verwalteten Wilhelm-Schie-Stiftung (Betreiberin des Henriettenstifts; Güntzstraße 24) zugunsten des Landes Sachsen aufgrund der Reichsgesetze über die Einziehung kommunistischen Vermögens vom 26. Mai 1933 und über die Einziehung volks- und staatsfeindlichen Vermögens vom 14. Juli 1933 durch Verordnung des Sächsischen Ministers des Innern vom 20. März 1939.

24. März bis 23. April 1938 Die Ausstellung „Der ewige Jude" kommt nach Dresden. Nach München, Wien, Berlin und Bremen wird sie im Dresdner Ausstellungspalast in der Lennéstraße gezeigt, als einziger Station in Sachsen. Begleitet von einem erheblichen Propagandaaufwand

Reinliche Scheidung zwischen Juden und Ariern in Dresden
bis spätestens den 1. April 1940 durchgeführt

Es widerspricht den nationalsozialistischen Bestrebungen auf Bildung und Förderung echter Hausgemeinschaften, wenn im gleichen Hause deutsche Volksgenossen und Juden wohnen. Zwischen ihnen kann eine Hausgemeinschaft nicht bestehen. Es ist deshalb unerläßlich, einer fortschreitenden Ausscheidung der Juden aus deutschen Wohnstätten, soweit sie sich nicht freiwillig vollzieht, die Wege zu ebnen und gleichzeitig den deutschen Volksgenossen, die jetzt in jüdischen Häusern wohnen müssen, Ausfühlen auf einen Wohnungswechsel zu eröffnen.

Die Entfernung der Juden aus dem deutschen Wohnraum ist ferner mit Rücksicht auf die besonderen Wirkungen geboten, die sich aus der derzeitigen Lage des Wohnungsmarktes für zahlreiche Volksgenossen ergeben. Während die Juden in zahlreichen Einzelfällen wie allgemein im Verhältnis zu ihrer Bevölkerungszahl übermäßig viel Wohnraum innehaben, können viele deutsche Volksgenossen überhaupt nicht oder nur unzureichend untergebracht werden. Eine bevorzugte Beteiligung der Juden am deutschen Wohnraum ist auf die Dauer nicht zu rechtfertigen und muß daher beseitigt werden. Um Störungen der öffentlichen Sicherheit und Ordnung zu vermeiden, müssen alle Juden auf Grund des Gesetzes bis zum 31. März 1940 ihre noch innehabenden Wohnräumen räumen und sich ein Unterkommen in den hier in Dresden bestehenden nachverzeichneten NS-Judenhäusern durch die Wohnungsvermittlung der jüdischen Gemeinde zuweisen lassen:

1. Altenzeller Straße 32
2. Altenzeller Straße 41
3. Bautzner Straße 20
4. Canalettostraße 5
5. Caspar · David · Friedrich · Straße 15b
6. Chemnitzer Straße 27
7. Cranachstraße 6
8. Fiedlerstraße 3
9. Franz-Liszt-Straße 6
10. Fürstenstraße 2
11. Günthstraße 24
12. Hähnelstraße 1
13. Henzestraße 15
14. Kaiserstraße 5
15. Kurfürstenstraße 11
16. Kyffhäuserstraße 15
17. Lindengasse 9
18. Lothringer Weg 2
19. Marxstraße 1
20. Pirnaische Straße 23
21. Röhrhofsgasse 16
22. Schulgutstraße 15
23. Schweizer Straße 2
24. Semperstraße 4
25. Sporergasse 2
26. Steinstraße 2
27. Streblener Straße 52
28. Palastraße 7
29. Wiener Straße 85
30. Zeughausstraße 1
31. Zeughausstraße 8
32. Ziegelstraße 41

Da eine Ueberalterung der Juden hier in Dresden festzustellen ist, ist auch hier weitestgehend Rücksicht genommen worden. Die alten Juden finden Unterkunft in den drei bestehenden bzw. einzurichtenden Altersheimen, Günthstraße 24, Zeughausstraße 1 und Lothringer Weg 2. Auch sonst ist alles getan worden, um eine reibungslose Abwicklung dieser Umsiedlung durchzuführen. In engster Zusammenarbeit zwischen dem Beauftragten des Kreisleiters und der Wohnungsstelle beim Stadtwohlfahrtsamte ist es möglich gewesen, die Durchführung zu garantieren.

Bei der Schaffung von Judenhäusern ist dem Gesetz Rechnung getragen, Ghettobildungen sind vermieden worden. Auf Anweisung wird die Umsiedlung der Juden durch die Wohnungsvermittlung der jüdischen Gemeinde, Zeughausstraße 1, durchgeführt. Um aber den in Judenhäusern wohnenden deutschen Volksgenossen die Möglichkeit zu geben, ein entsprechend würdiges, anderes Unterkommen zu finden, ist die Wohnungsstelle des Stadtwohlfahrtsamtes in Verbindung mit dem Beauftragten des Kreisleiters bemüht, diesen Volksgenossen zu helfen. Hierzu stehen in erster Linie diejenigen Wohnungen zur Verfügung, welche von Juden bewohnt werden oder frei sind. Wo die ehemals von Juden genutzten Wohnungen abgewohnt sind, wird vom Vermieter deren Instandsetzung erwartet. Ebenso wird erwartet, daß

alle freiwerdenden Judenwohnungen dem Stadtwohlfahrtsamt, Wohnungsstelle, auf den dafür vorgesehenen Vordrucken angezeigt werden.

Es ist selbstverständlich, daß die Vermieter die Umsiedlung nicht durch eigenmächtiges Weitervermieten freigemachter Judenwohnungen erschweren. Große Stadtteile Dresdens, unter ihnen in erster Linie der Weiße Hirsch, sind bereits vollständig judenfrei geworden.

Die Zusammenlegung in „Judenhäuser" in Dresden

Ausriß aus der Zeitschrift „Grund- und Hauseigentum Sachsen. Größte Hausbesitzerzeitung Deutschlands" 53 (1940), Nr. 2, S. 11.

durch Pressemeldungen und Plakatierungen, werden auch Kultgegenstände aus der zerstörten Semper-Synagoge gezeigt und die Gestalt des „ewigen Juden" über einen Rundprospekt der Stadt Dresden projiziert.

30. April 1939 Erlaß des „Gesetzes über Mietverhältnisse mit Juden".

4. Mai 1939 „Gemeinsamer Erlaß des Reichsarbeitsministers und des Reichsministers des Innern über die Durchführung des Gesetzes über Mietverhältnisse mit Juden".

12. Mai 1939 Veröffentlichung der „amtlichen Begründung des Reichsministers der Justiz zum Gesetz über Mietverhältnisse mit Juden" in der „Deutschen Justiz. Rechtspflege und Rechtspolitik. Amtliches Blatt der deutschen Rechtspflege".

1. September 1939 Beginn des deutschen Überfalls auf Polen.

1. September 1939 Gründung der „Durchführungsstelle für die Neugestaltung der Stadt Dresden" beim Reichsstatthalter in Sachsen durch Verordnung des Reichsstatthalters in Sachsen.

1940

1. April 1940 Alle Juden Dresdens haben bis zu diesem Zeitpunkt ihre Wohnungen zu räumen und in eines der dafür vorgesehenen zweiunddreißig „Judenhäuser" zu ziehen. Mit der Durchführung sind der Beauftragte der Kreisleitung, die Wohnungsstelle des Stadtwohlfahrtsamtes sowie die Wohnungsvermittlung der Gemeinde betraut.

12. August 1940 Verbot des Zutritts zur Brühlschen Terrasse für Juden durch den Polizeipräsidenten in Dresden. Anbringung von Verbotstafeln an den Zugängen.

23. August 1940 Verbot des Betretens aller öffentlichen Gartenanlagen für Juden durch den Regierungspräsidenten Dresden-Bautzen in Erweiterung seiner Anordnung von Ende November 1938 aufgrund der reichsweit geltenden „Polizeiverordnung des Reichsministers des Innern über das Auftreten von Juden in der Öffentlichkeit" vom 28. November 1938. Keine Aufstellung von besonderen Verbotsschildern.

1941

29. Mai 1941 Erlaß des Führers und Reichskanzlers über die Verwertung des eingezogenen Vermögens von Reichsfeinden: „Volks- und staatsfeindliche (reichsfeindliche)" Vermögen werden grundsätzlich zugunsten des Reiches und nicht mehr zugunsten der einzelnen Länder eingezogen.

8. Juli 1941
Verbot der Benutzung der Elbschiffe für Juden (Bekanntgabe der Maßnahme durch Rundschreiben der Gemeinde).

15. August 1941 Einführung einer Meldepflicht bei der Geheimen Staatspolizei in Dresden von Juden mit besuchsweisem Aufenthalt bis 8 Uhr des der Ankunft folgenden Tages. Meldepflicht der Unterkunft gewährenden Wohnungsinhaber an die Gemeinde, die dies wiederum am gleichen Tag schriftlich der Geheimen Staatspolizei Dresden anzuzeigen hat.

15. September 1941 Grundsätzliches Verbot für Juden innerhalb der Wohngemeinde Droschken, Mietwagen, Mietomnibusse und Mietlastwagen sowie Fahrzeuge auf Binnenwasserstraßen zu benutzen. Nur in dringenden Fällen (z. B. bei Arbeitseinsatz) auf Antrag Ausnahmegenehmigungen durch die zuständige Ortspolizeibehörde. Die Beschränkung der Benutzung sonstiger Verkehrsmittel obliegt den örtlichen Verkehrsträgern und -unternehmen.

18. September 1941 Genehmigungspflicht für die Benutzung bestimmter öffentlicher Verkehrsmittel durch Juden am Wohnort durch Erlaß des Reichsverkehrsministers. Benutzung nur, wenn noch ausreichend Platz vorhanden ist und „arische" Reisende dadurch nicht zurückbleiben müssen.

September 1941 Verbot der Benutzung der städtischen Autobusse. Bei Straßenbahnen darf von Juden nur der Vorderperron des Haupt- und Beiwagens benutzt werden.

19. September 1941 Die „Polizeiverordnung über die Kennzeichnung der Juden" vom 1. September 1941 tritt in Kraft. Ab diesem Tag müssen alle Juden, die das sechste Lebensjahr vollendet haben, in der Öffentlichkeit den Stern „besteh[end] aus einem handtellergroßen, schwarz ausgezogenen Sechsstern aus gelbem Stoff mit der Aufschrift ‚JUDE' … sichtbar auf der linken Brustseite des Kleidungsstücks fest angenäht" tragen. Ausgenommen sind die jüdischen Ehegatten in „privilegierten Mischehen" und jüdische Ehefrauen bei kinderloser „Mischehe", solange die Ehe besteht. Das Verlassen der Wohngemeinde ist ohne schriftliche Genehmigung der Ortspolizeibehörde verboten. Das Tragen von Orden und Ehrenzeichen oder sonstiger Abzeichen wird untersagt.

22. September 1941 Verordnung des Regierungspräsidenten Dresden-Bautzen zur Umsetzung der vom Reichsminister des Innern erlassenen Richtlinien zur Durchführung der Polizeiverordnung über die Kennzeichnung der Juden vom 15. September 1941.

24. Oktober 1941 Grundsätzliches Verbot der Benutzung von Kraftposten und Landkraftposten (Postreisedienst) für Juden, die verpflichtet sind, den Stern zu tragen, durch Anordnung des Präsidenten der Reichspostdirektion Dresden nach der Verordnung des Sächsischen Ministers des Innern.

27./28. Oktober 1941 Abgabe sämtlicher Schreibmaschinen gegen eine von behördlicher Seite festgelegte Werterstattung im Sitzungssaal des Gemeindeamtes, Zeughausstraße 3, auf Anordnung des Beauftragten für Judenangelegenheiten der Kreisleitung der NSDAP Dresden. Bekanntgabe der Maßnahme durch Rundschreiben der Gemeinde vom 26. Oktober 1941.

25. November 1941 „XI. Verordnung zum Reichsbürgergesetz": Juden, die ihren „gewöhnlichen Aufenthalt" im Ausland haben oder in Zukunft haben werden, verlieren die deutsche Staatsangehörigkeit. Das Vermögen der Juden, die aufgrund dieser Verordnung ihre deutsche Staatsangehörigkeit verlieren, verfällt dem Reich.

27. November 1941 Anordnung des RSHA über „Verfügungsbeschränkungen über das bewegliche Vermögen von Juden": Verbot der freien Verfügung und Meldepflicht für seit dem 15. Oktober 1941 erfolgte Verfügungen. In Ausnahmefällen Sondergenehmigungen auf Antrag. Ausgenommen sind in „Mischehe" lebende Juden und Juden mit ausländischer Staatsangehörigkeit, soweit sie nicht aus Gebieten stammen, die besetzt oder eingegliedert wurden.

3. Dezember 1941 „Anordnung des Reichsministers des Innern zur Durchführung der XI. Verordnung zum Reichsbürgergesetz" vom 25. November 1941: Unter dem in der XI. Verordnung verwandten Begriff „Ausland" sind in diesem speziellen Fall auch die Gebiete zu subsumieren, die deutsch besetzt sind oder unter deutscher Verwaltung stehen bzw. in Zukunft stehen werden, insbesondere auch das „Generalgouvernement" und die „Reichskommissariate Ostland und Ukraine". Vertrauliche Weitergabe dieser nicht zur Veröffentlichung vorgesehenen Anordnung an die entsprechenden Behörden.

15. Dezember 1941 Letzter Termin für die Abgabe des „Meldeformblattes" zur Erfassung von seit dem 15. Oktober 1941 erfolgten Verfügungen über bewegliche Vermögen, soweit diese nicht schon anderweitig gemeldet wurden, und über jüdische Konten aufgrund der vom RSHA erlassenen Verordnung über Verfügungsbeschränkungen über das bewegliche Vermögen von Juden vom 27. November 1941 im Gemeindeamt, Zeughausstraße 3. Bekanntgabe der Maßnahme durch Rundschreiben der Gemeinde vom 4. Dezember 1941.

21. Dezember 1941 Bekanntgabe der Einstellung der Bearbeitung von Auswanderungsangelegenheiten durch die Gemeinde mittels Rundschreiben der Gemeinde.

22./23. Dezember 1941 Entschädigungslose Abgabe von Pelzen, Pelzjacken, -capes, -westen, -handschuhen, -stiefeln und -mützen sowie von Fellen aller Art, Decken und Wollsachen im Sitzungssaal des Gemeindeamtes, Zeughausstraße 3, für alle zum Tragen des Sterns verpflichteten Juden aufgrund einer Anordnung des Beauftragten für Judenangelegenheiten der Kreisleitung der NSDAP Dresden. Bekanntgabe der Maßnahme durch Rundschreiben der Gemeinde am 22. Dezember 1941.

24. Dezember 1941 bis 1. Januar 1942 Ausgehverbot, d. h. Verbot des Betretens der öffentlichen Straßen und Plätze, für alle Juden aufgrund einer Verfügung der Geheimen Staatspolizei

Israelitische Religionsgemeinde zu Dresden e.V.

Dresden, den 15.Januar 1942.
Zeughausstr.3.

264

Sie sind zu dem
    am 21.Januar 1942 stattfindenden Evakuierungs-Transport
bestimmt worden.
Soweit dies noch nicht geschehen, haben Sie sich noch am
h e u t i g e n Tage im Gemeindeamt Zeughausstr.3 einzufinden, um alle näheren Einzelheiten dort zu erfahren.

Hochachtungsvoll
Israelitische Religionsgemeinde
zu Dresden e.V.

Israelitische Religionsgemeinde zu Dresden e.V.
- -

Dresden, den 17.Februar 1942
Zeughausstr.3

An a l l e J u d e n i n D r e s d e n !

Zur Besichtigung von Wohnungen und sonstigen Unterkünften sind n u r die Beamten der Geheimen Staatspolizei
sowie die Personen, welche im Besitz eines besonderen Ausweises
der Kreisleitung Dresden sich befinden, berechtigt.

Wohnungsinventar, Hausratgegenstände usw. dürfen nur
mit besonderer Genehmigung der Geheimen Staatspolizei Dresden,
gemäss der Verfügungsbeschränkung vom 1.Dez.1941, aus der Wohnung
gebracht werden.

Der Vorstand
der Israelitischen Religionsgemeinde zu Dresden
e.V.

Abb. oben
Die erste Deportation von Dresden nach Riga
Mitteilung der Israelitischen Religionsgemeinde zu Dresden e.V. vom 15. Januar 1942.
(Yad Vashem, ZUV 74, Bd. 6, Bl. 264)

Abb. unten
Praxis der Wohnungspolitik 1942
Mitteilung der Israelitischen Religionsgemeinde zu Dresden e.V. vom 17. Februar 1942.
(Yad Vashem, ZUV 74, Bd. 6, Bl. 264)

Dresden, „da ein herausforderndes Verhalten eines Juden in der Öffentlichkeit Empörung hervorgerufen hat". Ausnahmen für die im Arbeitseinsatz stehenden Juden und für den Einkauf von Lebensmitteln. Bekanntgabe der Maßnahme durch Rundschreiben der Gemeinde vom 21. Dezember 1941.

1942

2. Januar 1942 Entschädigungslose Abgabe von Männerskianzügen, -skistiefeln und Pelzmuffs im Sitzungssaal des Gemeindeamtes, Zeughausstraße 3, für alle zum Tragen des Sterns verpflichteten Juden auf Anordnung des Beauftragten für Judenangelegenheiten der Kreisleitung der NSDAP Dresden. Bekanntgabe der Maßnahme durch Rundschreiben der Gemeinde vom 26. Dezember 1941. Nachtrag: Entschädigungslose Abgabe aller Skier ab 1,70 mtr. Länge einschließlich Skistöcke. Bekanntgabe durch Rundschreiben der Gemeinde am 30. Dezember 1941.

16. Januar 1942 Entschädigungslose Abgabe aller Pelz- und Wollsachen, soweit sie nicht zum persönlichen Gebrauch unbedingt notwendig sind, im Sitzungssaal des Gemeindeamtes, Zeughausstraße 3, für alle zum Tragen des Sterns verpflichteten Juden auf Anordnung des Beauftragten für Judenangelegenheiten der Kreisleitung der NSDAP Dresden. Bekanntgabe der Maßnahme durch Rundschreiben 4/1942 der Gemeinde vom 15. Januar 1942.

21. Januar 1942 Deportation von insgesamt 224 Juden aus dem Regierungsbezirk Dresden-Bautzen, die meisten davon waren zuletzt in Dresden selbst wohnhaft, nach Riga. Mit diesem Transport werden auch 561 Juden aus Leipzig nach Lettland verbracht.

30. Januar 1942 Verbot der Benutzung der Straßenbahn-Hechtwagen sowie der Benutzung der Straßenbahn an Sonn- und Feiertagen (außer im Zuge des Sonntagsarbeitseinsatzes) durch die Direktion der städtischen Straßenbahn. Juden haben die vorderen Plattformen der Wagen, bei Zügen aus Hechtwagen und Anhänger die Plattform des Anhängers zu benutzen. Bekanntgabe der Maßnahme durch Rundschreiben 23/1942 der Gemeinde vom 30. Januar 1942.

Mitte Februar 1942 Aufforderung des Höheren SS- und Polizeiführers Elbe mit Sitz in Dresden, Udo von Woyrsch, an die Zeiss Ikon AG, Dresden, „die bei Ihnen beschäftigten etwa 300 jüdischen Rüstungsarbeiter, in Baracken unterzubringen, damit die entsprechenden Wohnungen deutschen Gefolgschaftmitgliedern zur Verfügung gestellt werden können."

16. Februar 1942 Die Benutzung der öffentlichen Verkehrsmittel durch Juden ist nach dem vertraulichen Runderlaß des Reichsministers des Innern auf das äußerste zu beschränken.

17. Februar 1942 Die „Israelitische Religionsgemeinde zu Dresden e.V" weist alle Juden in Dresden darauf hin, daß „zur Besichtigung von Wohnungen und sonstigen Unterkünften" nur die Beamten der Geheimen Staatspolizei sowie Personen im Besitz von durch die Kreisleitung der NSDAP ausgestellten besonderen Ausweisen berechtigt sind. Insbesondere dürfen Einrichtungsgegenstände und sonstiges Wohnungsinventar nur mit besonderer Genehmigung der Gestapo Dresden „aus der Wohnung gebracht werden".

3. März 1942 Verbot der Benutzung der städtischen Straßenbahnen für alle Juden, die verpflichtet sind, den Stern zu tragen und nicht im Arbeitseinsatz stehen (Weisung der Kreisleitung der NSDAP Dresden, Abtl. Organisation (gez. Köhler) an die Gemeinde).

3. März 1942 Hinweis auf die Vermeidung von „unnötigem Briefwechsel" und „Inanspruchnahme des Roten Kreuzes" zur Postübermittlung und auf die Pflicht, dafür zu sorgen, daß der Schnee vor den von Juden bewohnten Häusern geräumt wird. Verbot der Benutzung von Stempeln mit Namen und Adressen durch Rundschreiben 36/1942 der Gemeinde.

16. März 1942 Grundsätzliches Verbot des Kaufs von Blumen für alle Juden, die zum Tragen des Kennzeichens verpflichtet sind durch Anordnung der Geheimen Staatspolizei Dresden. Bekanntgabe der Maßnahme durch Rundschreiben 40/1942 der Gemeinde vom 16. März 1942.

24. März 1942 Grundsätzliches Verbot der Benutzung sämtlicher öffentlicher Verkehrsmittel innerhalb der Wohngemeinde ohne schriftliche Erlaubnis der zuständigen Ortspolizeibehörde durch Runderlaß des Reichsministers des Innern. Schriftliche Erlaubnis wird auf Antrag erteilt für Juden im Arbeitseinsatz, wenn die Entfernung zwischen ihrer Wohnung und dem Arbeits-

ZEISS IKON AG. DRESDEN

Postanschrift: Dresden A 21, Schandauer Straße 76 / Bahnstation: Dresden A / Tel.-Sammel-Nr. 36111, 36121
Drahtanschr.: Zeissikon Dresden/ABC-Code 5.u.6.Ed., Privat-, Bentley-, Carlowitz-Code, Rud.Mosse Code m. Suppl.
Vorsitzer des Aufsichtsrates: Direktor Dipl.-Ing. August Kotthaus, Vorstand: Alexander Braumann — Dr. Heinz
Küppenbender — Alfred Simader — Dr. Helmut Sauerbreit — Prof. Dr. Hermann Joachim — Wilhelm Wohlrabe

An den
Höheren SS- und Polizei-Führer
P r a g (Protektorat)

Bei Antwort bitte angeben!

Ihre Nachricht vom	Unsere Zeichen Dr.Has/Nbt	Tag 16. Februar 1942

Beschaffung von Baracken zur Unterbringung von
jüdischen Arbeitskräften

Auf Veranlassung des Höheren SS- und Polizei-Führers Dresden
haben wir die in unseren Betrieben beschäftigten 300 jüdischen Arbeitskräfte in Baracken unterzubringen, damit die
entsprechenden Wohnungen deutschen Gefolgschaftsmitgliedern
zur Verfügung gestellt werden können.

Die Kreisleitung Dresden der NSDAP., mit der wir in dieser
Angelegenheit Rücksprache hielten, hat uns mitgeteilt, daß
der Höhere SS- und Polizei-Führer Prag noch Baracken besitze,
die früher einmal der Kreisleitung angeboten worden sind.

Wir wären für umgehende Mitteilung dankbar, ob und zu welchen
Bedingungen uns diese Baracken zur Verfügung gestellt werden
könnten.

Heil Hitler!

ZEISS IKON AG.
Ingenieurbüro

i.A.

Alle geschäftlichen Mitteilungen erbitten wir unter der Adresse der Firma ohne Angabe einer bestimmten Person

Unterbringung in Baracken
Schreiben der Zeiss Ikon AG Dresden an den Höheren SS- und Polizei-Führer Prag
vom 16. Februar 1942. (Bundesarchiv, Zwischenarchiv Dahlwitz-Hoppegarten, M 501, Akte 3)

platz mehr als sieben Kilometer beträgt bzw. mehr als eine Stunde Gehzeit in Anspruch nimmt. Bei kriegsbeschädigten, alten oder sonst körperlich gebrechlichen Personen auch bei entsprechend geringerer Entfernung, bei Schulkindern, wenn die Entfernung zwischen Wohnung und Schule mehr als fünf Kilometer beträgt, bzw. mehr als eine Stunde Gehzeit in Anspruch nimmt. Bei kränklichen, schwachen oder gebrechlichen Kindern auch bei entsprechend geringerer Entfernung und bei zugelassenen „Krankenbehandlern", Krankenschwestern, Hebammen und „Konsulenten".

27. März 1942 Bekanntgabe des Verbots, Aufträge für den persönlichen Bedarf bei „arischen" Handwerkern (z. B. Schuhmachern, Schneidern, Putzmachern, Uhrmachern, usw.) zu erteilen. Bekanntgabe der Maßnahme durch Rundschreiben 54/1942, durch Aushang in der Gemeinde und Mitteilung an die Lebensmittelkartenverteiler.

10./11. April 1942 Ausgabe der Wohnungskennzeichen in der Kartenstelle des Gemeindeamtes, Zeughausstraße 3. Bekanntgabe durch Rundschreiben der Gemeinde vom 7. April 1942.

15. April 1942 Wohnungen, in denen Juden leben, müssen aufgrund eines Erlasses des RSHA vom 13. März 1942 durch das Anbringen eines Judensterns neben dem Namensschild (im schwarzen Druck auf weißem Papier) gekennzeichnet sein.

22. April 1942 Verweis auf die zu erwartenden „strengsten staatspolizeilichen Maßnahmen" bei nicht sachgerechter Befestigung der Kennzeichen „auf der linken Brustseite fest aufgenäht" durch Rundschreiben 48/1942 der Gemeinde.

24. April 1942 Hinweis auf das – für alle zum Tragen des Judensterns verpflichteten Juden – bestehende Verbot, vor Geschäften Schlange zu stehen, durch Rundschreiben 49/1942 der Gemeinde. Aufforderung, alle Haarschneidemaschinen, -schneidescheren und ungebrauchten Kämme umgehend bei der Kartenstelle des Gemeindeamtes, Zeughausstraße 3, durch Namensschilder gekennzeichnet, abzugeben. Bekanntgabe durch Rundschreiben 50/1942 der Gemeinde vom 24. April 1942.

30. April 1942 Aufhebung aller bisher durch die Gemeinde ausgestellten Genehmigungen zur Benutzung der Straßenbahn aufgrund der „Anordnung des RFSSuChdDtPol vom 17. April über die Benutzung öffentlicher Verkehrmittel". Bekanntgabe der Maßnahme durch Rundschreiben 51/1942 der Gemeinde vom 29. April 1942.

Ende April/Anfang Mai 1942 Auf Anfrage der Gemeinde führt Dr. Willy Katz Untersuchungen von im Arbeitseinsatz stehenden Juden auf ihre „7 km-Marschfähigkeit" bzw. zur Feststellung von entsprechenden Gehbehinderungen durch.

1. Mai 1942 Grundsätzliches Verbot der Benutzung jeglicher Verkehrsmittel für die Stadt und den Landkreis Dresden für Juden, die zum Tragen des Stern verpflichtet sind, in Umsetzung des Runderlasses des Reichsministers des Innern vom 24. März 1942 durch Verordnung des Sächsischen Ministers des Innern vom 10. April 1942. Entsprechende Ausnahmeregelungen für Juden im Arbeitseinsatz, Schulkinder, „Rechtskonsulenten", „Krankenbehandler" und Hebammen durch schriftliche Genehmigung der zuständigen Ortspolizeibehörden.

Mai 1942 Einstellung des speziell zum und vom Goehle-Werk der Zeiss Ikon AG, Heidestraße 4, verkehrenden „Sonderwagens" der städtischen Straßenbahn für die dort zur Zwangsarbeit verpflichteten Juden (Weisung der Kreisleitung der NSDAP Dresden, Abtl. Organisation [gez. Köhler] an die Direktion der städtischen Straßenbahn vom 27. April 1942).

10. Mai 1942 Deportation von 287 Juden aus dem Zuständigkeitsbereich der Stapostelle Leipzig. Mit diesem Transport werden auch 174 Juden aus dem Regierungsbezirk Erfurt, 129 aus dem Regierungsbezirk Chemnitz und 70 aus dem Regierungsbezirk Zwickau nach Bełżyce, Kreis Lublin-Land, in den Distrikt Lublin des Generalgouvernements (nicht zu verwechseln mit dem Vernichtungslager der „Aktion Reinhard" Bełżec im Kreis Rawa Ruska des Distriktes Lublin).

22. Mai 1942 Verpflichtung für alle Stern tragenden Juden, vor der Erteilung eines Auftrages für Reparaturen im Haushalt (z. B. an Schlosser, Klempner, Maler, Elektrotechniker usw.) eine entsprechende Auskunft bei der Gemeinde einzuholen (in dringenden Fällen, z. B. Wasserrohrbrüche u. ä. nachträgliche Meldung. Nur unbedingt notwendige Arbeiten dürfen überhaupt

Heimeinkaufsvertrag H

Nr.V / 262.

Zwischen der Reichsvereinigung der Juden in Deutschland
und
~~Herrn/Frau/Fräulein/den-Eheleuten~~ Gertrud Sara M e y e r . . . .

gesetzlich vertreten durch . . . .

wird folgender Heimeinkaufvertrag geschlossen:

1.

a) ~~Herrn/Frau/~~Fräulein/~~die-Eheleute~~ Gertrud Sara M e y e r . . . .

erkennt/~~erkennen~~ folgendes an:

Da der Reichsvereinigung die Aufbringung der Mittel für die
Gesamtheit der gemeinschaftlich (in Theresienstadt) unterzu-
bringenden, auch der hilfsbedürftigen, Personen obliegt, ist es
Pflicht aller für die Gemeinschaftunterbringung bestimmten
Personen, die über Vermögen verfügen, durch den von ihnen an die
Reichsvereinigung zu entrichtenden Einkaufbetrag nicht nur die
Kosten ihrer eigenen Unterbringung zu decken, sondern darüber-
hinaus soweit als möglich auch die Mittel zur Versorgung der
hilfsbedürftigen aufzubringen.

b) ~~Herrn/Frau/~~Fräulein/~~die-Eheleute~~ Gertrud Sara M e y e r . . . .
kauft/~~kaufen~~ sich vom 8. September 1942 ab in die Gemeinschaftsunterbringung mit einem Betrag von 4.500.- . . . . . . RM
(in Worten Viertausendfünfhundert - - - - - - - - - - - RM) ein.

2.

Der Einkaufbetrag wird wie folgt entrichtet:

a) in bar: RM 4.500.- . . . .
bzw. Wertpapieren
b) durch die - hiermit - mit beiliegender Urkunde -
vollzogene Abtretung von

3.

In die Gemeinschaftsunterbringung können nur Gegenstände nach
Maßgabe behördlicher Weisungen eingebracht werden.

Gebucht
29. Sep.

170

a) Mit Abschluss des Vortrages wird die Verpflichtung übernommen,
dem/den Vertragspartner (n) auf Lebenszeit Heimunterkunft
und Verpflegung zu gewähren,die Wäsche waschen zu lassen,
ihn/sie erforderlichenfalls ärztlich und mit Arzneimitteln zu
betreuen und für notwendigen Krankenhausaufenthalt zu sorgen.

b) Das Recht der anderweitigen Unterbringung bleibt vorbehalten.

c) Aus einer Veränderung der gegenwärtigen Unterbringungsform
kann der Vertragspartner/kann die Vertragspartner keine Ansprüche herleiten.

5.

Bei Eintritt einer körperlichen oder geistigen Erkrankung
des/der Vortragspartner(s) sowie eines sonstigen Zustandes,
der das dauernde Verbleiben in der Gemeinschaftsunterbringung
ausschliesst und eine anderweitige Unterbringung geboten erscheinen lässt, ist die Reichsvereinigung berechtigt, die er-
forderlichen Massnahmen zu treffen. Entsprechendes gilt bei wie-
derholten groben Verstössen gegen die Ordnung der Gemeinschaftsunterbringung.

6.

a) Der Einkaufbetrag geht mit der Leistung in das Eigentum der
Reichsvereinigung über.

b) Ein Rechtsanspruch auf Rückzahlung dieses Betrages besteht,
auch beim Tode des Vertragspartners oder bei einer Aufhebung
des Vertrages aus sonstigen Gründen,nicht.

Ort. Dresden . . . den .7.9. .1942   Ort .Dresden. .den .4.9. .42

Reichsvereinigung der Juden   _Gertrud Sara Meyer_
in Deutschland   (Unterschrift des/der Vortrags-
                                                              partner)
Bezirksstelle . . . .   Konnort Dresden Konn-Nr. A.50715.
. . . .   Anschrift: Dresden A 24 . . .
Jüdische Kultusvereinigung   . .Wienerstr. 85 I . . . . . .

Israelitische Religionsgemeinde
zu Dresden e.V.

Dr. Fritz Israel Grünfeld
(Unterschrift)

Abb. S. 170/171
Von Dresden nach Theresienstadt
Sogenannter Heimeinkaufsvertrag, mit dem über 65 Jahre alte Juden „eine anderweitige
Unterbringung" in Theresienstadt suggeriert wurde. Das vorliegende Dokument vom
7. September 1942 ist ausgestellt auf Gertrud Meyer aus Dresden. (Bundesarchiv Berlin, R 8150:
Reichsvereinigung, Bd. 567, Bl. 39)

vorgenommen werden, Schönheitsreparaturen haben auf jeden Fall zu unterbleiben. Bekanntgabe der Maßnahme durch Rundschreiben der Gemeinde vom 22. Mai 1942.

24./25. Mai 1942 Abgabe von Zeugnissen über Kriegsauszeichnungen (Verwundetenabzeichen, Eisernes Kreuz I. Klasse) im Gemeindebüro der Gemeinde , Zeughausstraße 3. Bekanntgabe durch Rundschreiben der Gemeinde.

28. Mai 1942 Verbot des Begehens beider Straßenseiten der den Großen Garten und die Bürgerwiese begrenzenden Straßen Karcher-Allee, Stübel-Allee, Lennéstraße, Parkstraße, Bürgerwiese für alle Juden, die verpflichtet sind, den Stern zu tragen. Bekanntgabe der Maßnahme durch Rundschreiben der Gemeinde vom 28. Mai 1942.

1. Juni 1942 Verbot des Betretens der Markthallen am Antonplatz und in der Ritterstraße in Dresden-Neustadt für alle Stern tragenden Juden. Bekanntgabe der Maßnahme durch Rundschreiben der Gemeinde vom 28. Mai 1942.

16. und 18. Juni 1942 Entschädigungslose Abgabe alter und neuwertiger Bekleidungsstücke (Männer- und Frauen-Oberbekleidung, Anzüge, Mäntel, Hüte, Mützen, Kleider, Blusen, Kostüme, Röcke, Schürzen u. Arbeitskittel), von Wäsche (Unter-, Bett-, Tisch- und Küchenwäsche), alter Spinnstoffwaren (z. B. Wäsche, Strümpfe, Krawatten, Tücher, Schals, Lumpen, Stoff-, Woll- und Bindfadenreste jeder Art), „soweit sie zum eigenen Gebrauch bei bescheidener Lebensführung nicht mehr unbedingt notwendig sind", im Sitzungssaal des Gemeindeamtes, Zeughausstraße 3. Verpflichtung für alle Stern tragenden Juden, der Ehegatten (auch der „arischen" Ehefrauen in „nichtprivilegierter Mischehe") oder der in Hausgemeinschaft lebenden minderjährigen Kinder aufgrund einer Weisung des RSHA, bekanntgegeben durch Rundschreiben Nr. 42/178/305 der Reichsvereinigung der Juden in Deutschland, Berlin, vom 9. Juni 1942. Bekanntgabe der Maßnahme durch Rundschreiben 61/1942 der Gemeinde vom 12. Juni 1942.

18. und 19. Juni 1942 Entschädigungslose Abgabe von elektrischen Geräten (z.B. Heizöfen/ Heizröhren, Höhensonnen, Heizkissen, Kochtöpfe, Kochplatten, Staubsauger, Föhne, Bügeleisen, Tauchsieder usw.), Grammophonen, Plattenspielern und Schallplatten im Gemeindeamt, Zeughausstraße 3. Verpflichtung für alle Stern tragenden Juden mit Ausnahme der jüdischen Partner in „privilegierten Mischehen" und Juden ausländischer Staatsangehörigkeit, soweit sie aus nicht besetzten oder eingegliederten Gebieten stammen aufgrund einer Weisung des RSHA, bekanntgegeben durch Rundschreiben Nr. 42/180/309 der Reichsvereinigung der Juden in Deutschland, Berlin, vom 12. Juni 1942. Ebenfalls ausgenommen sind die „Kranken- und Zahnbehandler" sowie die jüdischen Krankenanstalten, Siechen-, Alters-, Kinder- und sonstigen Heime, soweit die aufgeführten Geräte zur Aufrechterhaltung des jeweiligen Betriebes notwendig sind. Bekanntgabe der Maßnahme durch Rundschreiben der Gemeinde vom 15. Juni 1942.

29. Juni und 1. Juli 1942 Entschädigungslose Abgabe von Schreibmaschinen, Rechenmaschinen, Vervielfältigungsapparaten, Fahrrädern, Foto- und Filmapparaten, Vergrößerungs- und Projektionsapparaten, Belichtungsmessern, Fern- und Operngläsern im Sitzungssaal des Gemeindeamtes in der Zeughausstraße 3, aufgrund einer im „Jüdischen Nachrichtenblatt" vom 19. Juni 1942 veröffentlichten Anordnung des RSHA vom 12. Juni 1942. Verpflichtung für alle Stern tragenden Juden mit Ausnahme der jüdischen Partner in „privilegierten Mischehen" und Juden ausländischer Staatsangehörigkeit, soweit sie aus nicht besetzten oder eingegliederten Gebieten stammen. Nach Genehmigung durch die Geheime Staatspolizei Dresden sind Fahrräder von Juden, die im Arbeitseinsatz stehen, deren einfacher Arbeitsweg zwischen Wohnung und Arbeitsplatz mehr als sieben Kilometer beträgt und denen die durch die entsprechenden Verordnungen eingeschränkte Benutzung öffentlicher Verkehrsmittel nicht möglich ist, von der Abgabepflicht ausgenommen. Bekanntgabe der Maßnahme durch Rundschreiben 66/1942 der Gemeinde vom 24. Juni 1942.

1. Juli 1942 „1. Dresdner Transport – V/1" nach Theresienstadt. Mit diesem Transport werden 50 zumeist über 60 Jahre alte Menschen, die überwiegend zuletzt im jüdischen Altersheim Zeughausstraße 1 untergebracht waren, per LKW in das Ghetto deportiert.

13. Juli 1942 Deportation von 171 Juden aus dem Zuständigkeitsbereich der Stapostelle Leipzig. Mit diesem Transport werden auch 97 Juden aus dem Regierungsbezirk Magdeburg, 14 aus dem Regierungsbezirk Chemnitz, 14 aus dem Regierungsbezirk Dresden-Bautzen und 3 aus dem Zuständigkeitsbereich der Stapostelle Dessau mit unbekanntem Ziel, möglicherweise nach Warschau, deportiert.

⊞ Protokoll-Nr. .... der Warengruppe	Blätter	Blatt Nr. 1
diktiert von: Herrn Dr.Hasdenteufel am: 10.11.	geprüft von dem Pausen:	

| Verteiler:
Dir.Ernemann
Dir.Simader
Rieß/Hempel
Dr.Hasdenteufel
Stoffers/Nitsche
Bönisch/Kunze
(Unterschriften) | Anwesend: Herren Schmidt von der Gestapo
           Köhler Kreisleiter
           Müller Obersekretär bei der Gestapo
           Stoffers)
           Nitsche)
           Hempel) Zeiss-Ikon A.G.
           Rieß)
           Dr.Hasdenteufel)

           Bh 17.Nov.42 V. |

Betrifft: J u d e n l a g e r .

	Termin	Verantwortlich für Erledigung
Bezüglich des Einzuges und der Unterbringung der Juden wurde folgendes beschlossen: 1.) Einzugstermin: Montag den 23.11.1942 2.) An Einrichtungen sind von Zeiss-Ikon zu beschaffen: Bettgestelle mit Strohsäcken, Schränke (pro Familie insgesamt 1 Schrank),im übrigen entsprechend der Angabe der Außenstelle des Reichsministers für Bewaffnung und Munition. 3.) Von den Juden sind mitzubringen: Teller, Schüsseln, Bestecke, Becher, Decken, Bettwäsche, Steppdecken und Federbetten, Kopfkissen und je Kopf 6 Hand- und Wischtücher. Für die Einrichtung des Krankenzimmers werden 10 komplette Metallbetten, 150 Handtücher und 150 Wischtücher für Wirtschaftsbetrieb benötigt. Es ist weiter von seitens der Juden die Einrichtung für die Büroräume zu verschaffen. Sollten von der Außenstelle die uns zugesagten Sachen nicht geliefert werden, so müßte die jüdische Gemeinde für deren Ersatz Sorge tragen. (Pro Kopf 1 Stuhl, sowie die Sitzgelegenheiten des Speiseraumes.) Für den Speiseraum werden ca. 200 Stühle benötigt. Zusätzlich Küchengeräte werden durch Auflösung der jüdischen Mittelstandsküche frei und finden im Wirtschaftsbetrieb Verwendung.		

Betr.: J u d e n l a g e r .

Niederschrift über die Besprechung am 10.11.1942

	Termin	Verantwortlich für Erledigung

3.) Verwaltung:

Es wurde festgelegt, daß das Lager eine Selbstverwaltung erhält. Herr Komissar Schmidt gibt uns
noch einen Lagerältesten, 1 Verwaltungssachbearbeiter und 1 Köchin bekannt. Die Kosten der 3
Personen trägt die Selbstverwaltung. Sie unter-
steht unmittelbar der Gestapo und wird ver-
pflegemäßig von der Kreisleitung, Pg.Köhler
betreut.

Die Beschaffung der Verpflegung obliegt ausschließlich der Firma Zeiss-Ikon. Die Zuberei-
tung und Verteilung liegt bei der Selbstverwaltung. Zeiss-Ikon beschafft die Lebensmittel und
stellt sie der Selbstverwaltung zur Verfügung.
Bezüglich der Einteilung nicht bezugsschein-
pflichtiger Waren setzt sich die Verpflegungs-
verwaltung Zeiss-Ikon von Fall zu Fall mit der
Kreisleitung in Verbindung. Die Berechnung der
Lebensmittel erfolgt am Ende des Monats für den
vorangegangenen Monat, in dem Zeiss-Ikon der
Selbstverwaltung eine Rechnung ausstellt. Auf
die Marktpreise kommt ein Zuschlag für Hand-
lungsunkosten und Umsatzsteuer. (wiehoch?)

4.) betr.: Mietpreis:

Es wurde für die ersten 2 Monate ein Mietpreis
von -.60 RM pro Kopf und Tag der Lagerinsassen
festgelegt, der von der Selbstverwaltung an die
Zeiss-Ikon zu entrichten ist. Nach Ablauf von
2 Monaten erfolgt eine Überprüfung und Regulie-
rung des Mietpreises an Hand der Nachkalkulation.

Im Mietpreis sind inbegriffen: die Kosten für
Licht, Heizung, Wasser, Telefon, Müllabfuhr, Reparaturen und Reinigungsmittel, sowie alle Kosten die durch die Bebauung des Geländes ent-
stehen. (Pacht an die Landesforstverwaltung
usw.) Außerdem die Kosten einer Wache des Be-
wachungsgewerbes. (Dauernde Besetzung eines
Postens)

Betrifft: **J u d e n l a g e r .**

Niederschrift über die Besprechung am 10.11.1942

	Termin	Verantwortlich für Erledigung

Es wurde grundsätzlich festgelegt, daß die als Lagerinsassen augewiesenen Juden auch dann im Lager
verbleiben und wirtschaftlich betreut werden, wenn
sie nicht mehr bei Zeiss-Ikon beschäftigt sind und
zwar bis zum Zeitpunkt des Abtransportes. Es steht
der Gestapo frei, unbelegte Plätze im Lager mit
Juden zu belegen, die nicht bei Zeiss-Ikon beschäftigt sind.

Die Lagerordnung wird von der Gestapo festgelegt
und überwacht. Die Wache hat dafür zu sorgen, daß
Unbefugte vom Lagergelände ferngehalten werden und
außerdem die von der Gestapo festgelegte Ausgehzeit
eingehalten wird. Richtlinien für die Wache erläßt
die Gestapo.

Die sanitäre Betreuung ist nicht Angelegenheit der
Zeiss-Ikon, sie wird gewährleistet durch die Selbstverwaltung.

Goehle Dr.Haa/Sch.
11.11.1942

Abb. S. 173–175
Betrifft: Judenlager
Protokoll der Besprechung zur Einrichtung des „Judenlagers Hellerberg" vom
10. November 1942. (Bundesarchiv, Zwischenarchiv Dahlwitz-Hoppegarten, Dokumentationszentrum der Staatlichen Archivverwaltung im Ministerium des Innern der DDR, Dok. K. Nr. 785/1)

14. Juli 1942 „2. Dresdner Transport – V/2" nach Theresienstadt. Mit diesem Transport werden 50 über 60 Jahre alte Menschen, die überwiegend zuletzt in dem als jüdisches Altersheim genutzten „Henriettenstift", Güntzstraße 24, untergebracht waren, per LKW in das Ghetto deportiert.

28. Juli 1942 „3. Dresdner Transport V/3" nach Theresienstadt. Mit diesem Transport werden 50 zumeist über 60 Jahre alte Menschen, die überwiegend zuletzt in einem der Dresdner „Judenhäuser" untergebracht waren, sowie eine Frau aus Radebeul per LKW in das Ghetto deportiert.

11. August 1942 „4. Dresdner Transport V/4" nach Theresienstadt. Mit diesem Transport werden 50 zumeist über 60 Jahre alte Menschen, die überwiegend zuletzt in einem der Dresdner „Judenhäuser" untergebracht waren, per LKW in das Ghetto deportiert.

22. August 1942 Verbot des Kaufs von Speiseeis für alle Stern tragenden Juden. Aufforderung, nicht mehr benötigte Schlüssel, besonders Kofferschlüssel, im Gemeindebüro in der Zeughausstraße 3 abzugeben. Bekanntgabe der Maßnahme durch Rundschreiben 80/1942 der Gemeinde vom 22. August 1942.

25. August 1942 „5. Dresdner Transport V/5" nach Theresienstadt. Mit diesem Transport werden 50 meist über 60 Jahre alte Menschen, die überwiegend zuletzt in einem der Dresdner „Judenhäuser" untergebracht waren, per LKW in das Ghetto deportiert.

8. September 1942 „6. Dresdner Transport V/6" nach Theresienstadt. Mit diesem Transport werden 50 meist über 60 Jahre alte Menschen, die überwiegend zuletzt in einem der Dresdner „Judenhäuser" untergebracht waren, und einige wenige aus Zittau (3), Sebnitz/Sachsen (2), Königstein (1), Meißen (1) und Radebeul (1) in das Ghetto deportiert. Von Dresden erfolgt der Transport per LKW.

8. September 1942 Verbot der Erteilung von Aufträgen an „arische" Wäschereien auf Weisung der Geheimen Staatspolizei Dresden für alle Juden, die zum Tragen des Sterns verpflichtet sind. Bekanntgabe der Maßnahme durch Rundschreiben 82/1942 der Gemeinde vom 8. September 1942.

22. September 1942 „7. Dresdner Transport V/7" nach Theresienstadt. Mit diesem Transport werden 27 meist über 60 Jahre alte Menschen, die überwiegend zuletzt in einem der Dresdner „Judenhäuser" untergebracht waren, und eine Frau aus Großenhain per LKW in das Ghetto deportiert.

13. bis 15. Oktober 1942 Entschädigungslose Abgabe aller Gegenstände aus Kupfer, Messing, Tombak, Bronze, Nickel und Nickel-Legierungen, Zinn und Zinnlegierungen und Blei in den Räumen der Gemeinde, Zeughausstraße 3. Verpflichtung für alle sterntragenden Juden. Ausgenommen sind „z. B. Essbestecke sowie Küchenmesser jeder Art mit Stahlklingen sowie alle Gegenstände, die nur durch handwerkliche Arbeit ausgebaut werden können oder für die ein sofortiger Ersatz beschafft werden müsste (z. B. Tür- und Fenstergriffe, Armaturen usw.)", Kronleuchter, Wand- und Stehlampen etc., insoweit nicht aus nicht abgabepflichtigem Material Ersatz beschafft werden kann. Bekanntgabe der Maßnahme durch Rundschreiben 85/1942 der Gemeinde vom 8. Oktober 1942.

10. November 1942 Besprechung über die Einrichtung des „Judenlagers Hellerberg" zwischen Vertretern der Geheimen Staatspolizei Dresden, der Kreisleitung der NSDAP und der Zeiss Ikon AG, Dresden, im Goehle-Werk der Zeiss Ikon A.G., Heidestraße 4.

23./24. November 1942 Eröffnung des „Judenlagers Hellerberg" in einer Sandgrube an der Radeburger Straße etwas oberhalb der gegenüberliegenden Weinbergstraße. Insgesamt 279 Menschen werden an diesen beiden Tagen aus den „Judenhäusern" der Stadt geholt und über die „Städtische Entseuchungs-Anstalt" in der Fabrikstraße 6 im Dresdner Norden, knapp außerhalb der Stadtgrenzen, „zusammengelegt". Die Stadt Dresden ist damit praktisch „judenfrei".

1943

27. Februar 1943 Beginn der sogenannten Fabrikaktion. Im gesamten Reichsgebiet werden schlagartig die jüdischen Rüstungsarbeiter festgesetzt. In Dresden wird dementsprechend das

Reichssicherheitshauptamt   Berlin, den 20. Februar 1943.
IV B 4 a   2093/42 g (391)

R i c h t l i n i e n
zur technischen Durchführung
der Evakuierung von Juden nach dem Osten
(KL Auschwitz)

Für die Evakuierung von Juden aus dem Reichsgebiet
und Böhmen und Mähren nach dem Osten werden unter Aufhebung der bisher ergangenen Erlasse folgende Richtlinien, die in allen Punkten genau einzuhalten sind, aufgestellt:

III. Transport.

Es empfiehlt sich, die zu evakuierenden Juden vor
dem Abtransport zu konzentrieren. Transporte werden jeweils in Stärke von mindestens je 1.000 Juden nach dem
im Einvernehmen mit dem Reichsverkehrsministerium erstellten Fahrplan, der den beteiligten Dienststellen zu
geht, durchgeführt.

Es muß pro Person mitgenommen werden:
  Marschverpflegung für etwa 5 Tage,
  1 Koffer oder Rucksack mit
  Ausrüstungsgegenstanden und zwar:
    1 Paar derbe Arbeitsstiefel,
    2 Paar Socken,
    2 Hemden,
    2 Unterhosen,
    1 Arbeitsanzug,

- 5 -

    2 Wolldecken,
    2 Garnituren Bettzeug (Bezüge mit Laken)
    1 Eßnapf
    1 Trinkbecher
    1 Löffel und
    1 Pullover.

Nicht mitgenommen werden dürfen:
  Wertpapiere, Devisen, Sparkassenbücher usw.,
  Wertsachen jeder Art (Gold, Silber) Platin -
  mit Ausnahme des Eheringes),
  Lebendes Inventar,
  Lebensmittelmarken (vorher abnehmen und den
  örtlichen Wirtschaftsämtern übergeben).

Vor Abgang der Transporte ist eine Durchsuchung
nach Waffen, Munition, Sprengstoffen, Gift, Devisen,
Schmuck, usw. vorzunehmen.
    Für die Aufrechterhaltung von Ruhe und Ordnung
während der Fahrt und die Reinigung der Wagen nach
Verlassen des Zuges sind jüdische Ordner einzuteilen.
    Bei Abmeldung der Juden ist in den Melderegistern
der Meldeämter nicht der Zielort, sondern lediglich
"unbekannt verzogen" anzuführen.

Vorbereitung der „Fabrik-Aktion" – Abtransport der letzten jüdischen Rüstungsarbeiter
Ausriß aus den Richtlinien des RSHA „zur technischen Durchführung der Evakuierung von
Juden nach dem Osten (KL Auschwitz)" vom 20. Februar 1943. (Bundesarchiv Berlin, 99 Js 1 Fc:
Eichmann-Prozeß, Nr. 5438/65081, Dok.-Nr. 1282)

„Judenlager Hellerberg" zum „Polizeihaftlager" erklärt. Bis zum 3. März werden hier die bisher noch außerhalb des Lagers lebenden, aber für die Deportation nach Auschwitz vorgesehenen Angestellten der Gemeinde konzentriert. Gleichzeitig dient es als im Rahmen der „Fabrikaktion" als Sammellager für Juden aus Erfurt, Halle, Leipzig, Plauen und Chemnitz.

2./3. März 1943 In der Nacht vom 2. auf den 3. März wird das „Judenlager Hellerberg" weitgehend aufgelöst. Die 293 Menschen aus Dresden, Chemnitzer Juden vom Hellerberg und Juden aus Erfurt und Westfalen werden über den Güterbahnhof Dresden-Neustadt nach Auschwitz deportiert. Der Transport, dem in Görlitz auch Juden aus Berlin und aus Norwegen angeschlossen werden, kommt in den Abendstunden des 3. März in Auschwitz an. Von den insgesamt etwa 1500 Menschen werden 680 (535 Männer, 145 Frauen) in das Lager eingewiesen, darunter auch etwa 50 aus Dresden. Die anderen circa 820 Menschen werden unmittelbar nach der Selektion in den Gaskammern der Bunker I und II auf dem Gelände des Lagers Birkenau ermordet.

29. März 1943 „Transport Dresden V/8" nach Theresienstadt. Mit diesem Transport werden insgesamt 32 meist über 60 Jahre alte Menschen, 17 aus Halle, 6 aus Chemitz, 6 aus Leipzig, eine Frau aus Plauen sowie die 12jährige Irmgard Conradi aus Dresden, Schäferstraße 11, in das Ghetto deportiert.

10. Juni 1943 Auflösung der Verwaltungsstelle Dresden der Bezirksstelle Mitteldeutschland der Reichsvereinigung der Juden in Deutschland (früher: Israelitische Religionsgemeinde zu Dresden e.V.).

21. Juni 1943 „Transport Dresden V/9" nach Theresienstadt. Mit diesem Transport werden, nach der Auflösung der Israelitischen Religionsgemeinde zu Dresden e.V., am 10. Juni die bisher noch verbliebenen Mitarbeiter der Gemeinde und ihre Familien deportiert, darunter der letzte Vorsitzende Kurt Hirschel, sowie bisher z.B. aufgrund ihres Gesundheitszustandes Zurückgestellte, ebenso 16 Personen aus Chemnitz und 2 aus Plauen. Der Transport von Dresden erfolgt per LKW.

1. Juli 1943 Nach der XIII. Verordnung zum Reichsbürgergesetz verfällt das Vermögen von verstorbenen Juden automatisch dem Reich. Die Ahndung von strafbaren Handlungen von Juden wird gänzlich aus dem Bereich der Justiz herausgenommen und obliegt ausschließlich der Polizei. Die Verordnung tritt am siebten Tage nach ihrer Verkündung in Kraft.

Juli 1943 Fragebogenaktion des Vertrauensmannes der Reichsvereinigung der Juden in Deutschland für den Bezirk Dresden, Dr. Ernst Neumark, zur Erfassung aller im Regierungsbezirk Dresden wohnhaften Juden (Rundschreiben Nr. 2 des Vertrauensmanns der Reichsvereinigung der Juden in Deutschland für den Bezirk Dresden, Dr. Ernst Neumark, vom 16. September 1943).

17. August 1943 Die Stadt Dresden wird durch Erlaß des Reichswohnungskommissars aufgrund der „Verordnung zur Wohnraumlenkung" vom 27. Februar 1943 zum „Brennpunkt des Wohnungsbedarfs" erklärt (mit gleichem Erlaß auch die Städte Breslau, Waldenburg/Schlesien, Leipzig und Graz). Damit ist der Zuzug auswärtiger Familien an die vorherige Genehmigung der zuständigen Gemeindebehörden gebunden.

16. September 1943 In bezug auf die 13. Verordnung zum Reichsbürgergesetz vom 1. Juli 1943 ordnet Dr. Ernst Neumark an, daß die im Regierungsbezirk Dresden lebenden Juden Vorsorge dafür zu treffen haben, daß im Todesfalle eine entsprechende Meldung an ihn erfolgt. Des weiteren sind auch alle anderen Veränderungen (Wohnungswechsel usw.) unverzüglich zu melden. Bekanntgabe der Maßnahme durch Rundschreiben Nr. 2 des Vertrauensmanns der Reichsvereinigung der Juden in Deutschland für den Bezirk Dresden, Dr. Ernst Neumark, vom 16. September 1943.

16. September 1943 In Abänderung der durch Rundschreiben vom 15. August 1941 bekanntgegebenen Anordnung müssen sich alle auswärtigen Juden, die nach Dresden kommen, auch wenn sie sich hier nur zu Besuch aufhalten, jetzt am gleichen Tag beim Vertrauensmann der Reichsvereinigung, An der Kreuzkirche 1 b, persönlich melden. Bekanntmachung der Maßnahme durch Rundschreiben Nr. 3 des Vertrauensmanns der Reichsvereinigung der Juden in Deutschland für den Bezirk Dresden, Dr. Ernst Neumark, vom 16. September 1943.

Konzentrationslager Auschwitz Art der Haft: *Sch. Jude* Gef. Nr.: *104930*

Name und Vorname: *Goldberg, Mendel, Isr.*

geb.: *4.8.23* zu: *Dresden*

Wohnort: *Dresden, Judensiedl. am Hellerberg Dt. Todtstr.*

Beruf: *Bäcker* Rel.: *mos*

Staatsangehörigkeit: *Staatenlos* Stand: *led*

Name der Eltern: *Majlich u. Frajdla geb. Rechtscheidt* Rasse: *jüd*

Wohnort: *z.Zt. KL. Au.*

Name der Ehefrau: Rasse:

Wohnort:

Kinder: Alleiniger Ernährer der Familie oder der Eltern: *nein*

Vorbildung: *8 Kl. deutsch Volkssch.*

Militärdienstzeit: *nein* von — bis

Kriegsdienstzeit: *nein* von — bis

Grösse: *172* Nase: *gebogen* Haare: *schwarz* Gestalt: *schlank*

Mund: *klein* Bart: *keiner* Gesicht: *oval* Ohren: *gross abst.*

Sprache: *deutsch* Augen: *braun* Zähne: *gut*

Ansteckende Krankheit oder Gebrechen: *keine*

Besondere Kennzeichen: *keine*

Rentenempfänger: *nein*

Verhaftet am: *27.2.43* wo: *Dresden*

1. Mal eingeliefert: *3.3.43* 2. Mal eingeliefert:

Einweisende Dienststelle: *RSHA, IV B H a 2093/42 g (391)*

Grund:

Parteizugehörigkeit: *keine* von — bis

Welche Funktionen: *keine*

Mitglied v. Unterorganisationen: *nein*

Kriminelle Vorstrafen: *angebl. keine*

Politische Vorstrafen: *angebl. keine*

Ich bin darauf hingewiesen worden, dass meine Bestrafung wegen intellektueller Urkundenfälschung erfolgt, wenn sich die obigen Angaben als falsch erweisen sollten.

v. g. u.   **Der Lagerkommandant KL.-Au.**
                       i. A.

Goldberg Mendel Israel
4.8.23

Häftlingspersonalbogen des Konzentrationslagers Auschwitz

Häftlingspersonalbogen des Konzentrationslagers Auschwitz für Mendel Goldberg aus Dresden vom 3. März 1943. (Państwowe Muzeum Oświęcim Brzezinka, D-Au-I-2/1561, Häftlingspersonalbogen, Bd. 13, Bl. 1458)

Der Vertrauensmann
der Reichsvereinigung der Juden
in Deutschland für den Bezirk Dresden
Dr.Ernst Israel Neumark

Fräulein

Henny Sara Wolf,

Dresden - A 19
Glashütter-Str.24

Dresden, den 12.Februar 1945
Zeughausstr.3 Ruf Nr.14002

Auf Anweisung der vorgesetzten Dienststelle, der Geheimen Staatspolizei Dresden.fordere ich Sie auf, sich

Freitag, den 16.Februar 1945, früh 6 ^{45} Uhr

pünktlich im Grundstück Zeughausstr.1, Erdgeschoß rechts, einzufinden.
Sie haben damit zu rechnen, daß Sie außerhalb Dresdens zum Arbeitseinsatz kommen.
Sie wollen am Freitag Ihr Gepäck und für 2-3 Tage Marschverpflegung mitbringen. Es darf 1 Koffer oder 1 Rucksack(nicht beides) mitgenommen werden. Größe und Gewicht des Koffers oder Rucksacks dürfen die Maße eines Handgepäckstücks nicht übersteigen. Sie müssen damit rechnen, daß Sie das Gepäck eine größere Strecke Weges selbst tragen müssen. Empfehlenswert ist es, an demselben den Namen des Besitzers anzubringen.
Mitzunehmen ist:

Vollständige Bekleidung, ordentliches Schuhwerk, Arbeitskleidung, 1 mal Bettwäsche, Decke (keine Daunen-oder Steppdecke), Eßgeschirr (Teller und Topf mit Löffel), Trinkbecher.
nicht mitgenommen werden dürfen:

Wertpapiere, Devisen, Sparkassenbücher, Streichhölzer, Kerzen.
Außer dem Koffer oder Rucksack dürfen Frauen eine Damenhandtasche normaler Größe mit sich führen. Die Decke darf über dem Arm getragen werden.
Der Lebensmittelkartenbezug ist bei der zuständigen Stelle für den 18.Februar 1945 abzumelden; die Abmeldebescheinigung ist spätestens am Freitag früh bei mir abzugeben. Die jüdische Kartenstelle ist Dienstag, den 13.Februar 1945 bis Donnerstag, den 15.Februar 1945 von 7-16 Uhr geöffnet. Die restlichen Lebensmittelkarten sind hierbei abzuliefern.
Ich weise nachdrücklich darauf hin, daß dieser Aufforderung ungeachtet aller bestehenden Arbeitsverhältnisse unbedingt Folge zu leisten ist. Anderenfalls sind staatspolizeiliche Maßnahmen zu gewärtigen.
Ich bitte, mir den Empfang dieses Schreibens auf dem unteren Anhang desselben zu bestätigen.

Der Vertrauensmann
der Reichsvereinigung der Juden in Deutschland
für den Bezirk Dresden
Dr.Ernst Israel Neumark

Deportationsaufforderung für den letzten Transport
Schreiben des Vertrauensmannes der Reichsvereinigung der Juden in Deutschland für den Bezirk Dresden, Dr. Ernst Neumark, an Frau Henny Wolf vom 12. Februar 1945. (Aus: Michael Brenner, Am Beispiel Weiden. Jüdischer Alltag im Nationalsozialismus, Würzburg 1983, S. 111)

10. November 1943 „Die Tafeln im Grossen Garten, an der Brühlschen Terrasse usw., welche auf das Verbot des Zutritts von Juden hinweisen, werden voraussichtlich demnächst entfernt werden." Die Verbote bleiben ungeachtet dessen weiter bestehen. Bekanntmachung der Maßnahme durch Rundschreiben Nr. 4 des Vertrauensmanns der Reichsvereinigung der Juden in Deutschland für den Bezirk Dresden, Dr. Ernst Neumark, vom 10. November 1943.

1944

11. Januar 1944 „Transport V/10 Dresden/Chemnitz" nach Theresienstadt. Mit diesem Transport werden insgesamt 42 zumeist über 60 Jahre alte Menschen aus nicht mehr bestehenden „Mischehen" oder mit hohen Kriegsauszeichnungen in das Ghetto deportiert, darunter auch je 4 aus Chemnitz und Plauen, je 2 aus Zittau und Bautzen, sowie je einer aus Kamenz, Pirk im Vogtland, Sörnewitz und Wülknitz bei Riesa. Der Transport von Dresden erfolgt per LKW.

9. Februar 1944 Als sogenannte Einzelreisende zum Transport V/10 Dresden/ Chemnitz wird eine Frau aus Zittau nach Theresienstadt deportiert.

8. März 1944 Als sogenannte Einzelreisende zum Transport V/10 Dresden/ Chemnitz wird eine Frau, zuletzt wohnhaft Dresden, Zeughausstraße 1, nach Theresienstadt deportiert.

9. August 1944 Als sogenannte Einzelreisende zum Transport V/10 Dresden/ Chemnitz wird eine Frau, zuletzt wohnhaft Dresden, Werderstraße 21, nach Theresienstadt deportiert.

30. August 1944 Als sogenannte Einzelreisende zum Transport V/10 Dresden/ Chemnitz wird eine Frau, zuletzt wohnhaft in Schneeberg i. E., nach Theresienstadt deportiert.

27. September 1944 Als sogenannte Einzelreisende zum Transport V/10 Dresden/Chemnitz wird eine Frau, zuletzt wohnhaft in Dresden, Theaterstraße 6, nach Theresienstadt deportiert.

8. Dezember 1944 Als sogenannte Einzelreisende(r) zum Transport V/10 Dresden/Chemnitz wird eine Person nach Theresienstadt deportiert.

1945

2. Februar 1945 Als sogenannte Einzelreisende(r) zum Transport V/10 Dresden/Chemnitz wird eine Person nach Theresienstadt deportiert.

13./14. Februar 1945 Durch britische und amerikanische Bombenangriffe werden weite Teile Dresdens zerstört, etwa 35 000 Menschen werden getötet.

15. Februar 1945 „Transport V/11 Chemnitz" nach Theresienstadt. Mit diesem Transport werden insgesamt 56 bisher aufgrund ihrer „Mischehe" oder als „Geltungsjuden" zurückgestellte Menschen aus Chemnitz (27), Plauen (9), Netzschau i.V. (3), Zwickau (3), Annaberg i.E. (2), Auerswalde bei Chemnitz (2), Bernsbach im Erzgebirge(1), Himmelsmühle im Erzgebirge (1), Hohenstein (1), Jahnsdorf im Erzgebirge (1), Oberfrohna (1), Schreiersgrün i. V. (1), Thum (1), Werdau (1) und Zwönitz (1) in das Ghetto deportiert.

16. Februar 1945 Die für diesen Tag vorgesehene Deportation der am 12. Februar bereits von der Staatspolizeileitstelle benachrichtigten „letzten" Dresdner Juden kommt in den Wirren nach der Bombardierung Dresdens am 13./14. Februar nicht mehr zustande.

Anhang

Bearbeitete und ergänzte Dokumentation der Deportationsliste ────────────

Mit dieser Dokumentation sollen die Namen der 293 im März 1943 vom „Judenlager Hellerberg" aus nach Auschwitz deportierten Menschen in Erinnerung gerufen und festgeschrieben werden. 293 Dresdner Bürger mit ganz „normalen" Berufen, wohnhaft in allen Teilen der Stadt, Angehörige der „Israelitischen Religionsgemeinde".

Das erste Blatt der Deportationsliste sowie das entsprechende Anschreiben der Jüdischen Gemeinde zu Dresden ist der Dokumentation vorangestellt. Für die folgende Aufstellung wurden neben den Personalangaben (Name, Vorname, Geburtsdatum und -ort) auch die Angaben zum ausgeübten Beruf und der Staatsangehörigkeit übernommen, die laufende Numerierung von 1 bis 293 entfällt. Familien, soweit sie vor der Verbringung in das „Judenlager Hellerberg" in einem gemeinsamen Haushalt wohnten, sind voneinander abgesetzt dargestellt. Die Angaben wurden anhand anderer Quellen, besonders der Unterlagen der Volkszählung vom 17. Mai 1939, verifiziert.[1] Bei abweichenden Angaben und Schreibweisen sind die der Volkszählung übernommen worden, da die von Juden zusätzlich abzugebenden „Ergänzungskarten" von den Betroffenen selbst ausgefüllt und somit einen höheren Grad an Authentizität besitzen, als beispielsweise von Amts wegen zusammengestellte Listen. Offensichtliche Schreibfehler wurden stillschweigend korrigiert.

Ergänzt werden die Angaben der Deportationsliste durch einen Vermerk über das weitere Schicksal der nach Auschwitz Deportierten und die Auflistung ihrer früheren Wohnadressen ab 1937. Die übergroße Mehrheit der vom Hellerberg nach Auschwitz Deportierten wurde unmittelbar nach ihrer Ankunft im Verlaufe des Abends des 3. oder in der Nacht zum 4. März 1943 in den Bunkern I und II auf dem Birkenauer Lagergelände vergast. Aufgrund der dem Transport zugewiesenen Häftlingsnummern 104 890–105 424 und 105 458–105 506 konnten die Namen der ins Lager eingewiesenen Männer

---

1 Für die Stadt und den Kreis Dresden siehe BA Berlin, R 15.09: Reichssippenamt, Film Nr. 74 33 274 335 (künftig: BA Berlin, 1939/VZ)

weitestgehend rekonstruiert werden. Für die ins Lager eingewiesenen Frauen läßt sich über die ausgegebenen Häftlingsnummern 36 935–37 079 und 37 080–37 243 ein derartiger Beleg aufgrund fehlender Unterlagen nur in wenigen Fällen führen. Insgesamt wurde in nicht durch Quellen hinreichend belegbaren Fällen wie in historischen Nachschlagewerken üblich der Begriff „verschollen" verwendet. Soweit nicht anders vermerkt, sind die Adreßangaben den Adreßbüchern der Stadt[2], den „Ergänzungskarten" der Volkszählung vom Mai 1939 (in der Dokumentation: 1939/VZ) bzw. der „Liste über die z. Zt. in Dresden wohnhaften reichsdeutschen Juden" mit „Stand vom 1. 9. 1939"[3] (in der Dokumentation: 1939/L) entnommen. Die Angaben für das Jahr 1942 beziehen sich auf die von Dr. Willy Katz Ende April bzw. Anfang Mai durchgeführte Reihenuntersuchung der im Arbeitseinsatz stehenden Juden auf Gehfähigkeit.[4] Dabei wird für den Zeitraum 1937 bis 1942 jeweils die frühestmögliche und letzte Wohnanschrift, zumeist ergänzt durch eine Angabe für das Jahr 1939, aufgeführt. Für sechs Personen ergeben sich bis zum März 1943 aus den durchgesehenen Unterlagen keinerlei konkrete Hinweise auf einen Wohnsitz in Dresden.[5]

---

2 Adreßbuch für Dresden und Vororte Boxdorf, Cossebaude, Dippelsdorf-Buchholz, Dölzschen, Gittersee, Gohlis, Hainsberg, Hosterwitz, Langebrück, Lausa, Mobschatz, Niederpoyritz, Niedersedlitz, Pappritz, Pillnitz, Rähnitz-Hellerau, Rockau, Schönfeld, Ullersdorf, Wilschdorf, Zschachwitz, Zschieren, sowie der Städte Dohna, Freital, Heidenau, Klotzsche, Rabenau, Radebeul, Tharandt, Wilsdruff 1937–1938, bearbeitet und hrsg. von der Dr. Güntzschen Stiftung zu Dresden, Dresden 1937–1938, bzw. Adreßbuch der Gau- und Landeshauptstadt Dresden Freital-Radebeul, mit umliegenden 6 Städten Dohna, Heidenau, Klotzsche, Rabenau, Tharandt und Wilsdruff und 24 Gemeinden Boxdorf, Cossebaude, Dölzschen, Friedewald, Gittersee, Gohlis, Hainsberg, Hellerau, Hosterwitz, Langebrück, Mobschatz, Moritzburg, Niederpoyritz, Niedersedlitz, Pappritz, Pillnitz, Reichenberg, Rockau, Schönfeld, Ullersdorf, Weixdorf, Wilschdorf, Zschachwitz, Zschieren 1939–1943/44, hrsg. von der Dr. Güntzschen Stiftung zu Dresden, Dresden 1937–1942. Die Adreßbücher 1937–1940 erschienen jeweils im Januar/Februar, die der Jahre 1941–1942 erst im März.

3 Die originale Abschrift dieser Liste liegt im Stadtarchiv Dresden vor. Auftraggeber und Urheber und Entstehungshintergrund sind nicht genau bekannt. Auffällig ist, daß bei den Namensangaben die seit dem 1. 1. 1939 zwangsweise zu führenden zusätzlichen Vornamen „Israel" und „Sara" weggelassen wurden. Ein Abgleich mit anderen Quellen hat zudem ergeben, daß die Adreßangaben offensichtlich auf veraltetes Ausgangsmaterial zurückgehen.

4 USHMM, Collection Dr. Katz, Untersuchungen auf Gehfähigkeit.

5 Hinweise, Korrekturen und Ergänzungen werden dankend entgegengenommen.

O s t a b w a n d e r u n g

am 3. März 1943

Jüdische Kultusvereinigung: Israelitische Religionsgemeinde
zu Dresden e.V.

1.	ALTMANN Berthold Isr.	28.10.82 Graudenz	D R.	Möbelverkäufer
2.	ALTMANN geb. Levy,Julie S.	18.4.88 Altenkirchen	D R.	Hauswirtschaft
3.	ANGEL geb. Kariel,Else S.	31.12.95 Glauchau	D R.	Krankenpflege
4.	ANGEL Erich Isr.	2.2.88 Wegstädt	D R.	Dipl.-Ingenieur, Architekt
5.	ANGEL Eva S.	5.6.24 Dresden	D R.	ohne
6.	ARNDT Margarete S.	23.2.00 Dresden	D R.	Uhren-u.Goldwaren- Verkäuferin
7.	ARONADE geb. Sachs,Katharina S.	24.7.83 Hirschberg	D R.	ohne
8.	ASEYO geb. Brodsky,Schime S.	26.1.90 Wilna	staatl. fr.Türkei	Wollwarenverkäuferin
9.	AUERBACH Moritz Israel	30.11.83 Tremessen	D R.	Kaufmann
10.	AUERBACH geb. Fanger,Selma Sara	20.7.91 Berlin	D R.	ohne
11.	BAERWALD Ilse S.	7.7.08 Berlin	D R.	tierärztl.Prakti- kantin
12.	BARASCH,Dr. Curt Israel	28.3.93 Dresden	D R.	Amtsgerichtsrat
13.	BARASCH geb. Josky,Irma S.	26.6.96 Dresden	D R.	Putzmacherin
14.	BARASCH geb. Bloch,Irma Therese S.	9.2.90 Chemnitz	D R.	ohne
15.	BAUER Curt Isr.	26.5.95 Aussig	Protekt.	Textilkaufmann
16.	BAUMWOHL geb. Vogel,Erna S.	1.5.10 Tlumatz	staatl. fr.Polen	ohne
17.	BAUMWOHL Siegfried Isr.	10.1.30 Dresden	staatl.	ohne

Die Deportationsliste
(Archiv der Israelitischen Religionsgemeinde zu Leipzig, Nr. 2/66: Deportationslisten für Mitteldeutschland, 1942–1943)

Bearbeitete und ergänzte Dokumentation der Deportationsliste „Ostabwanderung am 3. März 1943 Jüdische Kultusvereinigung: Israelitische Religionsgemeinde zu Dresden e.V."

Name	Beruf/Staats-angehörigkeit	Adressen	
Altmann, Berthold geb. am 28.10.1882 in Graudenz verschollen	Möbelverkäufer Deutsches Reich (D.R.)	1937: 1939/L: 1942:	Schlüterstr. 23 Semperstr. 4 [b. Pohly] Amalienstr. 19
Altmann, Julie, geborene Levy geb. 18.4.1888 in Altenkirchen/Westerwald verschollen	Hauswirtschaft D.R.	1939/VZ:	Altenzeller Str. 32
Angel, Elsa, geborene Kariel geb. 31.12.1895 in Glauchau verschollen	Krankenpflegerin D.R.	1939/VZ: 1942:	Mathildenstr. 15 Maxstr. 1
Angel, Eva[1] geb. 5.6.1924 in Dresden verschollen	D.R.		
Angel, Erich geb. 2.2.1888 in Wagstadt verschollen	Dipl.-Ingenieur/ Architekt D.R.	1939/VZ: 1939/L: 1942:	Nürnberger Str. 18c Zeughausstr. 3 Zeughausstr. 3
Arndt, Margarete geb. 23.2.1900 in Dresden verschollen	Uhren- und Gold- warenverkäuferin D.R.	1939:	Karcherallee 35
Aronade, Katharina, geborene Sachs geb. am 24.7.1883 in Hirschberg verschollen	D.R.	1939/VZ: 1939/L: 1942:	Lindengasse 26 Mozartstr. 3 Altenzeller Str. 41
Asejo, Schime, geborene Brodski geb. am 26.1.1890 in Wilna verschollen	Wollwaren- verkäuferin staatenlos, früher Türkei	1937: 1939:	Mathildenstr. 51 Mathildenstr. 51
Auerbach, Moritz geb. am 30.11.1883 in Tremessen verschollen[2]	Kaufmann D.R.	1937: 1939:	Hohe Str. 57 Zinzendorfstr. 51
Auerbach, Selma, geborene Fanger geb. am 20.7.1891 in Berlin verschollen	D.R.		
Baerwald, Ilse geb. am 7.7.1908 in Berlin verschollen	tierärztliche Praktikantin D.R.	1942:	Walpurgisstr. 22

1 Eva Angel war schwanger und sollte im Februar 1943 ihr Kind zur Welt bringen. Das Schicksal des Kindes ist nicht bekannt. Vgl. USHMM, Collection Dr.Katz: Schreiben Dr.Willy Katz an Kurt Hirschel vom 24.12.1942.

2 Vgl. LBI, Apt Collection, Section II, Part 8: Brief Meyer an Apt vom 9.9.1945: beide nicht ins Lager eingewiesen.

Barasch, Dr. Curt geb. am 28.3.1893 in Dresden verschollen[3]	Amtsgerichtsrat D.R.	1937: 1939/VZ:	Güterbahnhofstr. 2 Seidnitzer Str. 26
Barasch, Irma, geborene Josky geb. am 26.6.1896 in Dresden verschollen	Putzmacherin D.R.		
Barasch, Irma Therese, geborene Bloch geb. am 9.2.1890 in Chemnitz verschollen	D.R.	1937: 1939/VZ: 1942:	Würzburger Str. 37 Güterbahnhofstr. 2 Reitbahnstr. 29
Bauer, Curt geb. am 26.5.1895 in Aussig verschollen	Textilkaufmann Protektorat	1937: 1938: 1939: 1939/VZ: 1942:	Freiberger Platz 1 Walpurgisstr. 9 Lüttichaustr. 1a Nürnberger Str. 33 Nürnberger Str. 33
Baumwohl, Erna, geborene Vogel geb. am 1.5.1910 in Tlumacz verschollen	staatenlos, früher Polen	1937: 1939: 1942:	Dippoldiswalder Platz 2 Dippoldiswalder Platz 2 Ziegelstr. 41
Baumwohl, Siegfried geb. am 10.1.1930 in Dresden verschollen	staatenlos		
Bernstein, Friedrich geb. am 26.6.1891 in Schivelbein verschollen	Getreidehändler D.R.	1937: 1939:	Stephanienstr. 35 Stephanienstr. 35
Bernstein, Martha, geborene Nothenberg[4] geb. am 23.4.1889 in Stolp verschollen	D.R.		
Bialaschewski, Wischa geb. am 15.3.1900 in Grajewo verschollen	D.R.	1937: 1939/VZ:	Kaiserstr. 1 Kaiserstr. 1
Blumenfrucht, Maria, geborene Finkelstein geb. am 4.1.1893 in Szenica verschollen	Schneiderin D.R.	1938: 1939:	Ziegelstr. 11 Ziegelstr. 11
Caro, Charlotte geb. am 5.3.1889 in Dresden verschollen	Verkäuferin/ Lageristin D.R.	1939: 1942:	Holbeinstr. 44 Ziegelstr. 41
Chaba, Chaim geb. am 16.3.1899 in Debiany verschollen	Schuhmacher staatenlos, früher Russe	1937: 1939: 1940:	Steinstr. 2 Steinstr. 2 Steinstr. 2

3 Vgl. LBI, Apt Collection, Section II, Part 8: Brief Meyer an Apt vom 9.9.1945: beide nicht ins Lager eingewiesen.

4 Martha B., verw. Feingold, Mutter von Bruno Feingold und Edith Goldmann, geb. Feingold, die mit dem gleichen Transport nach Auschwitz deportiert wurde, vgl. den Hinweis bei LBI, Apt Collection, Section II, Part 8: Brief Meyer an Apt vom 9.9.1945: die ganze Familie von Edith Goldmann ist nach Auschwitz gekommen.

Chaba, Slava, geborene Eltermann[5]
geb. am 13.11.1901 in Minsk staatenlos,
verschollen früher Russin

Chaba, Leo
geb. am 27.7.1927 in Dresden staatenlos
verschollen

....

Dawid, Martha Hausangestellte 1939/VZ: Ziegelstr. 54
geb. am 25.7.1923 in Dresden staatenlos, 1942: Ziegelstr. 54
verschollen früher Rumänien

Dawid, Rina
geb. am 9.2.1922 in Dresden staatenlos,
verschollen früher Rumänien

....

Edelmann, Mischa Maschinen- 1938: Pillnitzer Landstr. 177
geb. am 26.3.1897 in Odessa techniker 1939: Pillnitzer Landstr. 177
verschollen[6] staatenlos,
früher Türke

....

Ehrlich, Jonas Schokoladen- 1937: Junghansstr. 40
geb. am 24.1.1891 in Posen händler 1939: Reichenbachstr. 61
verschollen[7] D.R. 1942: Canalettostr. 5

....

Eichel, Samuel Schäftemacher 1937: Reitbahnstr. 23
geb. am 15.3.1888 in Warschau staatenlos, 1939: Reitbahnstr. 23
verschollen früher Russe 1942: Sporergasse 2

Eichel, Marie, geborene Schnosal Schneiderin
geb. am 22.6.1898 in Jeklings staatenlos,
verschollen früher Russin

Eichel, Hans
geb. am 14.12.1925 in Meißen staatenlos
Überlebender, lebte in New York/USA[8]

Eichel, Helga
geb. am 6.2.1935 in Meißen staatenlos
verschollen

....

Eisner, Ella, geborene Neumann Verkäuferin 1938: Zeughausstr. 3
geb. am 12.1.1890 in Guben D.R. 1939: Zeughausstr. 3
verschollen

---

5 Schwester von Frieda und Scholom Eltermann.

6 Vgl. Państwowe Muzeum Oświęcim Brzezinka (Staatliche Gedenkstätte Auschwitz-Birkenau)-Archiv (künftig: Archiv Gedenkstätte Auschwitz-Birkenau), D-Bu-3/1/7: Häftlingsnummer: 104 912; letzter Nachweis: Zugangsliste des KL Buchenwald (Lfd. Nr. 3429) vom 26.1.1945 (Transport vom KL Auschwitz).

7 Vgl. Archiv Gedenkstätte Auschwitz-Birkenau, D-Aul-5/2: Häftlingsnummer 104 913; letzter Nachweis: 23.6.1943 Operation im Häftlingskrankenbau, Block 21, Chirurgie des Stammlagers (Auschwitz I).

8 Vgl. Jüdische Gemeinde zu Dresden, Korrespondenzordner in Sachen Entschädigung und Wiedergutmachung, Eichel: Schreiben Rechtsanwalt Frederic M. Alberti, New York, an die Jüdische Gemeinde zu Dresden vom 11.6.1958: Hans Eichel überlebte.

Eisner, Felix geb. am 22.6.1900 in Kreuzburg/OS verschollen	Kaufmann D.R.		
Eisner, Fritz geb. am 30.3.1908 in Löbau verschollen	Schneider D.R.	1939: 1940:	Anton-Graff-Str. 30 Anton-Graff-Str. 30
Eisner, Ilse, geborene Freund geb. am 29.8.1921 in Niederlössnitz verschollen	Hauswirtschaft D.R.	1939/VZ:	Radebeul, Moritzburger Str. 1
Elias, Ingeborg geb. am 21.11.1925 in Dresden verschollen	Hauswirtschaft D.R.	1939:	Holbeinstr. 40
Eltermann, Frieda geb. am 2.11.1898 in Minsk verschollen	Tabakarbeiterin staatenlos, früher Russin	1937: 1939:	Huttenstr. 2 Huttenstr. 2
Eltermann, Scholem[9] geb. am 30.6.1891 in Minsk verschollen	Zigarettenarbeiter staatenlos, früher Russe	1939/VZ: 1942:	Strehlener Str. 52 Strehlener Str. 52
Engelbert, Irma, geb. Nordheim geb. am 3.8.1896 in Walldorf verschollen	Modistin D.R.	1937: 1939/VZ: 1942:	Mosczinskystr. 9 Mathildenstr. 22 Strehlener Str. 52
Erbisch, Martha, geborene Abeles geb. am 4.4.1894 in Teplitz verschollen	Tabakarbeiterin D.R.	1939/VZ: 1939/L: 1942:	Annenstr. 42 Sporergasse 2 Sporergasse 2
Fabisch, Ruth geb. am 30.1.1906 in Berlin verschollen	Verkäuferin D.R.	1939/VZ:	Schnorrstr. 9
Falck, Henia, geborene Koltan geb. am 20.3.1888 in Naklo/Gal. verschollen	staatenlos, früher Polin	1937: 1939: 1939/VZ: 1942:	Große Brüdergasse 31 Schössergasse 6 Sporergasse 9 Sporergasse 2
Falkenstein, Fritz geb. am 20.9.1893 in Schwachenwalde verschollen	Getreidekaufmann D.R.	1939/VZ: 1942:	Reichenbachstr. 53 Strehlener Str. 52
Falkenstein, Else, geborene Rosenberg geb. am 8.2.1887 in Schwetz/Weichsel verschollen	D.R.		
Feibusch, Julius geb. am 18.10.1894 in Gilgenburg verschollen	Schuhhändler D.R.	1937: 1939:	Altenberger Str. 22 Altenberger Str. 22
Feibusch, Mathilde, geborene Hirschel geb. am 20.7.1897 in Wilhelmsbrück verschollen	Kontoristin D.R.		

9 Bruder von Frieda Eltermann und Slava Chaba.

Feibusch, Doris
geb. am 18.9.1924 in Dresden   D.R.
verschollen

Feibusch, Leo
geb. am 7.3.1929 in Dresden   D.R.
verschollen

Feingold, Bruno[10]   1937:   Stephanienstr. 35
geb. am 28.10.1916 in Dresden   D.R.   1939:   Stephanienstr. 35
verschollen

Fischer, Alice   1937:   Stormstr. 29
geb. am 10.3.1891 in Mährisch-Ostrau D.R.   1939:   Stormstr. 29
verschollen

Fraenkel, Dora, geborene Hönigsberg Kassiererin   1939/VZ: Schnorrstr. 9
geb. am 19.4.1901 in Dresden   D.R.   1942:   Canalettostr. 5
verst. im Frühjahr 1943
in Auschwitz[11]

Fränkel, Josef   Textilkaufmann 1937:   Oberer Kreuzweg 6
geb. am 18.6.1888 in Schneidemühl D.R.   1939:   Melanchthonstr. 25
verschollen   1942:   Lothringer Weg 2

Fränkel, Ida, geborene Steinhart   Kassiererin
geb. am 9.12.1887 in Tachau   D.R.
verschollen

Friedmann, Kaete, geborene Warczawsky Masseuse   1937:   Krenkelstr. 9
geb. am 27.6.1904 in Berlin   D.R.   1939/VZ: Krenkelstr. 9
verschollen

Fuks, Toni, geborene Feuerstein   1937:   Strehlener Str. 10
geb. am 27.2.1896 in Narajow   staatenlos   1939/VZ: Strehlener Str. 52
verschollen   1942:   Strehlener Str. 52

Fuks, Sabine
geb. am 18.2.1926 in Dresden   staatenlos
verschollen

Gellert, Ferdinand   Fleischer   1939/VZ: Chemnitzer Str. 27
geb. am 13.8.1912 in Gleiwitz   Schuhmacher
verschollen[12]   D.R.

Gellert, Johanna,   Kinderpflegerin
geborene Wartenberger   D.R.
geb. am 2.1.1915 in Lendzin
verschollen

---

10 Bruder von Edith Goldmann, geb. Feingold, und Sohn von Martha Bernstein, geb. Nothenberg, verw. Feingold, die mit dem gleichen Transport nach Auschwitz deportiert wurden, vgl. den Hinweis bei LBI, Apt Collection, Section II, Part 8: Brief Meyer an Apt vom 9.9.1945: die ganze Familie von Edith Goldmann ist nach Auschwitz gekommen.

11 Vgl. ebenda: Brief Meyer an Apt vom 5.10.1945: ins Lager eingewiesen, aber dort „gleich gestorben".

12 Vgl. Archiv Gedenkstätte Auschwitz-Birkenau, D-Aul-2/1498, Bd. 13, Bl. 1455: Häftlingsnummer 104926; „Schuster u. Fleischer"; letzter Nachweis durch den unmittelbar bei der Einweisung erstellten Häftlingspersonalbogen.

Gellert, Ruth
geb. am 2. 10. 1936 in Gleiwitz
verschollen

D. R.

Gellert, Gisela
geb. am 9. 4. 1925 in Dresden
verschollen

D. R.

1937:	Altenzeller Str. 4
1939:	Chemnitzer Str. 27
1940:	Chemnitzer Str. 27

Gellert, Ursula
geb. am 9. 4. 1925 in Dresden
verschollen

D. R.

Gellert, Johannes
geb. am 1. 4. 1886 in Stanislau
verschollen

Goldarbeiter
D. R.

1939/VZ:	Amalienstr. 19
1939/L:	Grunaer Str. 15
1942:	Amalienstr. 19

Gellert, Rosa, geborene Schmerzler
geb. am 25. 5. 1885 in Kolomea
verschollen

Zuschneiderin
D. R.

....

Glükmann, Rosa, geborene Beer
geb. 20. 12. 1899 in Lipiany
verschollen

Hauswirtschaft
staatenlos,
früher Polin

1937:	Güterbahnhofstr. 11
1939:	Güterbahnhofstr. 11
1942:	Strehlener Str. 52

Glükmann, Ruth
geb. 20. 1. 1922 in Dresden
Überlebende,[13]
lebte später in Sao Paulo/Brasilien

Stenotypistin
staatenlos

Glükmann, Egon
geb. 22. 11. 1928 in Dresden
verschollen

staatenlos

....

Goldberg, Chaja, geborene Mandelsaft
geb. am 27. 3. 1894 in Presworska

Polen

1937:	Dürerstr. 92
1938:	Dürerstr. 92

....

Goldberg, Meilik
geb. am 7. 4. 1894 in Grodzisk b. Warschau
verschollen

Klempner
staatenlos,
früher Russe

1937:	Ammonstr. 32
1939:	Sporergasse 2
1942:	Sporergasse 2

Goldberg, Frajdla,
geborene Reitscheidt
geb. am 20. 3. 1884 in Grodzisk
verschollen

staatenlos,
früher Russin

Goldberg, Jacob
geb. am 28. 7. 1920 in Dresden
verschollen[14]

Gärtner
staatenlos

13 LBI, Apt Collection, Section II, Part 6: Red Cross messages, statistics on deportations. Searches for individuals include some reminicenses of war experience, 1940–1957, Brief Wolfgang Jaffé an Dr. Lotte Apt vom Februar/März 1946: Ruth G. überlebte; sowie LBI, Apt Collection, Section II, Part 8: Brief Meyer an Apt vom 9. 9. 1945: Ruth G. überlebte; Egon und Rosa G. wurden nicht ins Lager eingewiesen.

14 Vgl. Archiv Gedenkstätte Auschwitz-Birkenau, D-AuIII-3/3, Bl. 222: Häftlingsnummer 104 229; letzter Nachweis: 12. 1. 1944 Entlassung aus der Quarantäne in Buna Monowitz (Auschwitz III).

Goldberg, Mendel Gabriel geb. am 4.8.1923 in Dresden verschollen[15]	staatenlos		
Goldberg, Sali geb. am 16.12.1925 in Dresden verschollen	staatenlos		
Goldberg, Leopold geb. am 5.11.1895 in Dresden verschollen	Hutkaufmann D.R.	1937: 1939: 1942:	Schumannstr. 41 Schumannstr. 41 Steinstr. 2
Goldberg, Selde, geborene Chaits geb. am 3.11.1898 in Kowno verschollen	Modistin D.R.		
Goldberg, Jutta geb. am 15.10.1934 in Dresden verschollen	D.R.		
Goldhammer, Joseph geb. am 6.3.1886 in Nadworna verschollen	Kaufmann D.R.	1937: 1939:	Kurfürstenstr. 11 Kurfürstenstr. 11
Goldmann, Amalie, geborene Schülein geb. am 19.4.1887 in München verschollen	Hauswirtschaft D.R.	1942:	Strehlener Str. 52
Goldmann, Edith, geborene Feingold geb. am 3.9.1915 in Dresden verst. im Frühjahr 1943 in Auschwitz[16]	Fürsorgerin D.R.	1939/VZ:	Stephanienstr. 35
Goldschmidt, Siegfried geb. am 19.2.1894 in Krotoschin verschollen	Textilkaufmann D.R.	1937: 1939/VZ: 1942:	Stephanienstr. 4 Kurfürstenstr. 6 Kurfürstenstr. 6
Goldschmidt, Minna, geborene Marx geb. am 11.5.1899 in Sulzburg verschollen	Postangestellte D.R.		
Goldschmidt, Alfred geb. am 17.4.1928 in Dresden verschollen	D.R.		
Goldschmidt, Max geb. am 5.5.1929 in Dresden verschollen	D.R.		
Goldschmidt, Ella, geborene Bilstein geb. am 12.3.1884 in Stolp verschollen	Buchhalterin D.R.	1937: 1939/VZ: 1942:	Glacisstr. 8 Kurfürstenstr. 22 Amalienstr. 19

15 Vgl. ebenda, D-Bu-3/1/7, Bl. 79: Häftlingsnummer 104 930; letzter Nachweis: Zugangsliste des KL Buchenwald (Lfd. Nr. 3603) vom 26.1.1945 (Transport vom KL Auschwitz).

16 Vgl. LBI, Apt Collection, Section II, Part 8: Brief Meyer an Apt vom 9.9.1945: nach einem Monat im Lager verstorben. Schwester von Bruno Feingold und Tochter von Martha Bernstein, die mit dem gleichen Transport nach Auschwitz deportiert wurden, vgl. den Hinweis bei LBI, Apt Collection, Section II, Part 8: Brief Meyer an Apt vom 9.9.1945: die ganze Familie von Edith Goldmann ist nach Auschwitz gekommen.

Goldschmidt, Heymann geb. am 18.12.1891 in Krotoschin verschollen	Textilkaufmann D.R.	1939/VZ: Gerichtsstr. 18 1939/L: Walpurgisstr. 22 bei Pzybilski 1942: Walpurgisstr. 22
Goldschmidt, Erna, geborene Rosemann geb. am 28.7.1897 in Heilsberg verschollen	Putzmacherin D.R.	
Goldschmidt, Jenny, geborene Stern geb. am 28.10.1882 in Marburg verschollen	Kontoristin D.R.	1939/VZ: Bernhardstr. 39 1942: Strehlener Str. 52
Greub, Leo geb. am 8.11.1890 in Zons verschollen	Verkäufer/ Dekorateur D.R.	1937: Heynahtsstr. 14 1939: Grunaer Weg 22 1940: Grunaer Weg 22
Greub, Jenny, geborene Meyer geb. am 17.11.1900 in Maurusmünster verschollen	Köchin D.R.	
Greub, Alice geb. am 31.3.1924 in Mainz verschollen	Modezeichnerin D.R.	
Grossmann, Icyk Mayer geb. am 21.3.1899 in Lelow Überlebender, lebte nach 1945 in Bautzen und Leipzig[17]	Schneider staatenlos, früher Russe	1939/VZ: Bautzen, Reichenstr. 29 1942: Bautzner Str. 20
Grossmann, Regina geb. am 15.12.1904 in Peczemizyn verschollen	Hauswirtschaft staatenlos, früher Russin	
Grünbaum, Mosche Aron geb. am 30.3.1896 in Lodz verschollen[18]	Tuchhändler staatenlos, früher Russe	1939/VZ: George-Bähr-Str. 5, Unters.Gefängnis
Hausmann, Elisabeth geb. am 6.11.1912 in Kalusz verschollen	Kontoristin D.R.	1937: Kurfürstenstr. 22 1939: Kurfürstenstr. 22 1942: Amalienstr. 19
Hausmann, Fanny geb. am 15.6.1926 in Dresden verschollen	D.R.	
Hausmann, Minna geb. am 6.1.1920 in Dresden verschollen	D.R.	

17 Nach 1945 Mitglied der israelitischen Religionsgemeinde, siehe Jüdische Gemeinde zu Dresden: „Mitglieder der Israel. Religionsgemeinde", Stand Mai 1946; laut VVN-Unterlagen: verst. am 27.5.1963 in Leipzig.

18 Vgl. Archiv Gedenkstätte Auschwitz-Birkenau, D-AuI-5/2, Bl. 220: Häftlingsnummer 104938; letzter Nachweis: 18.8.1943 Operation im Häftlingskrankenbau, Block 21, Chirurgie des Stammlagers (Auschwitz I).

Helft, Ernst geb. am 28.12.1906 in Leipzig verst. im Frühjahr 1943 in Auschwitz[19]	Autoschlosser D.R.	1939/VZ:	Maxstr. 1
Helft, Ilse, geborene Spanier geb. am 19.7.1917 in Dresden verschollen	Verkäuferin D.R.	1939/L:	Walpurgisstr. 22
Herzberg, Hencie, geborene Waldhorn geb. am 18.12.1887 in Behorodczany verschollen	staatenlos, früher Polen	1939: 1942:	Ziegelstr. 54 Cranachstr. 6
Herzka, Edith geb. am 21.1.1897 in Dresden verschollen	Hauswirtschaft Protektorat	1937: 1939/VZ:	Gabelsbergerstr. 15 Bautzner Landstr. 38
Hinzelmann, Arthur geb. am 3.7.1888 in Dresden verschollen	Textilkaufmann D.R.	1937: 1939/VZ: 1939/L: 1942:	Fürstenstr. 18 Zöllnerstr. 27 Cranachstr. 6 Cranachstr. 6
Hirsch, Albert geb. am 2.12.1900 in Borghorst Überlebender[20]	Verkäufer/ D.R.	1937: 1939/VZ: 1939/L: 1942:	Wettiner Str. 13 Wettiner Str. 13 Röhrhofsgasse 16 Sporergasse 2
Hirsch, Fanny, geborene Schneck geb. am 17.9.1901 in Dresden ermordet am 3./4.3.1943 in Auschwitz[21]	Stenotypistin D.R.		
Hirsch, Manfred geb. am 10.11.1929 in Dresden ermordet am 3./4.3.1943 in Auschwitz	D.R.		
Hirsch, Georg geb. am 29.5.1882 in Dresden verschollen	Lederwaren- kaufmann D.R.	1937: 1939: 1942:	Mathildenstr. 22 Mathildenstr. 22 Pöppelmannstr. 7
Hirsch, Carola, geborene Kupfer geb. am 15.4.1892 in Burgkunstadt verschollen	Hauswirtschaft D.R.		
Hirschfeld, Martha, geborene Tuchler geb. am 23.5.1889 in Dresden verschollen	D.R.	1939/VZ: 1939/L: 1942:	Reichsstr. 7 Reichsstr. 5 Schweizer Str. 2
Icyk, Golda, geborene Weinbein geb. am 9.2.1907 in Berditschew verschollen	Verkäuferin staatenlos, früher Polen	1937: 1939/VZ: 1942:	Amalienstr. 16 Schumannstr. 43 Schumannstr. 43

19 Vgl. ebenda, D-AuI-5/2, Bd. 4, Bl. 133: Häftlingsnummer 104 947; letzter Nachweis: 26.4.1943 in den Block 28, die Leichenhalle des Stammlagers (Auschwitz I), gebracht.

20 Vgl. ZUV, Bd. 6, S. 44–45: ZV Albert H. vom 1.12.1948. Albert H. war nach 1945 im Vorstand der Gemeinde, siehe die Unterlagen bei der Jüdischen Gemeinde zu Dresden. 1953 hat er „ungesetzlich die DDR verlassen", vgl. dazu Magistrat von Berlin, VdN-Akte Nr. A 35670, Albert Hirsch. Er verstarb in den 70er Jahren in Israel.

21 Vgl. ZUV, Bd. 6, S. 44–45: ZV Albert H. vom 1.12.1948: Frau und Kind wurden sofort vergast.

Idzkowska, Vilma geb. am 29.7.1894 in Odessa verschollen	Verkäuferin staatenlos, früher Russin	1939/VZ: 1942:	Reitbahnstr. 29 Reitbahnstr. 29
Imbach, Elfriede geb. am 7.7.1896 in Ostrowo verschollen	D.R.	1942:	Lothringer Weg 2
Jacoby, Irma geb. am 1.12.1904 in Dresden verschollen	Verkäuferin D.R.	1938: 1939/VZ:	Feldherrenstr. 34 Ziegelstr. 54
Jaffé, Wolfgang geb. am 9.12.1924 in Dresden Überlebender, lebte in den USA[22]	D.R.	1939:	Holbeinstr. 40
Judenkersch, Max geb. am 26.7.1889 in Warschau verschollen	Tabakschneider staatenlos	1939/VZ: 1942:	Schulgutstr. 15 Zeughausstr. 3
Judenkersch, Lucie, geborene Fluger geb. am 10.9.1894 in Berlin verschollen	Kontoristin staatenlos		
Kaliski, Else geb. am 9.1.1888 in Grabow verschollen	D.R.	1937: 1939/VZ: 1942:	Holbeinstr. 145 Zeughausstr. 1 Kurfürstenstr. 11
Kalter, Nathan geb. am 7.5.1881 in Mannheim verschollen	Kaufmann D.R.	1939: 1942:	Tittmannstr. 20b Wiener Str. 85
Kalter, Betty, geborene Neumann geb. am 21.11.1884 in Hainsfarth verschollen	D.R.		
Kaplan, Ber geb. am 26.12.1892 in Minsk verschollen	Tabakmeister staatenlos, früher Russe	1937: 1939: 1942:	Kreutzerstr. 6 Kreutzerstr. 6 Wiener Str. 85
Kaplan, Chana[23] geb. am 22.6.1895 in Minsk verschollen	Schauspielerin staatenlos, früher Russin	1937: 1939:	Am See 26 Cranachstr. 6
Keller, Arthur Denny geb. 29.7.1900 in Mannheim verschollen[24]	Buchhalter D.R.	1939/VZ: 1939/L: 1942:	Struvestr. 16 Liliengasse 2 Kurfürstenstr. 11
Kleimann, Ida, geborene Skolerov geb. am 10.4.1888 in Tscherkassy verschollen	staatenlos, früher Russin	1937: 1939: 1942:	Zöllnerstr. 9 Zöllnerstr. 9 Steinstr. 2

22 Vgl. LBI, Apt Collection, Section II, Part 6, Brief Jaffé an Lotte Apt vom Februar/März 1946 sowie Jüdische Gemeinde zu Dresden, Korrespondenzordner in Sachen Entschädigung und Wiedergutmachung, Jaffé.

23 Schwester von Ber Kaplan.

24 Vgl. Archiv Gedenkstätte Auschwitz-Birkenau, D-AuI-5/10, Bd. 10, Bl. 64 f.: Häftlingsnummer 104 961; letzter Nachweis: 5.10.1943 Krankenunterlagen Stammlager (Auschwitz I).

Klein, Bella geb. am 18.7.1892 in Heilbronn verschollen	Korrespondentin D.R.	1939/VZ: Reichsstr. 7 1939/L: Laubestr. 10 1942: Canalettostr. 5
Kleinhon, Sophie geb. am 18.12.1898 in Dresden verschollen	Kontoristin staatenlos, früher Russin	1939/VZ: Hähnelstr. 1
Kogan, Pinchas geb. 2.7.1895 in Bendery verschollen	Mützenmacher staatenlos, früher Russe	1939/VZ: Sporergasse 2
Kogan, Käthe, geborene Marens geb. am 23.9.1901 in Berlin verschollen	D.R.	
Kohn, Karl geb. am 22.3.1920 in Dresden verschollen[25]	Kontorist D.R.	1939/VZ: Struvestr. 24 1939/L: Fürstenstr. 44
Koretz, Hugo geb. am 13.6.1890 in Falkenau a.d.Eger verschollen	Musiker staatenlos, früher D.R.	1937: Terrassengasse 12 1939: Terrassengasse 12 1942: Terrassengasse 12
Koretz, Leopoldine, geborene Löwit geb. am 23.3.1891 in Aussig verschollen	Säuglingspflegerin D.R.	
Krell, Regina, geborene Bohrer geb. am 16.12.1891 in Czernowitz verschollen	Bankbeamtin D.R.	1939/VZ: Krenkelstr. 24 1939/L: Nürnberger Str. 15 1942: Wiener Str. 85
Kronheim, Margarethe geb. am 23.12.1899 in Dresden verschollen	D.R.	1939/VZ: Plattleite 64 1939/L: Bautzner Str. 27 h. Schmoll 1942: Altenzeller Str. 41
Langstein, Otto geb. am 16.11.1898 in Dresden verst. im Frühjahr 1943 in Auschwitz	Hutkaufmann D.R.	1937: Serrestr. 9 1939: Serrestr. 9
Langstein, Margarethe, geborene Bauer geb. am 24.8.1898 in Dresden verschollen	D.R.	
Langstein, Harry geb. am 29.3.1924 in Dresden verst. 1943 in Auschwitz	Kontorist D.R.	

25 Vgl. Archiv Gedenkstätte Auschwitz-Birkenau, D-AuI-5/2, Bd. 2, Bl. 144: Häftlingsnummer 104966; letzter Nachweis: 18.6.1943 Operation im Häftlingskrankenbau, Block 21, Chirurgie des Stammlagers (Auschwitz I).

26 Vgl. ebenda, D-AuI-5/2, Bd. 4, Bl. 128: Häftlingsnummer 104971; letzter Nachweis: 19.4.1943 in den Block 28, die Leichenhalle des Stammlagers (Auschwitz I), gebracht; weiterhin LBI, Apt Collection, Section II, Part 8, Brief Meyer an Apt vom 26.12.1945: Harry und Otto L. wurden ins Lager eingewiesen, Margarethe L. wahrscheinlich nicht; Otto starb nach ca. 3 Wochen an Dysenterie und sein Sohn Harry „ganz kurze Zeit später".

Lehner, Selig geb. am 24.2.1888 in Strozowska ermordet am 3./4.3.1943 in Auschwitz[27]	Schneider D.R.	1939/VZ: 1939/L:	Enderstr. 11 Hugo-Göpfert-Str. 23 b.Jelling
Lehner, Jetty, geborene Schnitzer geb. am 28.7.1888 in Gorlice ermordet am 3./4.3.1943 in Auschwitz	D.R.	1939/VZ: 1939/L: 1942:	Enderstr. 11 Enderstr. 11 Canalettostr. 5
Lenczynski, Fritz geb. am 28.9.1926 in Leipzig verst. 1943 in Auschwitz[28]	Schlosserei-Praktikant D.R.		
Lenkiewicz, Liba geb. am 10.8.1902 in Grajewo verschollen	Kontoristin staatenlos, früher Russin	1939/VZ:	Leipziger Str. 29
Lewandowski, Frieda geb. am 20.10.1900 in Kaltennordheim verst. in Auschwitz[29]	Stenotypistin D.R.	1939/VZ: 1939/L: 1942:	Strehlener Str. 52 Strehlener Str. 54 Strehlener Str. 52
Lewy, Hildegard, geborene Hauptmann geb. am 1.10.1905 in Dresden verschollen	D.R.	1939/VZ: 1939/L: 1942:	Wettinerstr. 11 Ziegelstr. 41 Ziegelstr. 41
Lichtenstein, Elias geb. am 7.9.1884 in Langstadt verschollen[30]	Schuhwaren- händler D.R.	1937: 1939/VZ:	Münchner Platz 10 Tischerstr. 7
Liebe, Elka[31] geb. am 8.8.1914 in Wilna verschollen	Hauswirtschaft D.R.	1939/VZ:	Grunaer Str. 13
Liebe, Ingeborg geb. am 1.6.1938 in Dresden verschollen	D.R.	1939/VZ:	Schillerstr. 16, Klotzsche
Liebermann, Thea, geborene Katz geb. am 1.10.1908 in Beuthen verschollen[32]	D.R.	1937: 1939/VZ: 1939/L:	Nürnberger Str. 34 Lindengasse 26 Mosczinskystr. 14 b. Schweriner
Liebermann, Peter geb. am 25.8.1932 in Breslau verschollen	D.R.	1939/VZ: 1939/L:	Lindengasse 26 Christianstr. 32

27 Vgl. LBI, Apt Collection, Section II, Part 8: Brief Heinz Meyer an Rudolf Apt vom 9.9.1945: beide nicht ins Lager eingewiesen.

28 Vgl. ebenda: nach vier Wochen im Nebenbett von Heinz Meyer verstorben; Sohn von Bertha Michaelis, geb. Adler, und Stiefbruder von Annelies Michaelis.

29 Vgl. ebenda: Brief Meyer an Apt vom 26.10.1945: ins Lager eingewiesen, verstarb aber „nach ganz kurzer Zeit".

30 Vgl. ebenda: Brief Meyer an Apt vom 9.9.1945: nicht ins Lager eingewiesen.

31 Möglicherweise verwandt mit Ingeborg L.

32 Vgl. LBI, Apt Collection, Section II, Part 8: Brief Meyer an Apt vom 26.10.1945: beide nicht ins Lager eingewiesen.

Loewe, Hugo geb. am 2.8.1892 in Dresden verschollen	Diplom-Ingenieur D.R.	1937: 1939/VZ:	Kaulbachstr. 22 Zeughausstr. 1
Loewe, Helene, geborene Wittkowsky geb. am 12.3.1889 in Neutomischel verschollen	Stenotypistin D.R.		
Loewenstamm, Hedwig geb. am 19.7.1891 in Meißen verschollen	D.R.	1939/VZ: 1939/L: 1942:	Cranachstr. 6 Laubestr. 6 Ziegelstr. 41
Löwenstein, Paul geb. am 7.4.1887 in Dresden verschollen[33]	Textilkaufmann D.R.	1937: 1939:	Schumannstr. 31 Schumannstr. 31
Löwenstein, Johanna, geborene Roth geb. am 27.3.1892 in Dresden verschollen	D.R.		
Loewenthal, Werner geb. am 23.2.1925 in Dresden verst. 1943 in Auschwitz[34]	landwirtschaft- licher Praktikant D.R.	1937: 1939:	Schandauer Str. 22 Schandauer Str. 22
Loewenthal, Annelies geb. am 23.7.1922 in Dresden verschollen	landwirtschaft- liche Praktikantin D.R.		
Loewenthal, Fritz geb. am 17.1.1892 in Eisleben verschollen	Schuhwarenkauf- mann D.R.	1937: 1939:	Wettiner Str. 45 Wettiner Str. 45
Lundin, Günther geb. am 9.7.1926 in Dresden verst. in Auschwitz[35]		1939/VZ: 1942:	Webergasse 20 Strehlener Str. 52
Lundin, Marianne, geborene Pacovsky geb. am 12.12.1898 in Dresden verschollen	Hauswirtschaft staatenlos, früher D.R.		
Magen, Erna, geborene Hinzelmann geb. am 7.1.1898 in Dresden verst. in Auschwitz[36]	D.R.	1939: 1942:	Fürstenstr. 18 Altenzeller Str. 26 (?)

33 Vgl. LBI, Apt Collection, Section II, Part 8: Brief Meyer an Apt vom 9.9.1945: beide nicht ins Lager eingewiesen.

34 Vgl. Archiv Gedenkstätte Auschwitz-Birkenau, D-AuI-5/3, Bd. 3, Bl. 467: Häftlingsnummer 104 984; letzter Nachweis: 11.12.1943 Spital Block 28 des Stammlagers (Auschwitz I). Möglicherweise verwandt mit Fritz L.

35 Vgl. Archiv Gedenkstätte Auschwitz-Birkenau, D-AuI-5/2, Bd. 4, Bl. 101: Häftlingsnummer 104 987; letzter Nachweis: 24.3.1943 in den Block 28, die Leichenhalle des Stammlagers (Auschwitz I), gebracht.

36 Vgl. LBI, Apt Collection, Section II, Part 8: Brief Meyer an Apt vom 9.9.1945: beide in Auschwitz verstorben.

Magen, Stephanie geb. am 1.2.1925 in Chemnitz verst. in Auschwitz[37]		D.R.	
Meder, Jecheskel geb. am 24.4.1890 in Demjanow verst. in Auschwitz[38]	Textilkaufmann D.R.	1937: 1939/VZ: 1942:	Anton-Graff-Str. 10b Müller-Berset-Str. 36 Franz-Liszt-Str. 6
Meder, Eva, geborene Eisner geb. am 15.2.1899 in Rawaruska verst. in Auschwitz	D.R.		
Meder, Ruth geb. am 30.6.1922 in Dresden verst. in Auschwitz	Schneiderin D.R.		
Meder, Gerda geb. am 29.4.1926 in Dresden verst. in Auschwitz	D.R.		
Meyer, Fritz geb. am 28.5.1925 in Dresden verst. im Frühjahr 1943 in Auschwitz[39]	D.R.	1939: 1941: 1942:	Elisenstr. 4 Emser Allee 35 Güntzstr. 24
Meyer, Heinz geb. am 29.6.1923 in Dresden Überlebender, lebt in Cincinnati/USA[40]	Musiker D.R.		
Michaelis, Bertha, geborene Adler[41] geb. am 10.3.1892 in Schmölln verschollen	1939: D.R.	wohnhaft in Riesa	
Michaelis, Annelies geb. am 11.2.1924 in Dresden ermordet in Auschwitz[42]	D.R.	1937: 1939/VZ: 1939/L:	Müller-Berset-Str. 12 Müller-Berset-Str. 15 Pirnaische Str. 58

37 Siehe ebenda.

38 Vgl. Archiv Gedenkstätte Auschwitz-Birkenau, D-AuI-512, Bd. 2, Bl. 42: Häftlingsnummer 104 989; letzter Nachweis: 30.3.1943 Operation im Häftlingskrankenbau, Block 21, Chirurgie des Stammlagers (Auschwitz I) sowie LBI, Apt Collection, Section II, Part 8: Brief Meyer an Apt vom 9.9.1945: alle in Auschwitz verstorben, Jecheskel M. nach etwa 3 Wochen Operation, von der er sich nicht mehr erholte.

39 Vgl. Archiv Gedenkstätte Auschwitz-Birkenau, D-AuI-5/2, Bd. 4, Bl. 10: Häftlingsnummer 104 993, letzter Nachweis: 29.3.1943 in den Block 28, die Leichenhalle des Stammlagers (Auschwitz I) gebracht; weiterhin LBI, Apt Collection, Section II, Part 8: Brief Meyer an Apt vom 9.9.1945: Fritz M. verstorben an Typhus und vollkommener Körperschwäche (Dysenterie, Furunkulose und starken Frostbeulen).

40 Vgl. dazu den Briefwechsel mit Rudolf Apt im Herbst 1945 in: LBI, Apt Collection, Section II, Part 8.

41 Mutter von Fritz Lenczynski, Stiefmutter von Annelies M.

42 Vgl. LBI, Apt Collection, Section II, Part 8: Brief Meyer an Apt vom 9.9.1945: Annelies M. im Lager verrückt geworden und vergast. Tochter von Lilly Seliksohn, geb. Kornblum, Stiefvater Elias Seliksohn, Stiefbruder Fritz Lenczynski.

Moscizki, Leib geb. am 25. 12. 1893 in Grajewo verschollen	Ölhändler staatenlos, früher Russe	1939/VZ: Meißen, Elbestr. 28
Moscizki, Rebekka, geborene Edelmann geb. am 10. 1. 1896 in Grajewo verschollen	staatenlos, früher Russin	
Nathansohn, Jenny geb. am 18. 1. 1888 in Schwornigatz verschollen	Textilwaren- verkäuferin D. R.	1939/VZ: Mathildenstr. 23 1939/L: Am See 14 1942: Cranachstr. 6
Natowitz, Ignatz geb. am 26. 9. 1885 in Kalwarya verschollen[43]	Chemigraph (Kaufmann) D. R.	1937: Holbeinstr. 11 1939: Holbeinstr. 11 1942: Cranachstr. 6
Natowitz, Feiga, geborene Eisenthal geb. am 1. 4. 1888 in Kolomea verschollen	D. R.	
Natowitz, Leonhard[44] geb. am 11. 10. 1914 in Dresden Überlebender, lebt in New York/USA[45]	Lehrer D. R.	1939/VZ: Louisenstr. 55 1939/L: Holbeinstr. 11
Natowitz, Margot, geborene Höxter geb. am 20. 9. 1920 in Bibra Überlebende, lebt in New York/USA	Schneiderin D. R.	1939/VZ: Stormstr. 2 1939/L: Zeughausstr. 1
Neumann, Martha geb. am 13. 12. 1886 in Fürstenwalde verschollen	Stenotypistin D. R.	1937: Altmarkt 8 1939/VZ: Zeughausstr. 3
Otto, Horst geb. am 25. 9. 1914 in Dresden verschollen[46]	Polsterer/ Dekorateur D. R.	1939/VZ: Förstereistr. 42
Otto, Rosa, geborene Schreiber geb. 28. 3. 1901 in Böhmisch-Leipa verschollen	Verkäuferin D. R.	1939: Sedanstr. 16
Philippsohn, Frieda, geborene Juliusburger geb. am 23. 1. 1889 in Berlin verschollen[47]	D. R.	1939/VZ: Altenzeller Str. 32 1939/L: Reichenbachstr. 61 b. Hepner 1942: Reitbahnstr. 29

43 Vgl. LBI, Apt Collection, Section II, Part 8: Brief Meyer an Apt vom 5. 10. 1945: beide nicht ins Lager eingewiesen.

44 Neffe von Ignatz N.

45 Vgl. LBI, Apt Collection, Section II, Part 8: Brief Meyer an Apt vom 9. 9. 1945: Leonhard N. war in Auschwitz größtenteils in einer Kohlengrube beschäftigt und ging bei der Evakuierung von Auschwitz mit auf Transport, später in demselben Lager wie Heinz Meyer; Margot N. „war in Auschwitz in einem guten Kommando", beide überlebten.

46 Archiv Gedenkstätte Auschwitz-Birkenau, SS-Hyg Inst/5, Bd. 8, Bl. 28: Häftlingsnummer 105 006; letzter Nachweis: 29. 12. 1943 Häftlingskrankenbau, Block 19/4 des Stammlagers (Auschwitz I).

47 Vgl. LBI, Apt Collection, Section II, Part 8: Brief Meyer an Apt vom 26. 12. 1945: wahrscheinlich nicht ins Lager, aber „bestimmt nicht mehr am Leben".

Pick, Else[48] geb. am 9.10.1910 in Breslau verschollen	Hauswirtschaft D.R.	1939/VZ: Christianstr. 32
Pick, Ingrid geb. am 12.11.1934 in Berlin verschollen	D.R.	
Pitermann, Chaim geb. am 8.1.1894 in Wlodawa verschollen	Uhrmacher/ Remonteur staatenlos, früher Russe	1939/VZ: Schneebergstr. 33 1942: Rabenerstr. 12
Plaut, Walter geb. am 14.12.1908 in Willinghausen verschollen	Lack- und Farben- kaufmann D.R.	1939/VZ: Borsbergstr. 25
Plaut, Rosa, geborene Vortmann geb. am 20.3.1908 in Berlin verschollen	Kartonagen- arbeiterin D.R.	1939/VZ: Georgplatz 11 1939/L: Reichenbachstr. 72
Prag, Helene, geborene Danziger[49] geb. am 5.1.1883 in Liegnitz verschollen	D.R.	1937: Sidonienstr. 19 1939/VZ: Zeughausstr. 1 1942: Güntzstr. 24
Preuß, Heinrich geb. am 6.10.1899 in Strehlen verst. im Sommer 1943 in Auschwitz[50]	Molkereikaufmann D.R.	1939/VZ: Holbeinstr. 12 1942: Altenzeller Str. 41
Preuß, Gertrud, geborene Kreidl geb. am 31.7.1900 in Dresden verschollen	Kaufmännische Angestellte D.R.	1939/VZ: Altenzeller Str. 41 1939/L: Töpferstr. 3
Preuß, Margarethe[51] geb. am 19.3.1901 in Strehlen verschollen	Hauswirtschaft D.R.	1942: Ziegelstr. 41
Rat, Hildegard, geborene Goldschmidt geb. am 21.6.1916 in Bremen verst. in Auschwitz[52]	Stenotypistin Polen	
Rauch, Manasche geb. am 11.3.1885 in Starunia verschollen	Klempner/ Schlosser (Kaufmann) D.R.	1937: Mackensenstr. 3 1939: Mackensenstr. 3 1942: Kurfürstenstr. 11

48 Möglicherweise verwandt mit Ingrid P.

49 Laut Deportationsliste geb. „Grimmer".

50 Vgl. Archiv Gedenkstätte Auschwitz-Birkenau, D-AuI-5/2, Bd. 4, Bl. 176: Häftlingsnummer 105 011; letzter Nachweis: 11.8.1943 in den Block 28, die Leichenhalle des Stammlagers (Auschwitz I), gebracht.

51 Schwester von Heinrich Preuß.

52 Vgl. Archiv Gedenkstätte Auschwitz-Birkenau, D-SS-Hyg Inst/1, Bd. 1, Bl. 44: Häftlingsnummer 37 042; letzter Nachweis: 19.4.1943 „F.K.L. Revier St." sowie LBI, Apt Collection II, Part 6, Brief Ilse Feldmann, geb. Redlich, Stockholm, an Rudolf Apt vom 24.11.1945: Hildegard R. in Auschwitz an Ruhr gestorben.

Rauch, Pessia, geborene Kazenbogin geb. am 23.9.1886 in Minsk verschollen	Kontoristin D.R.		
Redlich, Kurt geb. am 8.12.1909 in Dresden verschollen[53]	Kontorist D.R.	1939/VZ:	Struvestr. 16
Redlich, Lyubow, geborene Saslawsky geb. am 13.10.1905 in Ananjew verschollen	Kartonagen- arbeiterin D.R.	1939/VZ: 1939/L: 1942:	Struvestr. 16 Geneisenaustr. 13 Struvestr. 16
Redlich, Leo geb. am 8.10.1882 in Kreuzburg verschollen	Buchhalter D.R.	1937: 1939/VZ: 1939/L: 1942:	Haydnstr. 41 Haydnstr. 41 Cranachstr. 6 Cranachstr. 6
Reginbogin, Julius[54] geb. am 24.1.1882 in Minsk verschollen	Chromolithograph (Kaufmann) D.R.	1937: 1939/VZ: 1939/L:	Schnorrstr. 37 Steinstr. 2 Schnorrstr. 37
Reginbogin, Sophie geb. am 9.4.1893 in Dresden verschollen	Handlungsgehilfin staatenlos, früher Russin	1937: 1939: 1942:	Zöllnerstr. 27 Zöllnerstr. 27 Maxstr. 1
Reichenbach, Martin[55] geb. am 8.3.1879 in Oederan verschollen	Rechtsanwalt D.R.	1937: 1939/VZ: 1939/L: 1942:	Werderstr. 42 Reichsstr. 13 Reichsstr. 7 Strehlener Str. 52
Reichenbach, Lotte, geborene Reichenbach geb. am 8.11.1887 in Berlin verschollen	D.R.		
Reifler, Elka, geborene Reginbogin[56] geb. am 7.11.1882 in Minsk verschollen	Expedientin staatenlos, früher Österr.	1939: 1942:	Dürerplatz 21 Steinstr. 2
Rosenberg, Hans geb. am 14.2.1909 in Dresden verschollen	Stoffverkäufer D.R.	1937: 1939/VZ: 1939/L:	Wintergartenstr. 6 Weinbergstr. 53 Maxstr. 1
Rosenberg, James[57] geb. am 2.10.1878 in Rawitsch verschollen	Hutkaufmann D.R.	1937: 1939/VZ: 1939/L: 1942:	Weinbergstr. 53 Weinbergstr. 53 Maxstr. 1 Maxstr. 1

53 Vgl. Archiv Gedenkstätte Auschwitz-Birkenau, D-Aul-5/10, Bd. 10, Bl. 6: Häftlingsnummer 105 491 (erst mit dem nächsten Transport am gleichen Tag, 3.3.1943, im Lager registriert); letzter Nachweis: 5.4.1943 Krankenunterlagen Stammlager (Auschwitz I).

54 Bruder von Elka Reifler und Rosa Rosenberg.

55 Vgl. LBI, Apt Collection, Section II, Part 8: Brief Meyer an Apt vom 9.9.1945: beide nicht ins Lager eingewiesen.

56 Schwester von Julius Reginbogin, Sophie Reginbogin und Rosa Rosenberg.

57 Eltern von Hans Rosenberg.

Rosenberg, Rosa, geborene Reginbogin[58] geb. am 24. 7. 1880 in Minsk verschollen	Schneiderin D. R.		
Rosenheim, Paul geb. am 7. 3. 1883 in Drenow/Kolberg verschollen	Manufakturist (Handelsvertreter) D. R.	1937: 1939: 1942:	Bautzner Str. 27 b Bautzner Str. 27 b Bautzner Str. 27 b
Rosenheim, Valerie, geborene Jaffé geb. am 1. 9. 1889 in Dresden verschollen	D. R.		
Roy, Marie, geborene Langer geb. am 30. 9. 1895 in Dresden verschollen	D. R.	1937: 1939: 1942:	Laubegaster Ufer 23 Laubegaster Ufer 23 Maxstr. 1
Rubin, David geb. am 10. 5. 1887 in Bohorodczany verschollen	Lebensmittel- kaufmann D. R.	1937: 1939:	Bernhardstr. 6 Bernhardstr. 6
Rubin, Charlotte, geborene Meier geb. am 28. 2. 1894 in Frankfurt/Oder verschollen	Stenotypistin D. R.		
Sabatowski, Isidor geb. am 20. 3. 1897 in Tschenstochau verschollen	Schneider staatenlos, früher Polen	1937: 1939:	Pirnaische Str. 32 Pirnaische Str. 32
Sabatowski, Jetti, geborene Kandel geb. am 3. 10. 1903 in Sokolowska verschollen	staatenlos, früher Polen		
Sabatowski, Annelies geb. am 20. 10. 1927 in Dresden verschollen	staatenlos, früher Polen		
Sabatowski, Henny geb. am 28. 6. 1926 in Dresden verschollen	staatenlos, früher Polen		
Samuel, Herbert geb. am 11.5.1894 in Stolp verst. in Auschwitz[59]	Getreide- und Futtermittel- kaufmann D. R.	1938: 1939: 1942:	Schumannstr. 48 Schumannstr. 48 Röhrhofsgasse 16
Sandmann, Gertrud geb. am 12. 6. 1885 in Dresden verschollen	Kunstgewerblerin D. R.	1939/VZ: 1939/L:	Schnorrstr. 48 Bismarckstr. 3
Saslawski, Johanna geb. am 15. 2. 1912 in Dresden verschollen	staatenlos	1937: 1939/VZ: 1942:	Jacobsgasse 15 (?) Schreibergasse 9 Cranachstr. 6
Saslawski, Rita geb. am 27. 4. 1938 in Dresden verschollen	staatenlos		

---

58 Schwester von Julius Reginbogin und Sophie Reginbogin und Elka Reifler.

59 Vgl. LBI, Apt Collection, Section II, Part 8: Brief Meyer an Apt vom 9.9.1945: nach kurzer Zeit in Auschwitz verstorben.

Satsch, Schloma geb. am 2.2.1896 in Bendery verst. in Auschwitz[60]	Mützenmacher staatenlos, früher D.R. (Russe)	1937: 1939:	Wettinerstr. 29 Forststr. 13
Schaefer, Arthur geb. am 23.1.1885 in Tworog/Gleiwitz verschollen	Textilkaufmann D.R.	1939/VZ:	Silbermannstr. 1
Schaefer, Rosa, geborene Ikenberg geb. am 13.11.1889 in Pirna verschollen	Verkäuferin D.R.		
Schärf, Israel geb. am 9.11.1880 in Czernelica verschollen	Rohprodukten- kaufmann D.R.	1937: 1939/VZ:	Schnorrstr. 27 Chemnitzer Str. 27
Schärf, Malke, geborene Hermann geb. am 22.1.1881 in Kolomea verschollen	D.R.	1939/VZ: 1939/L:	Chemnitzer Str. 27 Sporergasse 2
Scheptowitzky, Abraham geb. am 22.12.1879 in Poltawa verschollen	Lehrer staatenlos, früher Russe	1939/VZ:	Kurfürstenstr. 6
Scheyer, Harry geb. am 5.11.1930 in Dresden verschollen	D.R.	1937: 1939: 1942:	Kaulbachstr. 30 Kaulbachstr. 30 Kaulbachstr. 30
Scheyer, Mary, geborene Schifter[61] geb. am 25.2.1901 in Dresden verschollen	Gürtelmacherin D.R.		
Schindler, Ignaz geb. am 18.12.1888 in Bolechow verschollen	Buchhalter D.R.	1938: 1939: 1942:	Kurfürstenstr. 6 Kurfürstenstr. 6 Kurfürstenstr. 6
Schindler, Rachel, geborene Jaekel geb. am 9.3.1890 in Rozniatow verschollen	D.R.		
Schindler, Esra geb. am 5.9.1926 in Dresden verschollen	D.R.		
Schleimer, Hugo geb. am 4.1.1889 in Berent verschollen	Kaufmann D.R.	1937: 1939: 1942:	Eliasstr. 4 Schulgutstr. 15 Altenzeller Str. 41
Schleimer, Elfriede, geborene Krebs geb. am 18.5.1889 in Rosdzin verschollen	Verkäuferin/ Schneiderin D.R.		

---

60 Vgl. Archiv Gedenkstätte Auschwitz-Birkenau, D-AuI-5/2, Bd, 2, Bl. 140: Häftlingsnummer 105 024; letzter Nachweis: 15.6.1943 Operation im Häftlingskrankenbau, Block 21, Chirurgie des Stammlagers (Auschwitz I) sowie LBI, Apt Collection, Section II, Part 8: Brief Meyer an Apt vom 9.9.1945: im Lager verstorben.

61 Tante von Fritz und Heinz Meyer.

Schleimer, Georg[62] geb. am 4.1.1889 in Berent verschollen	Textilwarenver- käufer/Dekorateur D.R.	1939/VZ: Sachsenallee 5
Schleimer, Margarete, geborene Gerson geb. am 27.10.1908 in Dresden verschollen	D.R.	
Schleimer, James geb. am 28.6.1938 in Dresden verschollen	D.R.	
Schmidt, Oskar[63] geb. am 6.4.1921 in Piestany Schicksal unbekannt[64]	Schlosser Gärtnerei- Praktikant D.R.	1938: Ziegelstr. 11 1939: Ziegelstr. 11
Schneck, Betty[65] geb. am 8.10.1907 in Dresden verschollen	staatenlos, früher Österr.	1939/VZ: Seestr. 19
Schneck, Jutta geb. am 9.7.1938 in Dresden verschollen	staatenlos	
Schneck, Tana geb. am 19.6.1940 in Dresden verschollen	staatenlos	
Schneck, Rosa geb. am 24.1.1905 in Dresden verschollen	staatenlos, früher Österr.	1937: An der Mauer 3 1939: An der Mauer 3
Schreiber, Margarete geb. am 5.4.1896 in Dresden verschollen	Bankangestellte Protektorat	1939/VZ: Schumannstr. 27 1942: Strehlener Str. 52
Schwarz, Hans geb. am 22.10.1902 in Dresden verschollen	Kunstmaler staatenlos, früher Russe	1937: Wintergartenstr. 21 1939: Wintergartenstr. 21
Schwarz, Walter geb. am 30.4.1899 in Dresden Schicksal unbekannt[66]	Maschinenbauer staatenlos, früher Russe	
Seliksohn, Elias geb. am 25.3.1897 in Grajewo verschollen	Buchhändler D.R.	1939/VZ: Albrechtstr. 42 1942: Strehlener Str. 52

62 Zwillingsbruder von Hugo Schleimer.

63 Sohn von Maria Blumenfrucht.

64 Vgl. Jüdische Gemeinde zu Dresden, Korrespondenzordner Schmidt: soll im Sommer 1943 von Auschwitz nach Dresden geschrieben haben.

65 Schwester von Rosa Schneck und Fanny Hirsch.

66 Vgl. Archiv Gedenkstätte Auschwitz-Birkenau, D-Aul-1/1, Bd. 2, Bl. 165: Häftlingsnummer 105 500 (erst mit dem nächsten Transport am gleichen Tag, 3.3.1943, im Lager registriert); letzter Nachweis: 3/1943 „Retour Post MKL".

Seliksohn, Lilly, geborene Kornblum[67] geb. am 20.2.1899 in Berlin verst. in Auschwitz[68]	Kassiererin D.R.	1937: 1939/VZ: 1939/L:	Müller-Berset-Str. 12 Müller-Berset-Str. 15? Pirnaische Str. 58
Silbermann, Leibus geb. am 18.4.1895 in Lodz verschollen	Kassierer staatenlos, früher Russe	1938: 1939: 1942:	Strehlener Str. 52 Strehlener Str. 52 Strehlener Str. 52
Silbermann, Rosa, geborene Semmel geb. am 3.12.1900 in Stanislau verschollen	Putzmacherin staatenlos, früher Polin		
Silbermann, Felicia geb. am 8.9.1927 in Dresden verschollen	staatenlos		
Silbermann, Simon geb. am 18.3.1891 in Lodz verschollen	chem.-techn. Kaufmann staatenlos, früher Russe	1938: 1939:	Weixdorfer Str. 47 Weixdorfer Str. 47
Silbermann, Gertrud, geborene Fleischmann geb. am 16.4.1895 in Dresden verschollen	staatenlos, früher Österr.		
Silberscheer, Abraham geb. am 13.6.1908 in Dresden verst. 1943 in Auschwitz[69]	Verkäufer/Lagerist staatenlos, früher Russe	1939/VZ: 1942:	Schulgutstr. 15 Schulgutstr. 15
Simon, Hedwig geb. am 5.2.1881 in Fordon verschollen	Köchin D.R.	1939/VZ: 1939/L:	Güntzstr. 24 Wolfshügelstr. 7
Soinski, Leiba geb. am 15.8.1885 in Romän verschollen	Tabakschneider (Musiker) staatenlos, früher Russe	1937: 1939: 1942:	Kleine Brüdergasse 9 Kleine Brüdergasse 9 Kleine Brüdergasse 9
Sonnenschein, Irma geb. am 13.11.1924 in Dresden verschollen	staatenlos	1939/VZ:	Wiener Str. 95
Sonnenschein, Mirjam geb. am 26.8.1926 in Dresden verschollen	staatenlos		
Sonnenschein, Sonja geb. am 25.2.1929 in Dresden verschollen	staatenlos		

67 Mutter von Annelies Michaelis, vorher verheiratet mit Alfred Michaelis.

68 Vgl. LBI, Apt Collection, Section II, Part 8: Brief Meyer an Apt vom 9.9.1945: Lilly S. im Lager verstorben.

69 Vgl. Archiv Gedenkstätte Auschwitz-Birkenau, D-AuIII-5/1b, Bd. 3, Bl. 196: Häftlingsnummer 105026; letzter Nachweis: 3.4.1943 Überstellung vom Häftlingskrankenbau Buna (Auschwitz III) in den Häftlingskrankenbau des Stammlagers (Auschwitz I) sowie LBI, Apt Collection, Section II, Part 8: Brief Meyer an Apt vom 5.10.1945: trotz kranken Fußes ins Lager eingewiesen, aber bald verstorben.

Sonnenschein, Josef geb. am 21.5.1882 in Czernowitz verschollen[70]	Südfruchthändler staatenlos, früher Rumänien	1937: 1939: 1942:	Nürnberger Str. 18c Nürnberger Str. 18c Kurfürstenstr. 11
Sonnenschein, Rosi, geborene Sommer geb. 21.1.1888 in Czernowitz verschollen	staatenlos, früher Rumänien		
Steiger, David geb. am 7.3.1928 in Dresden verschollen	staatenlos, früher Polen	1937: 1939: 1942:	Ziegelstr. 41 Ziegelstr. 41 Ziegelstr. 41
Steiger, Feiga, geborene Steuer geb. am 10.9.1900 in Dobromil verschollen	staatenlos, früher Polen		
Steinberg, Franz geb. am 25.11.1925 in Düsseldorf Überlebender, lebte nach 1945 in Dresden, später in Seattle/USA[71]	D.R.	1937: 1939: 1942:	Wintergartenstr. 3 Wintergartenstr. 3 Altenzeller Str. 41
Steinhart, Sonja, geborene Goldschmidt geb. am 18.11.1910 in Braunschweig verschollen	Verkäuferin D.R.	1937: 1939: 1942:	Bernhardstr. 37 Bernhardstr. 39 Strehlener Str. 52
Steinhart, Marion geb. am 26.7.1931 in Dresden verschollen	D.R.		
Steinhart, Gert geb. am 3.10.1937 in Dresden verschollen	D.R.		
Steinhart, Walter geb. 5.9.1880 in Weiden verschollen	Buchhalter (Handelsvertreter) D.R.	1937: 1939:	Trachenberger Str. 23 Trachenberger Str. 23
Steinhart, Rosa, geborene Steinhart geb. am 17.6.1885 in Tachau verschollen	D.R.		
Sternberg, Hugo geb. am 25.5.1884 in Limburg verst. im Frühjahr 1943 in Auschwitz[72]	Apotheker D.R.	1937: 1939/VZ: 1939/L:	Ostraallee 33 Königsbrücker Str. 3b Lindengasse 4

70 Vgl. auch LBI, Apt Collection, Section II, Part 8: Brief Meyer an Apt vom 26.10.1945: beide nicht ins Lager eingewiesen.

71 Vgl. LBI, Apt Collection, Section II, Part 6: Brief Jaffé an Lotte Apt vom Februar/ März 1946: Franz St. überlebte; sowie ebenda, Part 8: Brief Meyer an Apt vom 9.9.1945: wurde ins Lager eingewiesen, kam nach Warschau. Siehe auch Jüdische Gemeinde zu Dresden: „Mitglieder der Israel. Religionsgemeinde", Stand Mai 1946; sowie Korrespondenzordner in Sachen Entschädigung und Wiedergutmachung, Steinberg: Schreiben Leon Löwenkopf, Zürich, vom 12.12.1960: Franz St. war Universitätsprofessor in Seattle/USA, verstarb 1960.

72 Vgl. Archiv Gedenkstätte Auschwitz-Birkenau, D-Aul-5/2, Bd. 4, S. 110: Häftlingsnummer 105043; letzter Nachweis: 31.3.1943 verstorben in Block 28 des Stammlagers (Auschwitz I). Siehe dagegen: Jüdische Gemeinde zu Dresden: Schreiben der Gemeinde an Rechtsanwalt Dr. Reinhold, Dortmund, vom 16.2.1956: Aussagen von Strelzyn, der im April 1943 nach Auschwitz deportiert wurde, der Hugo St. noch 1944 (genauere Datierung ist ihm nicht möglich) in Auschwitz gesehen haben will.

Sternberg, Lola, geborene Gerson geb. am 3.5.1895 in Berlin verschollen	Hauswirtschaft D.R.		
Sternberg, Lili geb. am 9.7.1919 in Oberwiesenthal verschollen	D.R.		
Szybilski, Julie, geborene Katschinsky geb. am 26.12.1881 in Sohrau verschollen[73]	Kassiererin D.R.	1937: 1939: 1942:	Walpurgisstr. 22 Walpurgisstr. 22 Walpurgisstr. 22
Szybilski, Leo geb. am 3.11.1922 in Dresden verst. 1943 in Auschwitz[74]	Elektrotechniker/ Schlosser D.R.		
Tager, Regina, geborene Flager geb. am 15.9.1886 in Czernowitz verschollen	Korrespondentin staatenlos, früher Polin	1937: 1939/VZ: 1942:	Webergasse 33 Uhlandstr. 19 Strehlener Str. 52
Teufel, Ingeborg[75] geb. am 2.11.1921 in Dresden verschollen	Protektorat	1937: 1939:	Landhausstr. 5 Bautzner Str. 20
Teufel, Hans-Joachim geb. am 27.3.1940 in Dresden verschollen	Protektorat		
Teufel, Rita geb. am 16.3.1939 in Dresden verschollen	Protektorat		
Urbach, Esther, geborene Helfgott geb. am 17.1.1898 in Praschka ermordet 1943 in Auschwitz[76]	staatenlos	1937: 1939:	Berliner Str. 56 Berliner Str. 56
Urbach, Dewaara geb. am 25.11.1919 in Praschka Überlebende, lebte unter dem Namen Dorly Bern, geb. Urbach in Cleveland/USA	staatenlos		
Urbach, Riwki (Regina?) geb. am 6.1.1923 in Dresden ermordet 1943 in Auschwitz	staatenlos		

73 Siehe Anm. 105.

74 Vgl. Archiv Gedenkstätte Auschwitz-Birkenau, D-AuI-3/766, Bl. 343: Häftlingsnummer 105045; letzter Nachweis: 5.8.1943 Häftlingskrankenbau des Stammlagers, Block 19 (Auschwitz I) sowie LBI, Apt Collection, Section II, Part 8: Brief Meyer an Apt vom 9.9.1945: Julie S. nicht ins Lager eingewiesen, Leo S. im Lager verstorben.

75 Schwester von Sophie Wechsler.

76 Vgl. Jüdische Gemeinde zu Dresden, Korrespondenzordner: Schreiben Josef Urbach, Wien, an die Jüdische Gemeinde zu Dresden vom 2.5.1957: Tochter Dwora (Dora) und Tochter Regina; Frau Ester und Tochter Regina wurden vergast; Tochter Dora lebt heute verheiratet unter dem Namen Dorly Bern in Cleveland, USA.

Vetter, Lea, geborene Moses geb. am 25.11.1897 in Posen verschollen	Buchhalterin D.R.	1939/VZ: 1939/L:	Bürgerwiese 6 Mittelstr. 27 b. Wiener
Voß, Käthe, geborene Joachimsthal geb. am 11.3.1882 in Dresden verschollen	D.R.	1937: 1939: 1940: 1942:	Reichenbachstr. 72 Reichenbachstr. 72 Caspar-David- Friedrich-Str. 15 Altenzeller Str. 41
Wainer, Judith geb. am 8.3.1892 in Wilna verschollen	Verkäuferin staatenlos, früher Russin	1939/VZ: 1942:	Ammonstr. 56 b. Goldmann Cranachstr. 6
Wechselmann, Charlotte, geborene Läwit geb. am 12.9.1894 in Prag verschollen	D.R.	1937: 1939/VZ: 1942:	Nürnberger Str. 33 Nürnberger Str. 33 Altenzeller Str. 41
Wechselmann, Eva geb. am 8.12.1920 in Berlin verschollen	Hauswirtschaft D.R.		
Wechsler, Adolf geb. am 3.11.1913 in Leipzig-Connewitz verschollen[77]	Tischler staatenlos, früher Rumäne		
Wechsler, Sophie, geborene Teufel geb. am 28.9.1914 in Dresden verschollen	Graviererin staatenlos, früher Protektorat	1939/VZ:	Bautzner Str. 20
Wechsler, Peter geb. am 18.3.1941 in Dresden verschollen	staatenlos, früher Protektorat		
Weihrauch, Hedwig geb. am 22.2.1915 in Schandau verschollen	Putzmacherin D.R.		
Weinbein, Bassia, geborene Kostinski geb. am 9.2.1883 in Berditschew verschollen	Pelznäherin staatenlos, früher Russin	1937: 1939: 1942:	Schumannstr. 43 Schumannstr. 43 Schumannstr. 43
Weinbein, Nuchim geb. am 15.2.1878 in Berditschew verschollen	Tabakschneider staatenlos, früher Russe		
Weiß, Clara geb. am 23.6.1889 in Zduny/Kr. Krotoschin verst. in Auschwitz[78]	D.R.	1937: 1939: 1942:	Zeschaustr. 8 Schlüterstr. 22b Fiedlerstr. 3
Weiß, Eva geb. am 28.7.1921 in Dresden verst. in Auschwitz	Schneiderin D.R.		

77 Vgl. Archiv Gedenkstätte Auschwitz-Birkenau, D-AuIII-5/1b, Bd. 3, Bl. 269: Häftlingsnummer 105 056; letzter Nachweis: 2.6.1943 Überstellung vom Häftlingskrankenbau Buna (Auschwitz III) in den Häftlingskrankenbau des Stammlagers (Auschwitz I).

78 Vgl. LBI, Apt Collection, Section II, Part 8: Brief Meyer an Apt vom 9.9.1945: beide nach kurzer Zeit in Auschwitz verstorben.

Wienskowitz, Heinz geb. am 25.5.1925 in Dresden verst. 1943 in Auschwitz[79]	D.R.		
Wietepsky, Abraham geb. am 28.10.1880 in Berlin verschollen[80]	Vertreter D.R.	1939:	Reitbahnstr. 29
Wietepsky, Gertrude, geborene Pfingst geb. am 6.5.1884 in Königsberg verschollen	D.R.		
Wilhelm, Michael geb. am 15.7.1883 in Wien verschollen	Kinofachmann (Handelsvertreter) D.R.	1937: 1939: 1942:	Reichsstr. 14 Reichsstr. 14 Reichsstr. 14
Ziegler, Rosa, geborene Schönfeld geb. am 7.5.1892 in Königshütte verschollen	Krankenschwester D.R.	1937: 1939: 1942:	Albertplatz 8 Albertplatz 8 Lothringer Weg 2
Zimmermann, Alice geb. am 14.8.1899 in Dresden verschollen	D.R.	1938: 1939: 1942:	Gabelsbergerstr. 20 Gabelsbergerstr. 20 Wiener Str. 85
Zymt, Dajcke geb. am 14.3.1900 in Marky verschollen	Zigaretten- arbeiterin staatenlos, früher Russisch-Polen	1939/VZ:	Zinzendorfstr. 9
Zymt, Heinz geb. am 19.8.1935 in Dresden verschollen	staatenlos		
Zymt, Sonja geb. am 19.8.1935 in Dresden verschollen	staatenlos		

---

79 Vgl. LBI, Apt Collection, Section II, Part 8: Brief Meyer an Apt vom 9.9.1945: Heinz. W. nach ca. 3 Wochen im Lager verstorben; sowie Archiv Gedenkstätte Auschwitz-Birkenau, D-AuI-5/2, Bd. 4, Bl. 145: Häftlingsnummer 105 059; letzter Nachweis: 19.5.1943 in den Block 28, die Leichenhalle des Stammlagers (Auschwitz I), gebracht.

80 Vgl. LBI, Apt Collection, Section II, Part 8: Brief Meyer an Apt vom 9.9.1945: beide nicht ins Lager eingewiesen.

Abkürzungsverzeichnis

BA Berlin	Bundesarchiv Berlin
BA-MA	Bundesarchiv Militärarchiv, Freiburg
BDC	Berlin Document Center
BdS	Befehlshaber der Sicherheitspolizei und des SD
Bl.	Blatt
D.R.	Deutsches Reich
EK I	Eisernes Kreuz, I. Klasse
Gestapo	Geheime Staatspolizei
GG	Generalgouvernement
GStA	Generalstaatsanwaltschaft
HSSPF	Höherer SS- und Polizeiführer
HZ	Historische Zeitschrift
IMT	The International Military Tribunal
KL/KZ	Konzentrationslager
LBI	Leo Baeck Institute, New York
LKA	Landeskriminalamt
MfS	Ministerium für Staatssicherheit
NS	Nationalsozialismus/ nationalsozialistisch
NSDAP	Nationalsozialistische Deutsche Arbeiterpartei
OPG	Oberstes Partei Gericht
Pg	Parteigenosse
Reg.bez.	Regierungsbezirk
RFSSuChd DtPol	Reichsführer SS und Chef der Deutschen Polizei
RJM	Reichsjustizministerium
RM	Reichsmark
RSHA	Reichssicherheitshauptamt
Rüln	Rüstungsinspektion
RV	Reichsvereinigung der Juden in Deutschland
SA	Sturmabteilung

SAPMO	Stiftung Archiv der Parteien und Massenorganisationen der DDR im Bundesarchiv
Sächs HStA	Sächsisches Hauptstaatsarchiv, Dresden
SBZ	Sowjetische Besatzungszone
SD	Sicherheitsdienst der SS
SED	Sozialistische Einheitspartei Deutschlands
Sipo	Sicherheitspolizei
SPD	Sozialdemokratische Partei Deutschlands
SS	Schutzstaffel der NSDAP
SSO-Akte	SS-Organisation-Akte
StA	Staatsanwaltschaft
StadtA Dresden	Stadtarchiv Dresden
Stapo	Staatspolizei
u.k.	unabkömmlich
USHMM	United States Holocaust Memorial Museum, Washington D.C.
VdN	Verfolgte des Naziregimes
VVN	Vereinigung der Verfolgten des Naziregimes
VZ	Volkszählung
ZA Prag	Staatliches Zentralarchiv Prag
ZDH	Zwischenarchiv Dahlwitz-Hoppegarten
ZfG	Zeitschrift für Geschichtswissenschaft
ZStL	Zentrale Stelle der Landesjustizverwaltungen zur Aufklärung nationalsozialistischer Gewaltverbrechen, Ludwigsburg
ZUV	Zentraler Untersuchungsvorgang
ZV	Zeugenvernehmung

Quellen- und Literaturverzeichnis

I. Ungedruckte Quellen

Bundesarchiv Berlin (BA Berlin)
Reichssippenamt
R 15.09
Reichsjustizministerium
R 22
Generalbauinspekteur für die Neugestaltung der Reichshauptstadt Berlin
R 46.06
Reichsvereinigung der Juden in Deutschland
R 8150
Stab des Stellvertreters des Führers/Parteikanzlei
NS 6
Persönlicher Stab Reichsführer SS
NS 19
Zeitgeschichtliche Sammlung
ZSg 138
Ehemaliges „Berlin Document Center" (BDC)
Generalstaatsanwaltschaft der DDR
DP 3
Eichmann-Prozeß
99 Js 1 Fc

Stiftung Archiv der Parteien und Massenorganisationen der DDR im Bundesarchiv (SAPMO)
Vereinigung der Verfolgten des Naziregimes
DY 55 V 278

Bundesarchiv, Zwischenarchiv Dahlwitz-Hoppegarten (BA-ZDH)
Dokumentationszentrum der Staatlichen Archivverwaltung im
Ministerium des Innern der DDR
Z Akten Akten betreffend die Zeit 1933 bis 1945 und die Ermittlung und Verfolgung
der nationalsozialistischen Gewalt- und Kriegverbrechen (Abfragen zu etwa 120 Personen)
M: Mikroverfilmte Akten diverser Provenienz

Bundesarchiv-Zentralnachweisstelle, Aachen-Kornelimünster (BA-ZNS)
Personalunterlagen Dresden

Bundesarchiv-Militärarchiv, Freiburg im Breisgau (BA-MA)
Rüstungsinspektion IV (Dresden)
RW 20-4

Sächsisches Hauptstaatsarchiv, Dresden (Sächs HStA)
Sächsisches Ministerium der Finanzen
Sächsisches Ministerium des Innern
Ministerium für Volksbildung
Altbanken Dresden
Sozialistische Einheitspartei Deutschlands (SED), SED-Bezirksleitung Dresden
VEB Kombinat Pentacon Dresden
Zeiss Ikon A.G. Dresden

Sächsisches Staatsarchiv, Leipzig
Rat des Bezirkes Dresden, Verfolgte des Naziregimes (VdN)

Stadtarchiv Dresden
Rat der Stadt, Schulamt
Städtische Straßenbahn
„Liste über die z.Zt. in Dresden wohnhaften reichsdeutschen Juden Stand vom 1.9.1939"
(Abschrift)

Stadtarchiv Leipzig
Kap. 1

Jüdische Gemeinde zu Dresden
Korrespondenz in Sachen Entschädigung und Wiedergutmachung

Israelitische Religionsgemeinde zu Leipzig
2/Schriftgut 1900–1945 (darin auch die Akten der Bezirksstelle Mitteldeutschland der Reichsvereinigung der Juden in Deutschland)
3/Schriftgut nach 1945

**Zentrale Stelle der Landesjustizverwaltungen zur Aufklärung nationalsozialistischer
Gewaltverbrechen Ludwigsburg (ZStL)**
Judendeportationen aus dem Reichsgebiet, zusammengestellt von der ZStL, 2 Bde. Ludwigsburg
o. J.

Staatsanwaltschaft Dresden
Handakten, 131–25/90 zum Strafverfahren 211–9/87 gegen Henry Schmidt vor dem
Bezirksgericht Dresden

**Der Leiter der Zentralstelle im Lande Nordrhein-Westfalen für die Bearbeitung von
nationalsozialistischen Massenverbrechen bei der Staatsanwaltschaft Dortmund**
Ermittlungsverfahren 45 Js 24/70 gegen Hinrich Ahrens u. a. Angehörige der Gestapo Dresden

**Deutsche Dienststelle für die Benachrichtigung der nächsten Angehörigen von Gefallenen der
ehemaligen deutschen Wehrmacht (Wehrmachtsauskunftsstelle)**
Personalunterlagen Dresden

Institut für Zeitgeschichte, München
Fa 195

Privatbesitz Dr. Heinz Böhm, Dresden
Einzelne Originale aus dem Nachlaß von Dr. Willy Katz, Dresden

Ingenieur-Büro H. G. Carls in Würzburg, Luftbilddatenbank
Luftbild Nr. 4120 vom 25.3.1945

**Zentrum für die Aufbewahrung historisch-dokumentarischer Sammlungen
(„Sonderarchiv"), Moskau**
Fond 1372, opis 5, Terminkalender Heinrich Himmlers
Akte 56

Státní Ústřední Archiv v Praze (Staatliches Zentralarchiv, Prag)
Koncentrační Tábory, Okupační Vězenské Spisy (Konzentrationslager und Akten
der Besatzungsgefängnisse)
KT-OVS

Państwowe Muzeum Oświęcim Brzezinka (Staatliche Gedenkstätte Auschwitz-Birkenau)
Dokumente verschiedener Provenienz (namentliche Rekonstruktion der am 3. März 1943
eingelangten Transporte und Abfrage aller verfügbaren Dokumente zu den Dresdner Juden)

Yad Vashem. The Holocaust Martyrs' and Heroes' Remembrance Authority, Jerusalem
File Schmidt, ZUV 74, Filme JM/10946–10951

United States Holocaust Memorial Museum, Washington, D.C. (USHMM)
Collection Dr. Willy Katz, Dresden

Leo Baeck Institute, New York (LBI)
Rudolf Apt Collection
AR 7180

II. Gedruckte Quellen und Literatur

Adler, H[ans] G[ünther], Die verheimlichte Wahrheit. Theresienstädter Dokumente, Tübingen 1958.

Adler, H[ans] G[ünther], Theresienstadt 1941–1945. Das Antlitz einer Zwangsgemeinschaft. Geschichte, Soziologie, Psychologie, 2. verbesserte und ergänzte Aufl., Tübingen 1960.

Adler, H[ans] G[ünther], Der verwaltete Mensch. Studien zur Deportation der Juden aus Deutschland, Tübingen 1974.

Adreßbuch der Gau- und Landeshauptstadt Dresden Freital-Radebeul, mit umliegenden 6 Städten Dohna, Heidenau, Klotzsche, Rabenau, Tharandt und Wilsdruff und 24 Gemeinden Boxdorf, Cossebaude, Dölzschen, Friedewald, Gittersee, Gohlis, Hainsberg, Hellerau, Hosterwitz, Langebrück, Mobschatz, Moritzburg, Niederpoyritz, Niedersedlitz, Pappritz, Pillnitz, Reichenberg, Rockau, Schönfeld, Ullersdorf, Weixdorf, Wilschdorf, Zschachwitz, Zschieren 1937–1943/44, hrsg. von der Dr. Güntzschen Stiftung zu Dresden, Dresden 1937–1943.

Allende-Blin, Juan (Hrsg.), Musiktradition im Exil. Zurück aus dem Vergessen, Köln 1993.

Arndt, Siegfried Theodor/Eschwege, Helmut/Honigmann, Peter/Mertens, Lothar, Juden in der DDR. Geschichte – Probleme – Perspektiven, Duisburg 1988. (Arbeitsmaterialien zur Geistesgeschichte, Bd. 4).

Arndt, Siegfried Theodor, Das christlich-jüdische Gespräch in der DDR, in: Siegfried Theodor Arndt/Helmut Eschwege/Peter Honigmann/Lothar Mertens, Juden in der DDR. Geschichte – Probleme – Perspektiven, Duisburg 1988 (Arbeitsmaterialien zur Geistesgeschichte, Bd. 4), S. 11–62.

„Aufruf des Reichskommissars v. Killinger", in: Sächsisches Verwaltungsblatt 27 (28. 3. 1933), S. 199.

„Ausstellung ‚Ewiges Volk'" (Rundschreiben des Oberbürgermeisters B 1/38 vom 12.1.1938), in: Rundschreiben und Mitteilungen der Landeshauptstadt Dresden 11, Nr. 2 (1. 2. 1938), S. 17.

Bästlein, Klaus, „Nazi-Blutrichter als Stützen des Adenauer-Regimes". Die DDR-Kampagnen gegen NS-Richter und -Staatsanwälte, die Reaktionen der bundesdeutschen Justiz und ihre gescheiterte „Selbstreinigung" 1957–1968, in: Helge Grabitz/Klaus Bästlein/Johannes Tuchel (Hrsg.), Die Normalität des Verbrechens. Bilanz und Perspektiven der Forschung zu den nationalsozialistischen Gewaltverbrechen. Festschrift für Wolfgang Scheffler zum 65. Geburtstag, Berlin 1994 (Reihe Deutsche Vergangenheit, Bd. 112), S. 408–443.

Ball-Kaduri, Kurt Jacob, Berlin wird judenfrei. Die Juden in Berlin in den Jahren 1942/43, in: Jahrbuch für die Geschichte Mittel- und Ostdeutschlands 22 (1973), S. 196–241.

Baumgartner, Gabriele/Hebig, Dieter (Hrsg.), Biographisches Handbuch der SBZ/DDR 1945–1990, 2 Bde., München 1997.

Benz, Wolfgang (Hrsg.), Die Juden in Deutschland 1933–1945. Leben unter nationalsozialistischer Herrschaft, München 1993.

Bibliographie zur Geschichte der Stadt Dresden, hrsg. von der Historischen Kommission der Sächsischen Akademie der Wissenschaften in Zusammenarbeit mit der Sächsischen Landesbibliothek, 5 Bde., Dresden 1981–1984 (Schriften der Historischen Kommission der Sächsischen Akademie der Wissenschaften zu Leipzig).

Bibliography on Post War Publications on German Jewry in Anhang der jeweiligen Year Book[s] des Leo Baeck Institute.

Blaschke, Karlheinz, Die sächsische Landesgeschichte zwischen Tradition und neuem Anfang, in: Neues Archiv für sächsische Geschichte; Bd. 64 (1993), S. 7–28.

Blau, Bruno, Das Ausnahmerecht für die Juden in Deutschland 1933–1945, Düsseldorf ²1954.

Boelcke, Willi (Hrsg.), Deutschlands Rüstung im zweiten Weltkrieg. Hitlers Konferenzen mit Speer 1942–1945, Frankfurt a. M. 1969.

Botz, Gerhard, Wohnungspolitik und Judendeportation in Wien 1938–1945. Zur Funktion des Antisemitismus als Ersatz nationalsozialistischer Sozialpolitik, Wien/Salzburg 1975.

Bramke, Werner, Terror und antifaschistischer Widerstand in der regionalen geschichtlichen Forschung der DDR. Forschungsstand und Probleme, in: Deutscher Faschismus – Terror und Widerstand. Zur 2. Tagung der IREX-Unterkommission „Faschismus – Theorie und Praxis" von Historikern der USA und der DDR in Princeton, N. J., im Mai 1989, Berlin (Ost) 1989.

Bramke, Werner, Widerstandsforschung in der Regionalgeschichtsforschung der DDR. Eine kritische Bilanz, in: Klaus Schönhoven/Dietrich Staritz (Hrsg.), Sozialismus und Kommunismus im Wandel. Hermann Weber zum 65. Geburtstag, Köln 1993, S. 451–466.

Brenner, Michael, Am Beispiel Weiden. Jüdischer Alltag im Nationalsozialismus, Würzburg 1983.

Buchholz, Marlies, Die hannoverschen Judenhäuser. Zur Situation der Juden in der Zeit der Ghettoisierung und Verfolgung 1941 bis 1945, Hildesheim 1987 (Quellen und Darstellungen zur Geschichte Niedersachsens, Bd. 101).

Busse, Horst/Krause, Udo; Lebenslänglich für NS-Verbrecher. Der Fall Schmidt, Berlin (Ost) 1989.

Czech, Danuta, Kalendarium der Ereignisse im Konzentrationslager Auschwitz-Birkenau 1939–1945, Reinbek 1989.

Czok, Karl (Hrsg.), Geschichte Sachsens, im Auftrage der Historischen Kommission der Sächsischen Akademie der Wissenschaften zu Leipzig und mit Unterstützung der Karl-Marx-Universität Leipzig herausgegeben, Weimar 1989.

Czok, Karl, DDR-Regionalgeschichte im Zwiespalt zwischen Wissenschaft und Politik, in: Neues Archiv für Sächsische Geschichte, Bd. 64 (1993), S. 185–199.

Deutscher Faschismus – Terror und Widerstand. Zur 2. Tagung der IREX-Unterkommission „Faschismus – Theorie und Praxis" von Historikern der USA und der DDR in Princeton, N. J., im Mai 1989, Berlin (Ost) 1989.

Diamant, Adolf, Chronik der Juden in Chemnitz. Heute Karl-Marx-Stadt. Aufstieg und Untergang einer jüdischen Gemeinde in Sachsen, Frankfurt a. M. 1970.

Diamant, Adolf, Zur Chronik der Juden in Zwickau. Dem Gedenken einer kleinen jüdischen Gemeinde in Sachsen, Frankfurt a. M. 1971.

Diamant, Adolf, Chronik der Juden in Dresden. Von den ersten Juden bis zur Blüte der Gemeinde und deren Ausrottung, Darmstadt 1973.

Diamant, Adolf, Gestapo Leipzig, Frankfurt a. M. 1990.

Diamant, Adolf, Deportationsbuch der in den Jahren 1942 bis 1945 von Leipzig aus gewaltsam verschickten Juden, Frankfurt a. M. 1991.

Diamant, Adolf, Chronik der Juden in Leipzig. Aufstieg, Vernichtung und Neuanfang, Chemnitz/Leipzig 1993.

Diamant, Adolf, Juden in Annaberg im Erzgebirge. Zur Geschichte einer untergegangenen jüdischen Gemeinde. Unter besonderer Berücksichtigung der nationalsozialistischen Diktatur 1933–1945, Chemnitz 1995.

Dokumente über die Verfolgung der jüdischen Bürger in Baden-Württemberg durch das nationalsozialistische Regime 1933–1945, Teil II, Stuttgart. (Veröffentlichungen der staatlichen Archivverwaltung Baden-Württemberg, Bd. 17)

Dresden. Eine Chronik in Daten, Teil 4: von 1949 bis 1961, hrsg. vom Institut und Museum für Geschichte der Stadt Dresden, Dresden 1987.

Dresden – eine Kamera klagt an! Dresden 1949; erweiterte Neuauflage Berlin (Ost) 1980.

Dresden. Geschichte der Stadt in Wort und Bild, Berlin (Ost) 1984.

Dresden 1933–1945. Zwischen Verblendung und Angst, Dresden 1993 (Dresdner Hefte. Beiträge zur Kulturgeschichte 11 [1993], H. 35).

„Dresdner Chronik im Rechnungsjahr 1937", in: Die Verwaltung der Landeshauptstadt Dresden 1937, bearbeitet vom Statistischen Amt der Stadt Dresden, Dresden 1939, S. 1.

Drobisch, Klaus/Wieland, Günther, System der NS-Konzentrationslager 1933–1939, Berlin 1993.

Ebbinghaus, Angelika/Linne, Karsten (Hrsg.), Kein abgeschlossenes Kapitel: Hamburg im „Dritten Reich", Hamburg 1997.

Eschwege, Helmut (Hrsg.), Kennzeichen J. Bilder, Dokumente, Berichte zur Geschichte der Verbrechen des Hitlerfaschismus an den deutschen Juden 1933–1945, Berlin (Ost) [2]1981.

Eschwege, Helmut, Fremd unter meinesgleichen. Erinnerungen eines Dresdner Juden, Berlin 1991.

Eschwege, Helmut, Geschichte der Juden auf dem Territorium der ehemaligen DDR, maschinenschriftliches Manuskript, 3 Bde., Dresden 1991.

Festschrift Dresden. Zur 750-Jahr-Feier der Stadt, hrsg. vom Rat der Stadt Dresden, Dresden 1956.

Fichter, Tilman, Ungemalte Deutschlandbilder, in: Deutschlandbilder. Kunst aus einem geteilten Land. Katalog, hrsg. von Eckhart Gillen, Berlin 1997, S. 38–48.

Friedländer, Saul, Das Dritte Reich und die Juden, Bd. 1: Die Jahre der Verfolgung 1933–1939, München 1998 (Originalausgabe unter dem Titel „Nazi Germany and the Jews, Vol. I: The Years of Persecution, 1933–1939", New York 1997).

Fröbe, Rainer, Akten zur Geschichte des KL Neuengamme und anderer Konzentrationslager im staatlichen Zentralarchiv Prag (Bestand KT-OVS/Transportlisten aus dem Ghetto Theresienstadt), in: Rassismus in Deutschland, hrsg. von der KZ-Gedenkstätte Neuengamme, Bremen 1994 (Beiträge zur Geschichte der nationalsozialistischen Verfolgung in Norddeutschland, H. 1), S. 128–132.

Fröhlich, Elke (Hrsg.), Die Tagebücher von Joseph Goebbels. Sämtliche Fragmente, Teil I: Aufzeichnungen 1924–1941, 4 Bde. (27. 6. 1924–8. 7. 1941) und Interimsregister, München/New York/London/Paris 1987.

Fröhlich, Elke (Hrsg.), Die Tagebücher von Joseph Goebbels, Teil II: Diktate 1941–1945, 15 Bde. (Juli 1941–April 1945), München/New Providence/London/Paris 1993–1996.

Führer, Karl Christian, Mit Juden unter einem Dach? Zur Vorgeschichte des nationalsozialistischen Gesetzes über Mietverhältnisse mit Juden, in: 1999, Zeitschrift für Sozialgeschichte des 20. und 21. Jahrhunderts 7 (1992), H. 1, S. 51–61.

Geisel, Eike/Broder, Henryk M., Premiere und Pogrom. Der Jüdische Kulturbund 1933–1941. Texte und Bilder, Berlin 1992.

Geist, Johann Friedrich/Kürvers, Klaus, Tatort Berlin, Pariser Platz. Die Zerstörung und „Entjudung" Berlins, in: 1945. Krieg – Zerstörung – Aufbau. Architektur und Stadtplanung 1940–1960, Berlin 1995 (Schriftenreihe der Akademie der Künste, Bd. 23).

Gerlach, Christian, Die Wannsee-Konferenz, das Schicksal der deutschen Juden und Hitlers politische Grundsatzentscheidung, alle Juden Europas zu ermorden, in: WerkstattGeschichte 18 (1997): „Endlösung", S. 7–44.

„Gesetz über Mietverhältnisse mit Juden" vom 30. April 1939, in: Reichsgesetzblatt 1939, Teil I, Nr. 84 (4. 5. 1939), S. 864–865.

Gillen, Eckhart (Hrsg.), Deutschlandbilder. Kunst aus einem geteilten Land, Katalog, Berlin 1997.

Glänzel, Rudolf, Das Stadtarchiv und seine Aufgaben, in: Rundschreiben und Mitteilungen der Landeshauptstadt Dresden 6, Nr. 4 (1. 4. 1939), S. 55–56.

Die Glaubensjuden im Deutschen Reich, bearb. vom Statistischen Reichsamt, Berlin 1936 (Statistik des Deutschen Reichs, Bd. 451: Die Bevölkerung des Deutschen Reichs nach den Ergebnissen der Volkszählung 1933, H. 5).

Godau-Schüttke, Klaus-Detlev, Die Heyde/Sawade-Affaire: Juristen und Mediziner in Schleswig-Holstein decken den NS-Euthanasiearzt Prof. Dr. Werner Heyde und bleiben straflos, in: Helge Grabitz/Klaus Bästlein/Johannes Tuchel (Hrsg.), Die Normalität des Verbrechens. Bilanz und Perspektiven der Forschung zu den nationalsozialistischen Gewaltverbrechen. Festschrift für Wolfgang Scheffler zum 65. Geburtstag, Berlin 1994 (Reihe Deutsche Vergangenheit, Bd. 112), S. 444–479.

Goldenbogen, Nora/Hahn, Susanne/Heidel, Caris-Petra/Scholz, Albrecht (Hrsg.), Medizin und Judentum. Vorträge auf der Gedächtnisveranstaltung in Dresden aus Anlaß des November-pogroms 1938, Dresden 1994 (Historische Blätter. Aus Politik und Geschichte, Sonderheft).

Goldenbogen, Nora, Nationalsozialistische Judenverfolgung in Dresden seit 1938 – ein Über-blick, in: Dresdner Hefte. Beiträge zur Kulturgeschichte 14 (1996), H. 1 (Bd. 45): Zwischen Inte-gration und Vernichtung. Jüdisches Leben in Dresden im 19. und 20. Jahrhundert, S. 76–84.

Goldenbogen, Nora: „Man wird keinen von ihnen wiedersehen". Die Vernichtung der Dresde-ner Juden 1938–1945, in: Hannes Heer (Hrsg.), Im Herzen der Finsternis. Victor Klemperer als Chronist der NS-Zeit, Berlin [2]1997, S. 92–109.

Große, Gerd, Aspekte jüdischer Sozialarbeit in Dresden. Das Henriettstift vom Asylhaus für verarmte jüdische Familien zum Altersheim der jüdischen Gemeinde in Dresden 1832–1939, Diplomarbeit an der Evangelischen Fachhochschule für Sozialarbeit Dresden, Dresden 1995 (unveröffentlicht).

Gruner, Wolf, Der „Geschlossenen Arbeitseinsatz" deutscher Juden als Element des antijüdi-schen Verfolgungsprozesses des NS-Staates 1938–1943, Dissertation zum Doktor der Philoso-phie am Fachbereich 1 Kommunikations- und Geschichtswissenschaften der Technischen Universität Berlin, Berlin 1993.

Gruner, Wolf, Der Geschlossene Arbeitseinsatz deutscher Juden. Zur Zwangsarbeit als Element der Verfolgung 1938–1943, Berlin 1997 (Dokumente, Texte, Materialien/Zentrum für Antisemi-tismusforschung an der Technischen Universität Berlin, Bd. 20).

Die Grunewald-Rampe. Die Deportation der Berliner Juden, hrsg. von der Gedenkstätte Haus der Wannsee-Konferenz, Berlin und der Landesbildstelle Berlin, Zentrum für audio-visuelle Medien, Berlin 1993.

Hahn, Alfred/Neef, Ernst, Dresden. Ergebnisse der heimatkundlichen Bestandsaufnahme, Berlin (Ost) 1984 (Werte unserer Heimat, Heimatkundliche Bestandsaufnahme in der Deutschen Demokratischen Republik, Bd. 42).

Die Haltung der beiden deutschen Staaten zu den Nazi- und Kriegsverbrechen. Eine Dokumen-tation, hrsg. von der Generalstaatsanwaltschaft und dem Ministerium der Justiz der DDR, Berlin (Ost) 1965.

Harlander, Tilman, Zwischen Heimstätte und Wohnmaschine. Wohnungspolitik und Wohnungs-bau im Nationalsozialismus, Basel/Berlin/Boston 1995.

Hartstock, Erhard, Zum Umgang mit dem jüdischen Vermögen in Sachsen 1933–1952 (Teil I), in: Historische Blätter. Aus Politik und Geschichte, Verein für regionale Politik und Geschichte Dresdens e.V., H. 4 (1994), S. 30–46.

Hecker, Uwe, Das historische Gedenken in der DDR zum 50. Jahrestag des Pogroms – kommen-tierte Bibliographie, Diplomarbeit an der Humbold-Universität zu Berlin, Sektion Geschichte, Bereich Allgemeine Geschichte, Berlin 1991 (unveröffentlicht).

Heer, Hannes (Hrsg.), Im Herzen der Finsternis. Victor Klemperer als Chronist der NS-Zeit, Berlin [2]1997.

Heer, Hannes/Klaus Naumann (Hrsg.), Vernichtungskrieg. Verbrechen der Wehrmacht 1941–1944, Hamburg 1995.

Heim, Susanne/Aly, Götz, Staatliche Ordnung und „organische Lösung". Die Rede Hermann Görings „über die Judenfrage" vom 6. Dezember 1938, in: Jahrbuch für Antisemitismus-forschung 2 (1993), S. 378–404.

Held, Steffen, Zwischen Tradition und Vermächtnis. Die Israelitische Religionsgemeinde zu Leipzig nach 1945, Hamburg 1995.

Helm (Vorname unbekannt), Sachsen braucht 300 500 neue billige Wohnungen. Große Aufgaben-stellung für den gemeinnützigen Wohnungsbau, in: Sächsisches Wohnungsblatt. Organ des Verbandes Sächsischer Wohnungsunternehmen e.V. (Baugenossenschaften und -gesell-schaften) XVI, Nr. 2 (15. 2. 1939), S. 24–25.

Hempel, Kay, Zur Geschichte der Jüdischen Gemeinden in der DDR. Unter besonderer Bezug-nahme auf die Jüdische Gemeinde zu Dresden, Wissenschaftliche Hausarbeit zur Ersten Staatsprüfung für das Lehramt an Gymnasien im Fach Geschichte an der Universität Jena, Jena 1995 (unveröffentlicht).

Herrlich, Mario, Jüdische Ärzte in den Kreishaupmannschaften Dresden-Bautzen, Chemnitz und Zwickau vor und nach 1933 in Deutschland, Dissertation am Karl-Sudhoff-Institut für Geschichte der Medizin und Naturwissenschaften der Universität Leipzig, Leipzig 1996.

Hilberg, Raul, Die Vernichtung der europäischen Juden, 3 Bde., durchgesehene und erweiterte Aufl., Frankfurt a. M. 1990.

Hildesheimer, Esriel, Jüdische Selbstverwaltung unter dem NS-Regime. Der Existenzkampf der Reichsvertretung und Reichsvereinigung der Juden in Deutschland, Tübingen 1994 (Schriftenreihe wissenschaftlicher Abhandlungen des Leo Baeck Instituts, Bd. 50).

Hippe, Jacqueline, Der Hygieniker und Bakteriologe Heinrich Wilhelm Conradi (1876 bis 1943). Leben und Wirken unter besonderer Berücksichtigung des Schicksals in der Zeit des Faschismus, Inauguraldissertation zur Erlangung der Doktorwürde der Medizinischen Fakultät Carl Gustav Carus der Technischen Universität Dresden, Dresden 1993.

Höhne, Erich, Einführung in die Bildbetrachtung, Leipzig [2]1966.

Höppner, Solvejg/Jahn, Manfred, Jüdische Vereine und Organisationen in Chemnitz, Dresden und Leipzig 1918 bis 1933. Ein Überblick, Dresden 1997.

Hoffmann, Detlef, Auschwitz im visuellen Gedächtnis. Das Chaos des Verbrechens und die symbolische Ordnung der Bilder, in: Fritz Bauer Institut (Hrsg.), Auschwitz. Geschichte, Rezeption und Wirkung (Jahrbuch zur Geschichte und Wirkung des Holocaust 1996), Frankfurt a. M./New York 1996, S. 223–257.

Hohmann, Joachim S./Wieland, Günther, MfS-Operativvorgang „Teufel". „Euthanasie"-Arzt Otto Hebold vor Gericht, Berlin 1996.

Hüppauf, Bernd, Der entleerte Blick hinter der Kamera, in: Hannes Heer/Klaus Naumann (Hrsg.), Vernichtungskrieg. Verbrechen der Wehrmacht 1941–1944, Hamburg 1995, S. 504–527.

Im Kreuzfeuer: Der Fernsehfilm „Holocaust". Eine Nation ist betroffen, hrsg. von Peter Märtesheimer und Ivo Frenzel, Frankfurt a. M. 1979.

Inventar archivalischer Quellen des NS-Staates. Die Überlieferung von Behörden und Einrichtungen des Reiches, der Länder und der NSDAP, Teil 1: Reichszentralbehörden, regionale Behörden und wissenschaftliche Hochschulen für die zehn westdeutschen Länder sowie Berlin, Teil 2: Regionale Behörden und wissenschaftliche Hochschulen für die fünf ostdeutschen Länder, die ehemaligen preußischen Ostprovinzen und eingegliederte Gebiete in Polen, Österreich und der Tschechischen Republik mit Nachträgen zu Teil 1, im Auftrag des Instituts für Zeitgeschichte München bearbeitet von Heinz Boberach, München/London/New York/Paris 1991 und 1995 (Texte und Materialien zur Zeitgeschichte, Band 3/1 und 3/2).

Jensch, Hugo, Juden in Pirna mit Berichten von Max Tabaschnik, Ilse Fischer, geb. Engler und Esra Jurmann, Pirna 1997.

Jersch-Wenzel, Stefi/Rürup, Reinhard (Hrsg.), Quellen zur Geschichte der Juden in den Archiven der neuen Bundesländer, Bd. 1: Eine Bestandsübersicht, München/New Providence/London/Paris 1996 (Quellen zur Geschichte der Juden in den neuen Bundesländern, Bd. 1).

Jochheim, Gernot, Frauenprotest in der Rosenstraße. „Gebt uns unsere Männer wieder", Berlin 1993.

Judaica Lipsiensia. Zur Geschichte der Juden in Leipzig, hrsg. von der Ephraim Carlebach Stiftung, Leipzig 1994.

Juden in Sachsen. Ihr Leben und Leiden, hrsg. von der Gesellschaft für Christlich-Jüdische Zusammenarbeit Dresden e.V., Dresden 1994.

„Judenabwehr" (Rundschreiben der Kreisleitung Dresden Nr. A 24/35 vom 7.8.1935), in: Rundschreiben und Mitteilungen der Landeshauptstadt Dresden 2, Nr. 9 (1.9.1935), S. 103.

Jüdisches Jahrbuch für Sachsen und Adreßbuch der Gemeindebehörden, Organisationen und Vereine 1931/32, Ausgabe Dresden, Chemnitz, Plauen, Berlin/Leipzig 1931.

Karner, Stefan (Hrsg.), „Gefangen in Rußland". Die Beiträge des Symposions auf der Schallaburg 1995, Graz/Wien 1995 (Veröffentlichungen des Ludwig-Boltzmann-Instituts für Kriegsfolgen-Forschung, Graz-Wien, Bd. 1).

Kárný, Miroslav, „Konečné řešení". Genocida českých Židú v německé protektorátní politice (Die „Endlösung". Der Genozid der tschechischen Juden in der deutschen Protektoratspolitik), Prag 1991.

Keßler, Mario (Hrsg.), Antisemitismus und Arbeiterbewegung. Entwicklungslinien im 20. Jahrhundert, Bonn 1993.

Keßler, Mario, Die SED und die Juden – zwischen Repression und Toleranz. Politische Entwicklungen bis 1967, Berlin 1995.

Kirsch, Günter, Die gesetzliche und außergesetzliche Judenverfolgung in Dresden und Sachsen in den ersten Monaten der nationalsozialistischen Herrschaft, in: Historische Blätter. Aus Politik und Geschichte, H. 4 (1994), S. 5–29.

KL Auschwitz in den Augen der SS. Höss, Broad, Kremer, Katowice 1981.

Klein, Peter, Die Wannsee-Konferenz vom 20. Januar 1942. Analyse und Dokumentation, Broschüre hrsg. von der Gedenkstätte Haus der Wannsee-Konferenz, Berlin 1995.

Klein, Peter (Hrsg.), Die Einsatzgruppen in der besetzten Sowjetunion 1941–42. Die Tätigkeits- und Lageberichte des Chefs der Sicherheitspolizei und des SD, Berlin 1997 (Publikationen der Gedenk- und Bildungsstätte Haus der Wannsee-Konferenz, Bd. 6).

Klein, Thomas (Hrsg.), Grundriß zur deutschen Verwaltungsgeschichte 1815–1945, Reihe B, Bd. 14: Sachsen, Marburg/Lahn 1982.

Kleine Dresden-Chronik 1945–1949, hrsg. vom Institut und Museum für Geschichte der Stadt Dresden, Dresden 1971.

Klemperer, Victor, Ich will Zeugnis ablegen bis zum letzten. Tagebücher 1933–1945, hrsg. von Walter Nowojski unter Mitarbeit von Hadwig Klemperer, Bd. 1: Tagebücher 1933–1941, Bd. 2: Tagebücher 1942–1945, Berlin 1995.

Klemperer, Victor, LTI [Lingua Tertii Imperii]. Notizbuch eines Philologen, Leipzig 1947.

Klimakurort Bad Weißer Hirsch Dresden, hrsg. vom Landesfremdenverband Sachsen, Dresden o. J.

Koch, Antje/Koch, Matthias, Das Schicksal der jüdischen Ärzte, Zahnärzte und Dentisten in Dresden nach 1933, in: Nora Goldenbogen/Susanne Hahn/Caris-Petra Heidel/Albrecht Scholz (Hrsg.), Medizin und Judentum. Vorträge auf der Gedächtnisveranstaltung in Dresden aus Anlaß des Novemberpogroms 1938, Dresden 1994 (Historische Blätter. Aus Politik und Geschichte, Sonderheft), S. 34–41.

Kommentar zum Urteil des Amtsgerichts Schöneberg, 19 b 1092/38 vom 16. 9. 1938, in: Juristische Wochenschrift vom 26. 11. 1938, S. 3045–3046.

Král, Václav, Die Vergangenheit warnt. Dokumente über die Germanisierungs- und Austilgungspolitik der Naziokkupanten in der Tschechoslowakei, Prag 1960.

Kruglow, Aleksander: Deportacja Przez Hitlerowców Ludności żydowskiej z niemiec, austrii i czech na wschód w okresie od Listopada 1941 do Listopada 1942 r. (Von den Hitlernazis unternommene Deportation von Juden aus Deutschland, Österreich und Böhmen und Mähren von November 1941 bis November 1942), in: Studia nad faszyzmem i zbrodniami hitlerowskimi XIV (1991) (Acta Universitatis Wratislaviensis, Bd. 1169), S. 373–396.

Kübler, Thomas, Zur Demographie der jüdisch verfolgten Bürger Leipzigs 1933–1945. Methodik und Ergebnisse, in: Judaica Lipsiensia. Zur Geschichte der Juden in Leipzig, hrsg. von der Ephraim Carlebach Stiftung, Leipzig 1994, S. 144–155.

Kwiet, Konrad, Forced labour of German Jews in Nazi Germany, in: Leo Baeck Institute, Year Book XXXVI (1991), S. 389–410.

Kwiet, Konrad, Nach dem Pogrom: Stufen der Ausgrenzung, in: Wolfgang Benz (Hrsg.), Die Juden in Deutschland 1933–1945. Leben unter nationalsozialistischer Herrschaft, München 1993, S. 545–659.

Lässig, Simone, Nationalsozialistische Judenpolitik und jüdische Selbstbehauptung vor dem Novemberpogrom. Das Beispiel der Dresdner Bankiersfamilie Arnhold, in: Reiner Pommerin (Hrsg.), Dresden unterm Hakenkreuz, Köln/Weimar/Wien 1998, S. 129–192.

Lässig, Simone, Juden und Mäzenatentum in Deutschland: Religöses Ethos, kompensierendes Minderheitenverhalten oder genuine Bürgerlichkeit? In: ZfG 46 (1998), H. 3, S. 211–236.

Lagus, Karel/Polák, Josef, Mĕsto za mřížemi, Prag 1964.

Lahrtz, Jens-Uwe, Zu den Strukturen und Aufgabenfeldern von politischer Polizei und Geheimer Staatspolizei in Sachsen 1933–1939, in: Sächsische Justizgeschichte, Bd. 6: Justiz, Juristen und politische Polizei in Sachsen 1933 bis 1945. Gehorsam und Vorbehalte, Dresden 1996, S. 34–65.

Lederer, Zdenek, Ghetto Theresienstadt, New York 1983.

Liebsch, Heike, „Ein Tier ist nicht rechtloser und gehetzter." Die Verfolgung der jüdischen Bevölkerung Dresdens 1933 bis 1937, in: Hannes Heer (Hrsg.), Im Herzen der Finsternis. Victor Klemperer als Chronist der NS-Zeit, Berlin ²1997, S. 73–91.

Marschner, Wolfgang, Verfolgt, verschleppt, verbrannt. Vom Schicksal der Juden in Dresden 1933 bis 1945, Dresden 1995 (Sächsische Hefte für Zeitgeschichte und Kultur 1).

Maur, Hans, Bibliographie der Dissertations- und Habilitationsschriften zur regionalen Geschichte der Arbeiterbewegung der Bezirke Dresden, Karl-Marx-Stadt und Leipzig (1945–1968), in: Sächsische Heimatblätter 15 (1969), H. 5, S. 243–245.

Mertens, Lothar, Davidstern unter Hammer und Zirkel. Die Jüdischen Gemeinden in der SBZ/DDR und ihre Behandlung durch Partei und Staat 1945–1990, Hildesheim/Zürich/New York 1997 (Haskala. Wissenschaftliche Abhandlungen, Bd. 18).

Meyer, Heinz [Henry], Am Beispiel Dresdens, in: Gerhard Schoenberner (Hrsg.), Wir haben es gesehen. Augenzeugenberichte über Terror und Judenverfolgung im Dritten Reich, Hamburg 1962, S. 413–417.

Meyer, Henry, Anscheinend ging nichts ohne Musik, in: Eike Geisel/Henryk M. Broder, Premiere und Pogrom. Der Jüdische Kulturbund 1933–1941. Texte und Bilder, Berlin 1992, S. 136–145.

Meyer, Henry, Mußte da auch Musik sein? Der Weg eines Geigers von Dresden über Auschwitz nach Amerika, in: Juan Allende-Blin (Hrsg.), Musiktradition im Exil. Zurück aus dem Vergessen, Köln 1993, S. 29–44.

Milton, Sybil, The Camera as Weapon: Documentary Photography and the Holocaust, in: Simon Wiesenthal Center Annual 1 (1984), S. 45–68.

Neumann, Michael, Bilder – Dokumente – Ikonen? Notizen zu drei Fotografien der Nachkriegszeit, in: Memory. Zeitung zur Ausstellung „Deutschlandbilder. Kunst aus einem geteilten Land", hrsg. vom Museumspädagogischen Dienst Berlin und der Berliner Festspiele GmbH, Berlin 1997, S. 4–5.

1945. Krieg – Zerstörung – Aufbau. Architektur und Stadtplanung 1940–1960, Berlin 1995 (Schriftenreihe der Akademie der Künste, Bd. 23).

Noakes, Jeremy, The development of Nazi Policy towards the german-jewish „Mischlinge" 1933–1945, in: Leo Baeck Institute Year Book XXXIV (1989), S. 291–354.

Obst, Dieter, „Reichskristallnacht". Ursachen und Verlauf des antisemitischen Pogroms vom November 1938, Frankfurt a. M./Bern/New York/Paris 1991 (Europäische Hochschulschriften, Reihe III: Geschichte und ihre Hilfswissenschaften, Bd. 487).

… oder Dresden. Fotos, Dokumente und Texte einer Ausstellung 40 Jahre nach der Zerstörung der Stadt, Dresden ²1991.

Pätzold, Kurt, „Auschwitz war für mich nur ein Bahnhof". Franz Novak – der Transportoffizier Adolf Eichmanns, Berlin 1994 (Reihe Dokumente, Texte, Materialien/Zentrum für Antisemitismusforschung an der Technischen Universität Berlin, Bd. 13).

Peter, Richard sen., Erinnerungen und Bilder eines Dresdner Fotografen, hrsg. von Werner Wurst, Leipzig 1987.

Petrov, Nikita, Deutsche Kriegsgefangene unter der Justiz Stalins. Gerichtsprozesse gegen Kriegsgefangene der deutschen Armee in der UdSSR 1943–1952, in: Stefan Karner (Hrsg.), „Gefangen in Rußland". Die Beiträge des Symposions auf der Schallaburg 1995, Graz/Wien 1995, S. 176–221 (Veröffentlichungen des Ludwig Boltzmann-Instituts für Kriegsfolgen-Forschung, Graz-Wien, Bd. 1).

Pfeiffer, Heike, Der Alltag der jüdischen Schulen in Deutschland in der Zeit von 1933–1942 mit besonderer Betrachtung Dresdens, Hausarbeit für das 1. Staatsexamen zum Lehramt an Gymnasien an der Technischen Universität Dresden, Dresden 1996.

Pommerin, Reiner (Hrsg.), Dresden unterm Hakenkreuz, Köln/Weimar/Wien 1998.

Rassismus in Deutschland, hrsg. von der KZ-Gedenkstätte Neuengamme, Bremen 1994 (Beiträge zur Geschichte der nationalsozialistischen Verfolgung in Norddeutschland, H. 1).

Reichsgesetzblatt

Reifarth, Dieter/Schmidt-Linsenhoff, Viktoria, Die Kamera der Täter, in: Fotogeschichte. Beiträge zur Geschichte und Ästhetik der Fotografie 3 (1983), neu veröffentlicht in: Hannes Heer/Klaus Naumann (Hrsg.), Vernichtungskrieg. Verbrechen der Wehrmacht 1941–1944, Hamburg 1995, S. 475–503.

„Reinliche Scheidung zwischen Juden und Ariern in Dresden bis spätestens den 1. April durchgeführt", in: Grund- u. Haus-Eigentum Sachsen. Größte Hausbesitzerzeitung Deutschlands 33 (1940), Nr. 2, S. 11.

Rückerl, Adalbert, Die Strafverfolgung von NS-Verbrechen 1945–1978. Eine Dokumentation, Heidelberg/Karlsruhe 1979.

Rückerl, Adalbert, NS-Verbrechen vor Gericht. Versuch einer Vergangenheitsbewältigung, Heidelberg 1982.

Rüter-Ehlermann, Adelheit L./Rüter, C. F. (Hrsg.), Justiz und NS-Verbrechen. Sammlung deutscher Strafurteile wegen nationalsozialistischer Tötungsverbrechen 1945–1966, 22 Bde., Amsterdam 1966–1981.

Russig, Peter, Dresden – Stadtjubiläen und Stadtgeschichte. Ein Kolloquium 790 Jahre Dresden, in: ZfG 45 (1997), H. 6, S. 532–535.

Sächsische Justizgeschichte, Bd. 6: Justiz, Juristen und politische Polizei in Sachsen 1933 bis 1945. Gehorsam und Vorbehalte, Dresden 1996.

Scheffler, Wolfgang, Das Getto Lodz in der nationalsozialistischen Judenpolitik, in: „Unser einziger Weg ist Arbeit". Das Getto in Lodz 1940–1944, Wien 1990, S. 12–16.

Scheffler, Wolfgang, Die Einsatzgruppe A 1941–42, in: Klein, Peter (Hrsg.), Die Einsatzgruppen in der besetzten Sowjetunion 1941–42. Die Tätigkeits- und Lageberichte des Chefs der Sicherheitspolizei und des SD, Berlin 1997 (Publikationen der Gedenk- und Bildungsstätte Haus der Wannsee-Konferenz, Bd. 6), S. 29–51.

Schneider, Christian, Geschichtliches zu einem methodischen Modeartikel. Das Interview als sozialwissenschaftliches Forschungsmittel und der historische Ort des Interpreten, Teil 1 und 2, in: Mittelweg 36. Zeitschrift des Hamburger Instituts für Sozialforschung 5 (1996), H. 5, S. 73–89, und H. 6, S. 20–37.

Schoenberner, Gerhard (Hrsg.), Wir haben es gesehen. Augenzeugenberichte über Terror und Judenverfolgung im Dritten Reich, Hamburg 1962.

Schönhoven, Klaus/Staritz, Dietrich (Hrsg.), Sozialismus und Kommunismus im Wandel. Hermann Weber zum 65. Geburtstag, Köln 1993.

Schwarz, Angela, Von den Wohnstiften zu den „Judenhäusern", in: Angelika Ebbinghaus/Karsten Linne (Hrsg.), Kein abgeschlossenes Kapitel: Hamburg im „Dritten Reich", Hamburg 1997, S. 232–247.

Spurensuche. Juden in Dresden. Ein Begleiter durch die Stadt, hrsg. von der Bildungs- und Begegnungsstätte für jüdische Geschichte und Kultur Sachsen HATiKVA e.V., Hamburg 1995.

„Städtische Aufträge und nichtarische Firmen" (Rundschreiben Nr. 81 des Oberbürgermeisters Ernst Zörner vom 15. 11. 1935), in: Rundschreiben und Mitteilungen der Landeshauptstadt Dresden 3, Nr. 1 (1. 1. 1936), S. 3.

Stein, Harry, Juden in Buchenwald 1937–1942, Weimar 1992.

Stoltzfus, Nathan, Resistance of the Heart. Intermarriage and the Rosenstrasse Protest in Nazi-Germany, New York/London 1996.

Streit, Christian, Keine Kameraden. Die Wehrmacht und die sowjetischen Kriegsgefangenen 1941–1945, Bonn 1991.

Timm, Angelika, Hammer, Zirkel, Davidstern. Das gestörte Verhältnis der DDR zu Zionismus und Staat Israel, Bonn 1997.

Traverso, Paola, Victor Klemperers Deutschlandbild – Ein jüdisches Tagebuch, in: Tel Aviver Jahrbuch für deutsche Geschichte XXVI (1997), S. 307–344.

Trial of The Major War Criminals before The International Military Tribunal, Nürnberg, 14. November 1945 – 1. Oktober 1946, Bd. I–XLI, Nürnberg 1947–1949.

„Unser einziger Weg ist Arbeit". Das Getto in Lodz 1940–1944, Ausstellungskatalog hrsg. vom Jüdischen Museum Frankfurt a. M., Wien 1990.

Die Verfolgung nationalsozialistischer Straftaten auf dem Gebiet der Bundesrepublik Deutschland seit 1945, hrsg. vom Bundesjustizministerium, Bonn 1964.

Voigt, Martina, Die Deportation der Berliner Juden 1941 bis 1945, in: Die Grunewald-Rampe. Die Deportation der Berliner Juden, hrsg. von der Gedenkstätte Haus der Wannsee-Konferenz, Berlin und der Landesbildstelle Berlin, Zentrum für audiovisuelle Medien, Berlin 1993, S. 23–45.

Walk, Joseph (Hrsg.), Das Sonderrecht für die Juden im NS-Staat. Eine Sammlung der gesetzlichen Maßnahmen und Richtlinien – Inhalt und Bedeutung, Heidelberg [2]1996.

Werner, Winfried (Red.), … oder Dresden. Fotos, Dokumente und Texte einer Ausstellung 40 Jahre nach der Zerstörung der Stadt, Dresden [2]1991.

Wieland, Günther, Ahndung von NS-Verbrechen in Ostdeutschland 1945–1990, in: Neue Justiz 45 (1990), H. 2, S. 49–88.

Wieland, Günther, Der Beitrag der DDR zur Ahndung nationalsozialistischer Gewaltverbrechen, in: Joachim S. Hohmann/Günther Wieland, MfS-Operativvorgang „Teufel". „Euthanasie"-Arzt Otto Hebold vor Gericht, Berlin 1996, S. 73–106.

Witte, Peter, Zwei Entscheidungen in der „Endlösung der Judenfrage". Deportationen nach Lodz und Vernichtung in Chelmno, in: Miroslav Kárný/Raimund Kemper/Margita Kárná, Theresienstädter Studien und Dokumente 1995, Prag 1995, S. 38–68.

Die Wohnungsfrage, hrsg. vom Arbeitswissenschaftlichen Institut der Deutschen Arbeitsfront, Neubearbeitung, Berlin 1940.

Wolf, Paul, Wohnungsbau in Dresden, in: Dresdner Mieterzeitung. Organ des Allgemeinen Mietbewohnervereins Dresden, Nr. 11 (13. 3. 1936), S. 2.

Wrocklage, Ute, Architektur zur „Vernichtung durch Arbeit". Das Album der „Bauleitung d. Waffen-SS u. Polizei K. L. Auschwitz", in: Fotogeschichte. Beiträge zur Geschichte und Ästhetik der Fotografie 14 (1994), S. 42.

Wrocklage, Ute, Fotografie und Holocaust. Annotierte Bibliografie, Frankfurt a. M. 1998 (Fritz Bauer Institut – Verzeichnisse Nr. 2).

Zwischen Integration und Vernichtung. Jüdisches Leben in Dresden im 19. und 20. Jahrhundert: Dresdner Hefte. Beiträge zur Kulturgeschichte 14 (1996), H. 1 (Bd. 45).